"十二五"职业教育国家规划教材

经全国职业教育教材审定委员会审定

住房和城乡建设部"十四五"规划教材

高等职业教育房地产类专业系列教材 ▶

WUYE GUANLI FAGUI

物业管理法规（第4版）

主　编／胡晓娟　孟　化

副主编／张秋娇　向小玲　余　蕊

参　编／喻靖文　刘文新　戴甲芳

　　　　罗纪红　王　南

主　审／孟宪生

重庆大学出版社

内容简介

本书是"高等职业教育房地产类专业系列教材"之一。全书以《中华人民共和国民法典》为基准,以物业管理实务为线索,全面系统地介绍物业管理相关法律法规体系,准确阐明物业管理过程中各种关系的法理基础,并结合典型案例进行分析。全书共10章,第1章物业管理法规概述,第2章物业管理法律关系,第3章物业管理中的合同、规约,第4章到第9章,主要按照物业管理的工作程序,分别介绍了早期介入及前期物业管理、物业装饰装修管理、物业使用和维护、物业服务、服务收费、物业纠纷处理等方面的法律规定;第10章介绍物业管理相关的法律法规。

本书强调知识的适用性、法律的准确性、案例的代表性。每章均有本章导学、案例分析、本章小结及课后习题,以适应高等职业教育的特点。本书不仅可以作为高等职业教育房地产类专业的教材,也可供广大物业管理从业人员、市民、行政管理人员学习参考。

图书在版编目(CIP)数据

物业管理法规/胡晓娟,孟化主编.—4版.—重庆:重庆大学出版社,2023.9
高等职业教育房地产类专业系列教材
ISBN 978-7-5689-4017-7

Ⅰ.①物… Ⅱ.①胡… ②孟… Ⅲ.①物业管理—法规—中国—高等职业教育—教材 Ⅳ.①D922.181

中国国家版本馆 CIP 数据核字(2023)第 115675 号

高等职业教育房地产类专业系列教材
物业管理法规
(第 4 版)
主 编 胡晓娟 孟 化
主 审 孟宪生
策划编辑:林青山
责任编辑:陈 力 版式设计:林青山
责任校对:王 倩 责任印制:赵 晟
*
重庆大学出版社出版发行
出版人:陈晓阳
社址:重庆市沙坪坝区大学城西路 21 号
邮编:401331
电话:(023)88617190 88617185(中小学)
传真:(023)88617186 88617166
网址:http://www.cqup.com.cn
邮箱:fxk@cqup.com.cn(营销中心)
全国新华书店经销
重庆愚人科技有限公司印刷
*
开本:787mm×1092mm 1/16 印张:17.5 字数:395千
2005 年 1 月第 1 版 2023 年 9 月第 4 版 2023 年 9 月第 11 次印刷
印数:22501—25000
ISBN 978-7-5689-4017-7 定价:49.00元

前言
（第4版）

《物业管理法规》自2005年1月首次出版以来,得到了读者的认可,特别受到了高等职业院校的欢迎。随着物业服务的不断发展,物业管理法律法规的不断更新,教材于2008年3月修订出版了第2版,2013年5月修订出版了第3版并成功入选"十二五"职业教育国家规划教材,并于2021年10月入选住房和城乡建设部"十四五"规划教材。

本次改版按照最新法律法规进行更新,完善了配套教学资源。经过多次改版,使教材具有了以下特点:

（1）坚持产教融合,校企双元开发

编写团队的专业教师都具有法律服务或房地产、物业管理的职业资格证,具有丰富的专业理论和实践经验,具有良好的"双师"素质;由知名律师孟宪生担任主审,确保教材法律适用的准确性并紧跟产业发展趋势和行业人才需求,及时将产业发展的新规定、新要求、新理念纳入教材中,反映物业管理岗位的职业能力要求。

（2）配套教学资源丰富

教材有法规类、案例类、微课类、试题类、课件类等多种配套教学资源,特别是50多个典型案例,100多个"律师说法"微课视频,提升了教材的可读性和实用性,方便教与学。

（3）职业教育特点突出

一是内容编排合理。教材前3章主要介绍我国物业管理法律法规概况、物业管理法律关系以及形成物业管理民事法律关系的各种法律文件;第4到第9章按物业管理的工作程序,分别介绍早期介入及前期物业管理、物业装饰装修管理、物业使用和维护、物业服务、服务收费、物业纠纷处理等方面的法律规定;第10章介绍物业管理相关的法律法规。二是每章都有导学、案例分析、小结和习题,方便教与学。三是采取了互动式内容设置,教材的重难点内容通过二维码设置练习题,案例分析通过二维码链接评析,有利于读者掌握重难点和思考法律条款应用。

(4)体现立德树人

教材中充分融入课程思政,将法治精神、契约意识、诚信意识、质量意识等有机融入,重视综合能力和素质的培养。

本次改版由四川建筑职业技术学院胡晓娟教授组织并统稿,收集典型案例设置"模拟判案"模块,其中第1、2、3章主要由四川建筑职业技术学院张秋娇修订,第4、5章主要由四川建筑职业技术学院向小玲修订,第6、8、10章由四川建筑职业技术学院孟化修订,第7、9章由四川建筑职业技术学院余蕊修订,由北京宏健仁和律师事务所主任孟宪生律师主审。另外,本书出版以来有多位专家、教师付出了努力,先后参与1—3版编写和修订的老师还有(排名不分先后):罗纪红(重庆城市管理职业学院)、喻靖文(湖北职业技术学院)、王南(黑龙江建筑职业技术学院)刘文新(广东白云职业技术学院)、戴甲芳(广州城市理工学院),特此说明并致谢。

由于物业管理的理论和实践在不断发展,新的规定和新问题还会不断出现,加之编者的水平有限,教材难免存在疏漏之处,希望广大师生和读者批评指正。

编 者

2023 年 6 月

前 言
（第1版）

物业管理行业是一个关系千家万户，情牵政府、市民和企业的朝阳行业，在经济发展、城市管理和社区建设方面发挥着日益重要的作用，备受各方关注。同时，物业管理作为一种适应社会主义市场经济体制的房屋管理模式，是市场的一种经营行为，对各方面的权利义务要求十分严格，法律关系十分明确。通过建立相应的法规政策，可以规范和调整政府、物业管理企业、业主自治机构、业主及使用人在物业管理中的关系和行为。目前，物业管理民事纠纷日益增多，行政管理和物业管理不顺等问题积存已久，究其原因，一方面是物业管理法制建设相对滞后，另一方面则是物业管理当事人法律意识淡薄，物业管理法律知识贫乏，有法不知、有法不依。法律法规是将物业管理行业纳入规范化轨道的最切实的保障，经过 20 多年的积累，从中央到地方，从沿海到内地，已有众多的物业管理法律法规及政策出台，特别是《物业管理条例》的颁布，结束了物业管理于法无据、无法可依的局面，使物业管理法制建设进入了一个崭新阶段。面对物业管理行业的蓬勃发展，如何提高物业管理从业人员的整体素质，提高行政执法人员的能力和水平，提高广大业主、使用人对物业管理法律法规知识的掌握和运用能力，已成为一项重要而紧迫的任务。

本书正是为了适应物业管理发展这一客观要求，应重庆大学出版社之邀而编写的。纵观全书，有下述特点：

（1）内容新，法律条文应用准确。本书以《物业管理条例》及最新颁布的配套规章为准绳，对物业管理的法律关系依法作出准确的诠释。

（2）条理清晰，可读性强。全书首先介绍物业管理中各法律主体之间的关系，以及缔结各种法律关系的法律文件，再按照物业管理工作程序进行介绍，便于读者理论联系实际。而各章又按照"法律主体在物业管理中能做什么、不能做什么？做了不能做的法律后果会怎样？其中政府是如何管理的？再通过案例分析进一步明确法律要点"的思路进行编写。每章内容将法律规定、法律责任、行政管理、案例分析等融合在一起,并有本章导读、本章小结、思考题,十分便于教授和学习。

（3）内容深入浅出,通俗易懂。为了使读者能更好地理解法律条款,本书收集、整理了大量的典型案例,让读者能溯源析流,掌握和运用法律知识,解决实践中的物业管理法律纠纷。思考题中设置了相应的案例分析,有利于培养读者的分析能力、自学能力,加强对法律知识的掌握。

本书不仅可以作为高等职业教育的教材,也可以为广大物业管理从业人员、市民、行政管理人员学习借鉴。

本书由胡晓娟任主编,负责拟定大纲、修改和定稿,并编写了其中第1,2,7,8章;刘文新任副主编,编写了第4,5章;戴甲芳编写了第3,6章;罗纪红编写了第9章。

由于水平有限、时间紧迫,因而书中的疏漏和错误在所难免,敬请读者批评指正。

编　者

2004 年 10 月

本教材配套有丰富的教学资源,以便读者更好地应用教学资源,提升学习效果。

1.法律法规类

本教材涉及大量的法律法规条文,除教材直接引用部分条款外,还提供了完整的法律文件,读者可以通过二维码查阅。

2.案例类

本教材提供了丰富的物业管理法律纠纷案例,采取三种形式呈现:一是完整介绍案例,让读者分析法理,扫描二维码查看参考答案;二是只介绍案情,让读者模拟法官判案,扫描二维码查看案件结果;三是案例分析作业,让读者练习,扫描二维码查看参考答案。

3.微课类

本教材主审孟宪生律师制作了丰富的物业管理法律法规微课,提供了部分视频作为教材的教学资源,各章设置"律师说法"模块,读者可以通过扫二维码直接学习。

4.试题类

教材设置了丰富的试题,采取三种方式呈现:一是在教材正文恰当位置设置,让读者边学边练,强化教学互动,促进知识点掌握;二是章后设置,让读者练习,强化读者对法理的理解和法律法规的应用;三是提供试题库,供教师出题参考,教师可向出版社索取。

5.教学PPT

教材提供配套的教学用PPT,任课教师可向出版社索取。

目　录
MU　　LU

第**1**章
物业管理法律法规概述

【本章导学】

本章主要介绍法律基础知识、物业管理法的概念和调整对象,以及我国的物业管理法律法规概况。通过本章的学习,要求掌握法和法律的概念,理解法的基本特征、法的渊源、法的分类和法的作用,清楚法的效力,熟悉法律责任的概念;掌握物业管理法的概念和调整对象,了解物业管理立法的必要性,熟悉我国物业管理法律法规体系,提升法律意识和法律素养,培养运用法律思维、法律方法分析问题、解决问题的能力。

1.1 法律基础知识概述

1.1.1 法和法律的概念及其关系

1) 法的概念

根据马克思主义关于法的一般理论,可以把法定义为:法是指由国家专门机关创制的、以权利义务为调整机制并通过国家强制力保证实施的调整行为关系的规范。它是意志和规律的结合,是阶级统治和社会管理的手段,是通过利益调整从而实现社会正义的工具。法包括由国家制定的宪法、法律、法令、条例、决议、指示、规章等规范性法律文件和国家认可的惯例、习惯、判例、法理等。

2) 法律的概念

法律的概念有广义和狭义两种。在广义上,法律与上述法的概念一致。在狭义上,我国的法律仅指具有最高立法权的国家立法机关制定或认可的,以权利义务为主要内容的,具有国家强制性的行为规则,包括全国人民代表大会及其常务委员会制定的规范性法律文件。

3）法与法律的关系

法与法律这两个概念，在一般的使用中是可以相互混用、彼此取代的。但从狭义的法律角度看，法与法律有以下几点区别：

①法是指享有立法权的所有国家机关制定或认可的；而法律仅指具有最高立法权的国家机关制定或认可的。

②法的外延比法律广泛。法包括法律，法律只是法的构成部分之一，或者更进一步说，法律只是法中最为明晰的部分。

③法具有一定程度的模糊性和概括性，是一个比法律更具有涵盖力的总称性质的概念。法律远比法更为具体，往往是指最高立法机关制定的，以成文形式存在的行为规则。

1.1.2　法的基本特征

法的基本特征是法与其他社会规范的主要区别，对法的基本特征的认识，有利于进一步深化对法的含义的理解与把握。法的基本特征主要有下列几个方面：

1）法的规范性

法是调整人们的行为关系的规范。法的规范性是指法所具有的规定人们的行为模式、指导人们行为的性质。法所规定的行为模式包括 3 种：①人们可以怎样行为（可为模式）；②人们不得怎样行为（勿为模式）；③人们应当或者必须怎样行为（应为模式）。

2）法的国家意志性

法都是以国家意志的形式表现出来的。这种国家意志性主要包括两层含义：①法都是由国家制定或认可的；②法都是以国家的名义颁行的，具有国家的权威性。法的国家意志性是法的基本属性和重要特征。法如果不具备这一特征，就无法与其他社会规范相区别。

3）法的普遍性

法的普遍性，也称"法的普遍适用性""法的概括性"，是指法作为一般的行为在国家权力管辖范围内具有普遍适用的效力和特性。具体而言，它包含两方面的内容：其一，法的效力对象的广泛性。在一国范围之内，任何人的合法行为都无一例外地受法的保护；任何人的违法行为，也都无一例外地受法的制裁。法不是为特别保护个别人的利益而制定，也不是为特别约束个别人的行为而设立。法在其制定或认可者管辖的范围内具有普遍约束力，任何组织或者个人都不能违反，否则都应当承担相应的法律责任，其中包括接受严厉的法律制裁与处罚。在法的视野中,即使是那些在法律上享有特权的组织或个人,也只能在法律的范围内享有法定的特权。超越法律的特权行为,在任何时候都是为法律本身所反对的。其二,法的效力的重复性。这是指法对人们的行为有反复适用的效力。在同样的情况下,法可以反复适用,而不仅适用一次。

法具有普遍性,在国家权力管辖范围内普遍有效,是从法的属性上来讲的。就一个国家的具体法律效力而言,则呈现出不同的情况,不可一概而论。有些法律是在全国范围内生效的(如宪法、民法典、刑法),有些则是在部分地区或者仅对特定主体生效(如地方性法规、军事法规)。而那些经国家认可的习惯法,其适用范围则可能更为有限。因此,不能将法的普遍性作片面的理解。

4)法的国家强制性

法具有以国家强制力作为保障的特征,具有国家强制性。国家的强制力是法实施的最后保障手段。法是由国家强制力为最后保证手段的规范体系。离开国家强制力,单纯的法律规范本身是无能为力的。正是因为法具有国家强制性,一些违法行为才会因法所伴随的国家强制力的存在而被遏制,一些违法行为也因此才受到法律的制裁。

5)法的程序性

法是有严格的程序规定的规范,是强调程序、规定程序和实行程序的规范。也可以说,法是一个程序制度化的体系或者制度化解决问题的程序。程序是社会制度化最重要的基石之一。法的程序性体现在立法、执法、司法的各个环节。诉讼法是最典型的程序法,规定了审判程序,除此以外,立法程序、监督程序、执法程序等都被严格规范并要求被严格遵守。

6)法的可诉性

法是可诉的规范体系。法作为一种规范人们外部行为的规则可以被任何人(特别是公民和法人)在法律规定的机构中(特别是法院和仲裁机构)通过争议解决程序(特别是诉讼程序)加以运用。德国法学家坎特罗维奇对法律下的定义:"法律是规范外部行为并可被法院适用于具体程序的社会规则的总和。"

法的可诉性有两层含义:

(1)可争讼性

可争讼性是指任何人均可以将法律作为起诉和辩护的根据。法律必须是明确的、确定的规范,才能担当作为人们争讼标准的角色。

(2)可裁判性(可适用性)

法律能否用于裁判作为法院适用的标准是判断法律有无生命力、有无存续价值的标志。

1.1.3 法律规范的概念及其种类

1)法律规范的概念

规范一词含有约定俗成或明文规定的某种规格、标准、准则的意思,是指人们在一定情况下应该遵守的各种规则。法律规范是指由国家制定和认可,反映掌握国家政权的阶级意志,具有普遍的约束力,以国家强制力保证实施的行为规则。从严格意义上讲,法律规范包括法律规则和法律原则,是法的构成要素之一,而且是主要构成要素,大部分法都是通过法律规范体现出来的。但在很多时候法律规范与法律规则也是互相通用的两个概念。本教材在此不做区分,此处的法律规范与法律规则等同,是明确具体规定法律上的权利、义务、责任的准则、标准,或是赋予某种事实状态以法律意义的指示、规定,不包括概括抽象的法律基础性真理、原理,或是为其他法律要素提供基础或本源的综合性原理或出发点的法律原则。

2)法律规范的分类

用不同的方法,可以将法律规范分为不同种类。在这里主要介绍按照法律规范本身的特点对法律规范所进行的分类。

(1)授权性规范、义务性规范和禁止性规范

法律规范根据调整方式,可分为授权性规范、义务性规范和禁止性规范。

①授权性规范是法律所规定的法律主体可以做出或不做出某种行为的法律规范,以及可以要求他人做出或不做出某种行为的法律规范。

②义务性规范是指规定自然人、法人、非法人组织应当或不得做出某种行为的法律规范。在法律条文中常常表述为"必须""应当""有义务""有责任"等。

③禁止性规范是指人们不得做出或必须抑制某种行为的法律规范。这一类规范较多地出现于刑法中,在法律条文中常常表述为"禁止""严禁""不得"等。

(2)强制性规范和任意性规范

法律规范根据强制性程度,可分为强制性规范和任意性规范。

①强制性规范是法律规定人们必须做出或不做出某种行为的法律规范。其内容以肯定的形式表达出来,要求法律关系的参加者必须履行,不允许自行变更或违反。前面所讲的禁止性规范和义务性规范均属于强制性规范。

②任意性规范是法律允许法律关系主体双方在法律许可的范围内,通过协商自行确定权利义务之具体内容的法律规范。

(3)确定性规范和非确定性规范

法律规范根据内容的确定性程度,可分为确定性规范和非确定性规范。

①确定性规范是指明确规定行为规则的内容的法律规范。不需要用其他规范来说明或作参照。

②非确定性规范是指法律规范中没有直接规定行为内容的法律规范。它又分为"委任性"与"准用性"两种,其中前者是指委托某一专门机关加以确定的法律规范。

1.1.4　法的渊源和分类

1) 法 的 渊 源

法的渊源简称法源。法源来自罗马法的 fontes juris,意为法的源泉。本书所讲的法的渊源专指法的各种表现形式,即由不同国家制定和认可的,具有不同法律效力和法律地位的各种类型的规范性法律文件的总称。理论通常把法的渊源分为正式意义上的和非正式意义上的两种。

正式意义上的法的渊源,主要指以规范性法文件形式表现出来的成文法,如立法机关或立法主体制定的宪法、法律、法规、规章和条约等。

非正式意义上的法的渊源,主要指具有法的意义的观念和其他有关准则,如正义和公平等观念,政策、道德和习惯等准则,还有权威性法学著作等。在中国,法的渊源也称为法的形式,用以指称法的具体的外部表现形态。

中国法的渊源有较为明显的特点,这就是中国自古以来形成了以成文法为主要的法的渊源的传统。中国法的正式渊源为成文法,即制定法,具体包括宪法、法律、行政法规、地方性法规、单行条例、自治条例、行政规章以及加入或承认的国家条约和惯例。

2) 法 的 分 类

根据法的某些外部特征,从不同的标准、角度出发,将法分为以下不同类型。

(1)公法与私法

公法和私法是大陆法系国家中法最基本的分类。公法与私法所调整的法律关系不同。公法是规范法律关系主体中一方为国家、具有管理与服从关系的法。私法是规范人们之间平等的、自主关系的法。国家也可以出现在私法关系中,但这时国家是以非公权的身份出现。公法和私法是相互制约、互为补充的关系:公法用以防止私法的滥用,私法则用以限制公法的无限扩大。

(2)成文法与不成文法

从法的创制方式和表现形式来分,有成文法和不成文法两种。成文法是指由国家政权机关按照立法程序,用条文形式制定,并经公布施行的法。不成文法是指未经过国家立法程序制定,由国家认可并赋予法律效力的习惯、判例等。所以,不成文法也称国家认可法。

中国法属成文法,判例不是法的正式渊源。

(3)实体法与程序法

从法所规定的内容来看,有实体法和程序法两类。实体法是以规定主体的权利义务关系或职权职责关系为主要内容的法,如民法典、刑法等。程序法是以保证主体的权利和义务得以实现或保证主体的职权和职责得以履行所需程序或手续为主要内容的法,如民事诉讼法、行政诉讼法、刑事诉讼法、行政处罚法、行政强制法、行政许可法等。

(4)国内法与国际法

从法的适用范围来分,分为国内法和国际法两类。国内法是指国内有立法权的主体制定的,其效力范围一般不超出本国主权范围的法。国际法是由参与国际关系的两个或两个以上国家或国际组织制定、认可或缔结的,确定其相互关系中的权利义务,并适用于它们之间的法。其主要表现形式是国际规约。

(5)一般法与特别法

一般法与特别法的划分是以法律效力的范围作为标准的。在一个国家内的一般公民、法人和一般事项都须适用的法,为一般法。宪法和基本法律,包括宪法、民法典、刑法、民事诉讼法、刑事诉讼法、行政诉讼法等,都是一般法。

在一个国家内特定人(包括法人)、特定事项、特定区域适用的法,为特别法。如香港特别行政区基本法是宪法的特别法;担保法、著作权法、商标法、专利法是民法的特别法;全国人民代表大会常务委员会关于惩治偷税、抗税犯罪的补充规定等是刑法的特别法。

一般法与特别法的划分是相对而言的,这种相对性有两层含义:

①一般法与特别法的划分不是绝对的,相对于此法是特别法的,相对于彼法有可能就是一般法。如公司法相对于民法典是特别法,而相对于乡镇企业法就是一般法。

②一般法与特别法的划分中是以在"人""事""地"三方面相对狭小、较详尽者为特别法。根据《中华人民共和国立法法》第九十二条规定:"同一机关制定的法律、行政法规、地方性法规、自治条例和单行条例、规章,特别规定与一般规定不一致的,适用特别规定";《中华人民共和国民法典》第十一条规定:"其他法律对民事关系有特别规定的,依照其规定。"由此可见,在适用上一般采用特别法优先原则。

1.1.5　法的作用

法的作用泛指法对社会产生的影响。根据法在社会生活中发挥作用的形式和内容,法的作用可以分为规范作用与社会作用。

从法是一种社会规范看,法具有规范作用,规范作用是法作用于社会的特殊形式;从法的本质和目的看,法又具有社会作用,社会作用是法规制和调整社会关系的目的。法的规范作用可以分为指引、评价、教育、预测和强制5种。法的这5种规范作用是法律必备的,任何社会的法律都具有。

①指引作用是指法对人(包括法人和非法人组织)的行为具有引导作用。对人的行为的指引有两种形式:一种是个别性指引,即通过一个具体的指示形成对具体的人的具体情况的指引;一种是规范性指引,是通过一般的规则对同类的人或行为的指

引。个别性指引尽管非常重要,但就建立和维护稳定的社会关系和社会秩序而言,规范性指引具有更大的意义。

②评价作用是指法律作为一种行为标准,具有判断、衡量人(包括法人或者非法人组织)的行为合法与否的评判作用。在现代社会,法律已成为评价人的行为的基本标准。

③教育作用是指通过法的实施使法律对一般人的行为产生影响。这种作用又具体表现为示警作用和示范作用。法的教育对提高公民法律意识,促使公民自觉遵守法律具有重要作用。

④预测作用是指凭借法律的存在,可以预先估计到人们相互之间会如何行为以及行为后果。社会是由人们的交往行为构成的,社会规范的存在就意味着行为的预期存在。而行为的预期是社会秩序的基础,也是社会能够存在下去的主要原因。

⑤强制作用是指法可以通过制裁违法犯罪行为来强制人们遵守法律。制定法律的目的是让人们遵守,是希望法律的规定能够转化为社会现实。在此,法律必须具有一定的权威性。离开了强制性,法律就失去了权威;而加强法律的强制性,则有助于提高法律的权威。

法的社会作用是从法的本质和目的这一角度出发确定法的作用,如果说法的规范作用取决于法的特征,那么,法的社会作用就是由法的内容、目的决定的。法的社会作用主要涉及了三个领域和两个方向。三个领域即社会经济生活、政治生活、思想文化生活领域;两个方面即政治职能(通常说的阶级统治的职能)和社会职能(执行社会公共事务的职能)。

当然,尽管法在社会生活中具有重要作用,但是法律不是万能的,原因在于:

①法律是以社会为基础的,因此,法律不可能超出社会发展需要"创造"或改变社会。

②法律是社会规范之一,必然受到其他社会规范以及社会条件和环境的制约。

③法律规制和调整社会关系的范围和深度是有限的,有些社会关系(如人们的情感关系、友谊关系)不适宜由法律来调整,法律就不应涉足其间。

④法律自身条件的制约,如语言表达力的局限。在实践活动中,法律必须结合自身特点发挥作用。

1.1.6 中国现行法及其相互之间的效力

1)中国现行法

在法律的效力形式上,中国现行法包括宪法、法律、行政法规、地方性法规、自治条例和单行条例、规章等。

(1)宪法

宪法是国家的根本大法,由全国人民代表大会制定和修改,具有最高的法律效力,是制定其他法律的依据。宪法规定国家的社会制度、国家制度、国家机构和公民的基本权利义务等。

(2)法律

这里的法律是狭义的,仅指由最高国家权力机关,即最高国家立法机关——全国人民代表大会及其常务委员会依法制定的规范性法律文件的总称。它包括基本法律和基本法律以外的其他法律两类。基本法律是由全国人民代表大会制定的,调整国家和社会生活中具有普遍性的社会关系的规范性法律文件的总称。如民法典、民事诉讼法、刑事诉讼法、行政诉讼法等。基本法律以外的其他法律(普通法律)是指全国人大常委会制定和修改的调整具体社会关系的规范性法律文件的总称。在一个国家内,法律必须以宪法为根据,其效力仅次于宪法(包括具有宪法性质的法律),而高于其他法。法律的解释权属于全国人民代表大会常务委员会,其法律解释同法律有同等效力。

(3)行政法规

行政法规是指由最高国家行政机关,即中央人民政府——国务院依法制定的规范性法律文件的总称。行政法规应以宪法和法律作为依据,并不得与宪法和法律相抵触,其效力低于宪法和法律。行政法规通常规定有关行政管理和行政事项。

(4)地方性法规、自治条例和单行条例

地方性法规是由省、自治区、直辖市人民代表大会及其常务委员会根据本行政区域的具体情况和实际需要,在不与宪法、法律和行政法规相抵触的前提下,制定的规范性法律文件的总称。设区的市的人民代表大会及其常务委员会根据本市的具体情况和实际需要,在不与宪法、法律、行政法规和本省、自治区的地方性法规相抵触的前提下,可以对城乡建设与管理、环境保护、历史文化保护等方面的事项制定地方性法规,法律对设区的市制定地方性法规的事项另有规定的,从其规定。

民族自治地方的人民代表大会有权依照当地民族的政治、经济和文化的特点,制定自治条例和单行条例。自治区的自治条例和单行条例,报全国人民代表大会常务委员会批准后生效。

自治州、自治县的自治条例和单行条例,报省、自治区、直辖市的人民代表大会常务委员会批准后生效。

自治条例和单行条例可以依照当地民族的特点,对法律和行政法规的规定作出变通规定,但不得违背法律或者行政法规的基本原则,不得对宪法和民族区域自治法的规定以及其他有关法律、行政法规专门就民族自治地方所作的规定作出变通规定。

(5)规章

规章分为部门规章和地方政府规章两种,是有关行政机关制定的事关行政机关的规范性法律文件的总称。

部门规章是指国务院各部、委员会、中国人民银行、审计署和具有行政管理职能的直属机构,可以根据法律和国务院的行政法规、决定、命令,在本部门的权限范围内制定规章。涉及两个以上国务院部委职权范围的事项,应当提请国务院制定行政法规或者由国务院各部委联合制定规章。如《房产测绘管理办法》(建设部令 83 号)为建设部、国家测绘局联合制定的部门规章。部门规章的效力低于宪法、法律、行政法规,不得与它们相抵触。

地方政府规章是有权制定地方性法规的地方人民政府根据法律、行政法规制定的规范性文件。地方政府规章可以就下列事项作出规定:

①为执行法律、行政法规、地方性法规的规定需要制定规章的事项。

②属于本行政区域的具体行政管理事项。设区的市、自治州的人民政府制定地方政府规章,限于城乡建设与管理、环境保护、历史文化保护等方面的事项。地方政府规章除不得与宪法、法律、行政法规相抵触外,还不得与上级和同级地方性法规相抵触。

2) 中国现行法之间的效力

法的效力即法的约束力或拘束力,是指法律在什么条件下,在什么时间、什么区域,对什么人和什么事项有效。法的效力对法的适用及实务中解决法律冲突具有重要意义。法的效力与立法体系有关,即立法机关、法的适用范围是影响法的效力的主要因素(图 1.1)。在现有的庞大的法律体系中,如何确定法的效力至关重要。在中国,确认法的效力等级,一般采用下列原则:

(1)宪法至上

宪法是国家的根本大法,具有最高的法律效力。宪法作为根本法和母法,还是其他立法活动的最高法律依据。任何法律,法规都必须遵照宪法而产生,无论是维护社会稳定、保障社会秩序,还是规范经济秩序,都不能违背宪法的基本准则。

(2)上位法优于下位法

在我国法律体系中,法律的效力是仅次于宪法而高于其他法的形式的。行政法规的法律地位和法律效力仅次于法律,高于地方性法规和部门规章。地方性法规的效力,高于本级和下级地方政府规章。省、自治区人民政府制定的规章的效力,高于本行政区域内的设区的市、自治州人民政府制定的规章。

自治条例和单行条例依法对法律、行政法规、地方性法规作变通规定的,在本自治地方适用自治条例和单行条例的规定。

经济特区法规根据授权对法律、行政法规、地方性法规作变通规定的,在本经济特区适用经济特区法规的规定。

部门规章之间、部门规章与地方政府规章之间具有同等效力,在各自的权限范围内施行。

(3)特别法优于一般法

特别法优于一般法,是指对同一事项当一般规定与特别规定不一致时,优先适用特别规定。《中华人民共和国立法法》第九十二条规定:"同一机关制定的法律、行政法规、地方性法规、自治条例和单行条例、规章,特别规定与一般规定不一致的,适用特别规定。"

全国人民代表大会	修改宪法，制定、修改刑事、民事、国家机构的和其他的基本法律
全国人民代表大会常务委员会	制定和修改除应当由全国人民代表大会制定的法律以外的其他法律；在全国人民代表大会闭会期间，对全国人民代表大会制定的法律进行部分补充和修改；解释法律
国务院	根据宪法和法律，制定行政法规
省、自治区、直辖市人民代表大会及其常务委员会	根据本行政区域的具体情况和实际需要，在不与宪法、法律、行政法规相抵触的前提下，制定地方性法规
设区的市、自治州的人民代表大会及其常务委员会	在不同上位法相抵触的前提下，可对城乡建设与管理、环境保护、历史文化保护等事项制定地方性法规
经济特区所在地的省、市的人民代表大会及其常务委员会	根据全国人民代表大会的授权决定，制定法规，在经济特区范围内实施
民族自治地方的人民代表大会	依照当地民族的政治、经济和文化的特点，制定自治条例和单行条例，报批准后生效。对法律和行政法规的规定作出变通的规定，但不得违背法律或者行政法规的基本原则，不得对宪法和民族区域自治法的规定以及其他有关法律、行政法规专门就民族自治地方所作的规定作出变通规定
国务院各部、委员会、中国人民银行、审计署和具有行政管理职能的直属机构	根据法律和国务院的行政法规、决定、命令，在本部门的权限范围内，制定部门规章
省、自治区、直辖市和设区的市、自治州的人民政府	根据法律、行政法规和本省、自治区、直辖市的地方性法规，制定地方政府规章。设区的市、自治州人民政府制定的地方政府规章限于城乡建设与管理、环境保护、历史文化保护等方面的事项
中央军事委员会	根据宪法和法律制定军事法规，在武装力量内部实施
中央军事委员会各总部、军兵种、军区、中国人民武装警察部队	根据法律和中央军事委员会的军事法规、决定、命令，在其权限范围内制定军事规章
最高人民法院、最高人民检察院	司法解释

注：1. 法的效力等级：宪法>法律>行政法规>地方性法规、部门规章、地方政府规章；地方性法规>本级和下级地方政府的规章。（>表示效力高于）
2. 司法解释：司法解释是最高人民法院对审判工作中具体应用法律问题和最高人民检察院对检察工作中具体应用法律问题所作的具有法律效力的解释，司法解释与被解释的有关法律规定一并作为人民法院或人民检察院处理案件的依据。

图1.1　我国的立法体系图及法的效力等级

（4）新法优于旧法

新法、旧法对同一事项有不同规定时，新法的效力优于旧法。《中华人民共和国立法法》第九十二条规定:"新的规定与旧的规定不一致的,适用新的规定。"规章的效力规则采用不溯及既往原则,但其第九十三条规定:"为了更好地保护公民、法人和其他组织的权利和利益而作的特别规定除外",即从旧兼从轻原则,是新法优于旧法、法不溯及既往的例外。

(5)需要由有关机关裁决适用的特殊情况

法律之间对同一事项的新的一般规定与旧的特别规定不一致,不能确定如何适用时,由全国人民代表大会常务委员会裁决。

行政法规之间对同一事项的新的一般规定与旧的特别规定不一致,不能确定如何适用时,由国务院裁决。

地方性法规、规章之间不一致时,由有关机关依照下列规定的权限作出裁决:

①同一机关制定的新的一般规定与旧的特别规定不一致时,由制定机关裁决。

②地方性法规与部门规章之间对同一事项的规定不一致,不能确定如何适用时,由国务院提出意见,国务院认为应当适用地方性法规的,应当决定在该地方适用地方性法规的规定,认为应当适用部门规章的,应提请全国人民代表大会常务委员会裁决。

③部门规章之间、部门规章与地方政府规章之间对同一事项的规定不一致时,由国务院裁决。

根据授权制定的法规与法律规定不一致,不能确定如何适用时,由全国人民代表大会常务委员会裁决。

1.1.7 法律责任

1)法律责任的含义和特征

(1)法律责任的含义

"法律责任"一词,法学界的看法不一样,存在着"义务说""处罚说""后果说"等不同的观点,通常认为法律责任指的是行为人由于违法、违约或者由于法律规定而应承受的某种不利后果。"欠债还钱、杀人偿命",是人们对法律责任的最通俗的解释,还钱、偿命,对责任人来说,都是不利的法律后果。法律责任的含义需要从以下几点进行理解:

①承担法律责任的主体既包括自然人、法人,非法人组织;其中自然人既包括中国人,也包括外国人和无国籍人。

②违法行为或违约行为的实施是承担法律责任的核心要件。

③法律责任是一种消极的法律后果,即是一种法律上的惩戒负担。

④法律责任只能由有权国家机关予以追究。

(2)法律责任的特征

①法律责任是与违法行为相联系的。没有违法行为,就谈不上法律责任。因违

法行为的性质和危害程度不同,违法行为所承担的法律责任也不相同。

②法律责任的内容是法律明确而有具体规定的。法律责任是一种强制性的法律措施,必须由享有立法权的国家机关根据立法权限,依照法定程序制定的有关法律、行政法规、地方性法规或者规章来加以明文规定,否则就不能构成法律责任。

③法律责任具有国家强制性。法律责任是以国家强制力为后盾的。所谓国家强制力,是指国家司法机关或者行政机关有权采取的,能够迫使违法行为人承担其后果的强制力。其他责任,如道义责任,只能通过舆论监督等途径进行,不能通过国家强制力执行。

④法律责任是由有权国家机关依法追究的。首先,法律责任由谁承担,如何承担是需要司法机关进行确认的;其次,承担法律责任的最终依据是法律。承担法律责任的具体原因可能各有不同,但最终依据是法律。一旦法律责任不能顺利承担或履行,就需要司法机关(包括仲裁机构)裁决。司法机关只能依据法律作出最终裁决。

2)法律责任的意义

法律责任是法律、法规、规章必不可少的重要组成部分,具有重要的地位。法律责任的规定是体现法律规范国家强制力的核心部分,如果在一个法律文件中缺乏法律责任的规定,法律所规定的权利和义务就形同虚设。因此,在法律、法规乃至规章中,根据其所调整的社会关系的性质、特点,正确、合理地选择、规定法律责任的条款,对保证法律、法规、规章的有效实施具有非常重要的法律意义。其最基本的功能体现在 3 个方面:处罚违法行为、补偿受害损失、教育人们守法。法律责任的具体种类很多,但都有一个共同的特点,即具有必要性:责任人必须按照法律责任确定的特殊义务内容的要求去做,即使是被判处死刑的法律责任承担者,也必须履行被强制死亡的特殊受惩义务。这充分显示了国家强制力的存在和威力,使被破坏而失衡的原有合法权利义务恢复平衡,从而保障有关法律规范的贯彻执行和有效地维护社会法律秩序。所以,法律责任是权利的保障机制,是执行的灵魂,也是法律规范的落脚点。

3)法律责任的一般构成要件

法律责任的一般构成要件,是指在一般情况下,构成法律责任所必须具备的条件。据法律责任的一般特点,把法律责任的一般构成要件概括为五个方面。

(1)主体适格

法律责任主体,是指违法主体或者承担法律责任的主体。责任主体不完全等同于违法主体。并不是实施了违法行为就要承担法律责任,就自然人来说,只有到了法定年龄,具有理解、辨认和控制自己行为能力的人,才能成为责任承担的主体。没有达到法定年龄或不能理解、辨认和控制自己行为的无民事行为能力人,即使其行为造成了对社会的危害,也不能承担法律责任。对他们行为造成的损害,由其监护人承担相应的责任。如《中华人民共和国刑法》2020 年 12 月 26 日第十一次修正,2022 年 5

月 1 日施行)第十八条规定:"精神病人在不能辨认或者不能控制自己行为的时候造成危害结果,经法定程序鉴定确认的,不负刑事责任,但是应当责令他的家属或者监护人严加看管和医疗;在必要的时候,由政府强制医疗。"对于承担法律责任的年龄我国不同的法律有不同的规定。依法成立的法人和社会组织,其承担法律责任的能力,自成立时开始。

(2)行为违法

造成损害结果的行为,必须具备违法性质,行为人才承担法律责任。否则,即使有损害结果,也不能使行为人承担法律责任。违法行为有两种表现形式,即作为的违法行为和不作为的违法行为。作为的违法行为是指行为人做了法律所不允许的行为。例如,业主将住宅用房改为经营用房,这种行为就是作为的违法行为。所谓不作为的违法行为,是指法律要求行为人作为而没有作为的行为。例如,业主委员会应按时召开业主大会,如没有按时召开,也构成不作为违法行为。判断行为人有无不作为的违法行为,最主要的看两点:第一,行为人在法律上是否有作为的义务;第二,负有一定义务的人在当时是否具备了履行的条件。行为人只有在法律上负有义务,并且具备履行条件而不履行,才能认定其有不作为的违法行为。在通常情况下,造成他人损害的行为总是违法的。但是,也有些行为表面上似乎是侵害了他人的权利,而行为本身却是合法的,例如,正当执行职务的行为等,就不能追究行为人的法律责任。

(3)损害结果

损害是指给被损害方造成的利益损失和伤害。损害的形式主要有人身的损害、财产的损害、精神的损害和其他利益方面的损害。损害的范围包括直接实际损害和丧失预期可得利益的间接损害。行为具有一定程度的社会危害性,给社会特定利益关系造成了危害或损害,并且危害结果达到了法律规定应追究相应法律责任的程度,是构成法律责任的一个必要条件。但在有些法律责任中,损害结果不是必要要素。

(4)因果关系

法律责任只有在违法行为与损害结果之间存在因果关系时才能构成。法律上的因果关系不是一般的因果关系,而是指某种事实上的行为与特定损害结果之间的必然联系。如果某项损害结果不是因某人的行为所必然引起的,则该行为人就不对该结果负责。由于行为与结果之间的联系多种多样,有必然联系和偶然联系之分,有直接联系和间接联系之分,有一果多因和一因多果之分,因此在把法律责任归于某一违法行为时,必须弄清楚违法行为与特定的损害结果之间的联系,这对于行为定性、确定法律责任种类和大小具有重大影响。例如,某栋高层楼宇突然停电,造成一些搭乘电梯的业主被困于电梯中数小时,甚至影响了个别业主业务完成的利益。这就要查清停电原因,是因本楼内某业主违章用电使电路突然短路造成的,还是因电缆铺设时遗留下来的电路短路问题,或是物业服务企业职工、外来人员有意破坏造成的,或是供电部门已事先通知物业服务企业暂停供电时间而因公司疏忽未采取停电前停开电梯措施造成的。在查清停电原因或违法行为与停电损害结果之间的因果关系之前,是不能确定责任归属的。

（5）行为人主观过错

过错是指行为人实施行为时对自己的违法行为及其后果的一种心理认识状态，分为故意和过失两种表现形式。故意是指行为人预见到自己行为的结果，并希望其发生或放任其到来的主观心理心态。过失是指行为人对其行为的结果应预见到或能预见到但未能预见到，或者虽然预见到而轻信不会发生，以致造成损害结果的主观心理心态。直接和间接故意的违法行为应负法律责任，重大过失的违法行为一般要负民事责任或行政责任，在法律有明文规定时才须负刑事责任。

以上法律责任的一般构成要件，与之相对的有法律责任的特殊构成要件，特殊构成要件重要表现在特殊的主体（如贪污罪的主体只能是国家机关工作人员）、特殊的结果（如有些法律责任承担需要造成严重后果、损失巨大等）、主观不需要有过错，即无过错责任（如环境污染责任、宠物咬人饲养人责任等）。

4）法律责任产生的原因

法律责任产生的原因主要可分为以下4种：

（1）侵权行为

侵权行为是指侵犯他人人身权利、财产权利和政治权利的行为。侵权行为是一种民事违法行为。侵权行为一经发生，在加害人和受害人之间就产生了权利和义务关系，即受害人有要求加害人赔偿其财产或身心损害所带来的经济损失的权利，加害人则负有赔偿这种损失的义务。因侵权行为而产生的债，传统民法上称为"侵权之债"，侵权之债是致人损害而发生的，债的内容着重于损害赔偿，包括精神损害赔偿。

（2）违约行为

违约行为是指合同当事人不履行或者不完全履行合同的责任。违约责任随合同制的产生而产生，并随之发展而发展。古代合同制的违约责任，既是一种财产责任，也是一种人身制裁。然而，现代合同制度的违约责任，仅是一种财产责任，法律一般只强制违约者用其财产来弥补给对方所造成的财产损失。违约责任，是合同一方当事人因违反合同而产生的民事责任。没有合同关系，就不可能存在违约责任问题，因而违约责任只能存在于合同当事人之间。违约责任基于法律的规定或当事人的约定而产生。在通常情况下，合同当事人违约之所以承担违约责任，并非出于当事人之间的约定，即使当事人在合同中没有列明违约责任条款，也不影响违约责任的存在。没有规定违约责任条款的合同，当事人违约时，根据民法典以及相关法律的规定，仍然要承担民事责任。当事人一方既有违约行为，又有侵权行为时，发生法律责任竞合，受损害方有权选择追究违约责任或者侵权责任。

（3）行政违法行为

行政违法行为是指违反行政管理法规并应受到行政法律制裁的行为。其包括几种情况：

①国家工作人员执行公务时违反有关法规的行为,如失职、越权、泄密、违反纪律等。

②公民违反行政管理法规应受到行政处罚的行为,如擅自占有业主共有部位、闯红灯等。

③法人违反行政管理法规应受行政处罚的行为,如物业服务合同解除后不履行项目交接义务、擅自利用业主共有部位进行经营等。

(4)犯罪行为

犯罪行为是指具有严重的社会危害性,触犯国家刑事法律,应当受到刑罚处罚的行为。这是一种刑事违法行为,其违法性质最为严重。犯罪行为必须由4个要素构成,即犯罪客体、犯罪客观方面、犯罪主体、犯罪主观方面。犯罪客体是指刑法所保护的,为犯罪行为所侵害的社会关系。犯罪客观方面是指刑法所规定的犯罪行为的客观事实特征,包括危害行为、危害后果、危害行为与危害后果之间的因果关系。犯罪主体是指实施了犯罪行为,依法应当被追究刑事责任的自然人和单位。犯罪的主观方面是指犯罪主体对其所实施的危害行为及其危害后果所持的心理状态,包括故意和过失。故意分为希望危害后果发生的直接故意和放任危害后果发生的间接故意,过失分为疏忽大意的过失与过于自信的过失。

5)法律责任的种类

依据不同的标准法律责任可以进行不同的分类。根据违法行为所违反的法律的性质,可以将法律责任分为刑事法律责任、民事法律责任、行政法律责任、国家赔偿责任和违宪责任。究竟采用哪一种或哪几种法律责任形式,应当根据法律调整对象、方式的不同,违法行为人所损害的社会关系的性质、特点以及损害的程度等多种因素来确定。

(1)刑事法律责任

刑事法律责任是指法律关系主体违反国家刑事法律规范所应承担的应当给予刑罚的法律责任。刑事法律责任是最为严厉的法律责任只能由国家审判机关、国家检察机关依法予以追究。根据我国刑法规定,刑罚分为主刑和附加刑两大类,主刑主要有管制、拘役、有期徒刑、无期徒刑、死刑,附加刑主要有罚金、剥夺政治权利、没收财产。

(2)民事法律责任

民事法律责任是指法律关系主体违反民事法律规范所应承担的法律责任。它是由侵权行为和违约行为引起的。根据民事法律的相关规定,我国民事法律责任的形式主要有停止侵害、排除妨碍、消除危险、返还财产、恢复原状、修理、重作、更换、继续履行、赔偿损失、支付违约金、消除影响、恢复名誉、赔礼道歉等。法律规定惩罚性赔偿的,依照其规定。承担民事责任的方式,可以单独适用,也可以合并适用。

（3）行政法律责任

行政法律责任是指行政主体或行政相对人的行为违反行政法律法规而依法必须承担的一种行政法律后果。行政法律责任分为两类：一类是违法行政责任，是指行政机关及其工作人员在实施行政管理行为中因违法失职行为而引发的依法应承担的法律责任，一般表现为给予直接责任人或单位主管负责人行政处分（政务处分）；另一类是行政违法责任，是指行政相对人的行为违反行政管理法规而承担的法律责任。

行政责任的承担方式主要可以分为行政处罚和行政处分（政务处分）两类。根据《中华人民共和国行政处罚法》规定，行政处罚具体方式包括：警告、通报批评；罚款、没收违法所得、没收非法财物；暂扣许可证件、降低资质等级、吊销许可证件；限制开展生产经营活动、责令停产停业、责令关闭、限制从业；行政拘留；法律、行政法规规定的其他行政处罚。根据《中华人民共和国公职人员政务处分法》规定，行政处分（政务处分）主要包括：警告、记过、记大过、降职、撤职、开除六种形式。

（4）国家赔偿责任

国家赔偿责任是指国家对国家机关及其工作人员执行职务、行使公共权力损害公民、法人和其他组织的法定权利与合法利益所应承担的赔偿责任。国家赔偿责任的特点是：第一，产生国家赔偿责任的原因是国家机关及其工作人员在执行职务过程中的不法侵害行为。第二，国家赔偿责任的主体是国家。第三，国家赔偿责任的范围包括行政赔偿与刑事赔偿两部分。行政赔偿是指行政机关及其工作人员在行使职权时，侵犯人身权、财产权造成损害而给予的赔偿。刑事赔偿是指行使国家侦查、检察、审判、监狱管理职权的机关在刑事诉讼中，侵犯当事人人身权、财产权造成损害而给予的赔偿。

（5）违宪责任

违宪责任是一种特殊的法律责任，它是指国家机关及其工作人员、各政党、社会团体、企事业单位和公民的言论或行为违背宪法的原则、精神和具体内容因而必须承担的相应的法律责任。违宪通常是指有关国家机关制定的某种法律、法规和规章，以及国家机关、社会组织或公民的某种行为与宪法的规定相抵触。我国《宪法》（1982年12月4日公布施行，2018年3月11日第五次修正施行）第五条规定："国家维护社会主义法制的统一和尊严。一切法律、行政法规和地方性法规都不得同宪法相抵触。一切国家机关和武装力量、各政党和各社会团体、各企业事业组织都必须遵守宪法和法律。一切违反宪法和法律的行为，必须予以追究。任何组织或者个人都不得有超越宪法和法律的特权。"在我国，全国人民代表大会常务委员会负责监督宪法实施，认定违宪责任。《中华人民共和国各级人民代表大会常务委员会监督法》其责任形式主要为罢免、撤销、宣告无效等。

1.2　物业管理法律法规概述

1.2.1　物业管理概述

1) 物业的概念

"物业"在我国的法律传统中并非生词,相反,它是一个具有悠久历史的本土法律概念。在中国古代民法中,称动产为"物""财"或"财物";称不动产为"产""业"或"产业"(摘自《中华法制文明的演进》,张晋藩,法律出版社)。早在唐代的法律典籍当中已经出现"物业"这一术语。《宋刑统》卷十三《户婚律·典卖指当论竞物业》转引唐代敕文:"应典当倚当物业,先问亲房。亲房不要,此问四邻。四邻不要,他人并得交易。"(摘自《清代北京城区房契研究》,张小林,中国社会科学出版社)。

我国首次明确定义"物业"概念的立法是 1994 年制定的《深圳经济特区住宅区物业管理条例》,该条例第二条第二款规定,"本条例所称物业,是指住宅区内各类房屋及相配套的共用设施、设备及公共场地"。这里所指的"物业"仅限于居住物业。

第一次对"物业"做出全面界定的立法是 1998 年制定的《广东省物业管理条例》,该条例第二条第四款规定,"本条例所称物业,是指已经建成并交付使用的住宅、工业厂房、商业用房等建筑物及其附属的设施、设备和相关场地"。

一般认为,"物业"是指已经建成并竣工验收投入使用的各类房屋及其配套的设施设备和相关场地。《中华人民共和国城市房地产管理法》第二条规定:"本法所称房屋,是指土地上的房屋等建筑物及构筑物",即房屋是指能够遮风避雨并提供人们居住、工作、娱乐、储藏物品、纪念和进行其他活动的空间场所,包括住宅房屋,如居民楼、公寓、别墅;也包括非住宅房屋,如工业厂房、仓库、商店、饭店、宾馆、教学楼、医院、体育场馆、公共建筑、办公楼等。各类房屋可以是一个建筑群,如住宅小区、工业区等;也可以是单元房地产的称谓,如一个住宅单元。同一宗物业,往往分属一个或者多个产权所有者。"房屋配套的设施设备和相关场地",是指与上述建筑物相配套或者为建筑物使用者服务的室内外各类设备、市政共用设施(包括水塔、锅炉房、配电房等)和与之相邻的场地、庭院、干道等。

2) 物业管理

物业管理始于 19 世纪 60 年代的英国。当时正值英国工业化大发展,大量农民进入城市,形成了城市人口的大量集中,对房屋的需求急剧膨胀,住房严重供不应求。房地产开发商见机纷纷营建简陋的住房出租,权宜解决工人的居住;但由于住房质量低劣,附属设备、配套设施严重不足,出现了普遍拖欠租金、住户人为破坏房屋和设备设施、租赁关系混乱的现象,业主的经济利益得不到保障。一位名叫维娅·希尔 (Octsvia Hill)的女士通过整顿其名下出租的物业,修建、完善房屋的配套设备设施,改善用户的居住环境,制订了一系列行之有效的管理制度,要求用户严格遵守,否则收回房屋。这些措施不仅理顺了租赁关系,而且取得了可喜的成绩,租金得到了保证,用户也住得满意,这就是最早的物业管理。希尔的举措引起了其他业主和英国政府有关部门的关注。从此,出租物业的业主纷纷效仿希尔的管理方法,使得这一套管理方法在英国迅速推广并不断完善。后来,一些物业的业主索性请专人代为管理其物业,物业管理不断推广,传遍了世界各地,并受到各国的普遍重视。

物业管理起源于英国,但真正意义上的物业管理却是在美国形成并发展起来的。19世纪末20世纪初,美国进入垄断资本主义经济阶段,美国城市化和规模化进程加快,再加上建筑新材料、新结构、新技术的出现及不断进步,一幢幢摩天大楼平地而起。而高层建筑物附属设备多,结构复杂,防火、安保、保洁任务重,传统的物业管理已经无法满足其需要,一种适应这种客观要求和能解开这道难题的专业性物业服务人应运而生,该机构可以应业主的要求,对楼宇提供统一的管理与标准化服务,开启了现代物业管理运行的大门。1908年世界上第一个物业管理协会——芝加哥建筑物业管理人员的组织(Chicago Building Managers Organization,CBMO)举行了第一次全国性会议,标志着现代物业管理的诞生。

中国的物业管理产生于20世纪80年代初期,改革开放政策使得商品经济得以复苏,特别是沿海开放城市率先打破了传统土地管理和使用制度,并实施一系列优惠政策,从而吸引了大量的外资涌入,房地产业异军突起,涉外商品房也相继产生。涉外商品房的业主大多为港澳台同胞和海外侨胞,他们按海外生活的水准对商品房提出售后要求,也对所购房产保值、增值和居住环境舒适、文明程度提出要求,因而传统的福利性房管制度无法适应这一新形势。1981年3月10日,深圳市第一家涉外商品房产管理专业公司——深圳市物业管理公司成立,意味着中国房产管理发生了划时代的变化,由过去的行政性、福利性走上了专业化的有偿服务管理轨道。

从物业管理的发展历程,可将物业管理定义为:物业管理是指物业管理区域内的业主及业主组织对物业管理区域内的房屋及与之配套的设备设施、相关场地和共同事务进行管理的活动。该活动随着经济的发展和社会分工的不断细化,可以委托依法设立的物业服务企业实施。由专业的物业服务企业实施的物业管理属于专业化物业管理,《物业管理条例》(2018年3月19日第三次修订)第二条对物业管理做了界定,即物业管理,是指业主通过选聘物业服务企业,由业主和物业服务企业按照物业服务合同约定,对房屋及配套的设施设备和相关场地进行维修、养护、管理,维护物业管理区域内的环境卫生和相关秩序的活动。我国关于物业管理的各种规定主要是针对专业化物业管理而言,本书讨论的主要是针对专业化物业管理,以下简称物业管理。

1.2.2　物业管理法律法规的概念和调整对象

1) 物业管理法律法规的概念

物业管理法律法规是指调整物业管理关系的所有法律规范的总称。它是国家调控物业管理市场、保护权利人的合法权益,促进物业管理行业发展的重要工具。目前,我国没有专门的物业管理法律。在实务中适用的物业管理法律法规不仅包括全国人大及其常委会制定或修改的民法、行政法、刑法等法律规范,而且还包括国务院以及国务院下属各部委、地方人大及地方政府颁布的条例、规章、办法、规定等。

2) 物业管理法律法规的调整对象

物业管理法的调整对象是物业管理关系,这种关系包括人们在物业管理过程中形成的各种社会关系,但其本质属于以财产为直接内容的社会关系。由于物业的不可移动性决定了物业管理活动不同于一般商品交换和商业服务,是具有特殊性的财产经营管理规则,因此,物业管理关系又是一类特殊的社会关系。物业管理关系既包括业主个体、群体以及业主组织之间的"内部"关系,也包括业主、业主组织与物业服务人之间的"外部"关系。这些关系还可以划分为民事关系和行政关系。前者是指平等主体之间基于物业而发生的所有、使用、交易、服务、管理、决策和收费等法律关系;后者是指不平等主体之间基于物业而发生的权属登记、税费征收、行业管理以及行政调处有关纠纷等法律关系。在很多情况下,民事关系和行政关系在物业活动中是结合为一体的,但在实际运用和处理时要将它们区分开。

(1)物业管理民事法律关系

物业管理民事法律关系是指物业管理活动中,业主、使用人、开发商、物业服务企业、其他专业服务机构之间因一系列因合同、规约而发生的民事法律关系,主要包括:

①建筑区划以及物业区域全体业主、非业主使用人之间的物业区分所有、共用及相邻关系。

②业主与非业主使用人之间关于物业使用的租赁及其他关系。

③业主与开发商之间因销售合同而产生的物业保修、建筑物侵权等民事关系。

④开发商与物业服务企业因前期物业管理而产生的合同关系。

⑤业主与物业服务企业因物业服务合同而产生的合同关系。

⑥物业服务企业与其他服务机构就物业区域相关服务订立合同而产生的承揽关系。

(2)物业管理行政法律关系

物业管理行政法律关系是指政府有关部门与房地产建设单位、物业服务企业、业主及非业主使用人、业主委员会等行政相对人之间在物业管理活动中间形成的管理与被管理的关系。主要包括：

①行政机关对开发商及物业服务企业的管理关系。

②行政机关对物业业主、非业主使用人相关行为的管理关系。

1.2.3　物业管理立法的必要性

1)促进物业管理的健康发展

在市场经济条件下,物业管理具有重要的地位,不仅涉及物业区域维修养护、安全防范、环境卫生、绿化美化、车辆管理等多方面公共服务,而且影响市民工作生活的质量,更与现代城市的建设密切相关。物业管理牵涉多方面关系,包括房地产开发、流通、消费领域的众多参与者,既有业主、开发商、物业服务企业之间平等的民事关系,也有相关政府部门对物业服务企业监督参与的行政关系。在复杂的各种关系中,通过立法能够明确各方主体——政府、业主、物业使用人、业主大会、业主委员会、物业服务企业、开发商的地位、作用、权利义务,使物业管理有法可依,避免纠纷的产生。

2)完善法律,适应时代要求

现代城市的发展有两个特征:第一,为缓解土地、住房紧张,出现多层建筑、高层建筑;第二,城市功能区域化,住宅小区等各类物业区域的出现引起法律的变化。

多层、高层建筑与物业区域的出现,产生了一种新型的不动产权利形态,即建筑物区分所有权。建筑物区分所有权是伴随现代城市的发展而产生的一项重要不动产权利体系,是指若干个人区分所有一幢建筑物,业主专有建筑物一部分,就专有部分享有单独所有权;并就该建筑物及其附属物的共同部分享有共有权和共同管理权。传统的不动产所有权构成单一,仅指权利主体对不动产占有、使用、收益和处分的权利;而建筑物区分所有权则由专有部分所有权、共有部分持份共同享有所有权,以及因共同关系所产生的成员权三者复合而成。

住宅小区的业主所有权实质就是区分所有权。当前各国立法均肯定了区分所有权,但如何有效维护、保障业主享有的区分所有权,协调众多业主的权利冲突,理顺业主与物业服务企业的关系,则是物业管理立法的任务。因为在多层、高层建筑物以及住宅小区中,人口密度集中,人际关系复杂,事关百姓安居乐业,旧有的法律框架,例如民法中的相邻关系制度等,难以适应城市物业的迅速发展。所以,需要针对业主之间的共同关系、业主与物业服务企业之间的契约关系进行专门立法。

1.2.4　物业管理立法模式

1)境外立法模式

(1)民法模式

民法模式以意大利和瑞士为代表,指在民法典中设若干条款,以规范物业管理中的法律关系。如《意大利新民法典》第 1117 条至 1139 条有下列规定:

a.建筑物共同部分之范围;

b.共有人对共同所有物之权利;

c.共同部分之不可分割性;

d.共用部分之变更;

e.共同所有的建筑物部分设置费用之分担等。

(2)单行法模式

单行法模式以德国、日本、法国等国为代表,指专门制定建筑物区分所有权法,其中设专章或专节对物业管理进行调整。如 1962 年 4 月 4 日,日本颁布《有关建筑物区分所有权之法律》,后于 1979 年和 1983 年 2 次修订。修订后的《日本建筑物区分所有权法》第 1 章第 4 节为"管理人",内容包括:管理人的选任和解任、管理人的权限、管理所有、委托规定的准用及区分所有权人的责任等。在英美法系,物业管理一般也进行专门立法。如美国各州均有自己的建筑物区分所有权法,对物业管理进行规范。

2)我国的立法模式

民法模式是将物业管理纳入民商法的整体调整范围,使民法典更加丰富和完善。单行法模式是专门对物业管理进行规定,集中、详尽,操作性较强。在我国《民法典》颁布之前,物业管理的立法模式比较明确,是以单行法模式为主,民法模式为辅,但在《民法典》颁布后,业主的区分所有权、物业服务合同、建筑物管理人的侵权责任等基本规则均体现在《民法典》中。同时,也有专门的法规如《物业管理条例》。法律界普遍认为,我国现在的物业管理立法模式可以归纳为以民法模式为主,单行法模式为辅。

1.2.5　我国物业管理法律法规的正式渊源

物业管理法律法规的正式渊源是指以宪法为核心的各种物业管理法律规范的各种表现形式。我国物业管理法律法规的正式渊源表现为以下几类:

1) 宪法

《中华人民共和国宪法》是我国的根本大法。宪法中有关于住宅、城市管理、经济管理、公民权利等方面的规定及原则,如第十三条:"公民的合法的私有财产不受侵犯",第三十九条:"中华人民共和国公民的住宅不受侵犯。禁止非法搜查或者非法侵入公民的住宅"等条文,既是公民的基本权利,也是我国物业管理立法的依据和指导思想,是物业管理法律规范的最重要组成部分。

2) 法律

法律是由最高国家权力机关——全国人民代表大会及其常务委员会,经过一定的立法程序制定的规范性文件。我国有多部法律直接或间接涉及物业管理,例如,在私法方面,《民法典》的相邻关系制度、建筑物区分所有权制度、物业服务合同、侵权责任制度等均是物业管理的基础法律规范;在公法方面,《公司法》(2018 年 10 月 26 日第四次修正)、《土地管理法》(2019 年 8 月 26 日第三次修正)、《城市房地产管理法》(2019 年 8 月 26 日第三次修正)、《城乡规划法》(2019 年 4 月 23 日第二次修正)、《特种设备安全法》、《消防法》(2021 年 4 月 29 日第二次修正)等法律则包括一些物业管理应该遵循的强制性规范。

特别是 2020 年 5 月 28 日公布,自 2021 年 1 月 1 日起施行的《中华人民共和国民法典》对物业管理的发展意义重大。

①进一步明确了物业的产权归属。《民法典》第二百七十四条明确规定:"建筑区划内的道路,属于业主共有,但是属于城镇公共道路的除外。建筑区划内的绿地,属于业主共有,但是属于城镇公共绿地或者明示属于个人的除外。建筑区划内的其他公共场所、公用设施和物业服务用房,属于业主共有"。第二百七十四条规定:"建筑区划内,规划用于停放汽车的车位、车库的归属,由当事人通过出售、附赠或者出租等方式约定。占用业主共有的道路或者其他场地用于停放汽车的车位,属于业主共有"等。

②明确了业主的权利、义务及表决等内容。物业共同管理既是业主的权利,也是业主的义务。业主对建筑物专有部分以外的共有部分,享有权利,承担义务,不得以放弃权利不履行义务。第二百七十八条明确了业主共同决定的九件大事:

"下列事项由业主共同决定:

(一)制定和修改业主大会议事规则;

(二)制定和修改管理规约;

(三)选举业主委员会或者更换业主委员会成员;

(四)选聘和解聘物业服务企业或者其他管理人;

(五)使用建筑物及其附属设施的维修资金;

(六)筹集建筑物及其附属设施的维修资金;

(七)改建、重建建筑物及其附属设施;

（八）改变共有部分的用途或者利用共有部分从事经营活动；

（九）有关共有和共同管理权利的其他重大事项。

业主共同决定事项，应当由专有部分面积占比三分之二以上的业主且人数占比三分之二以上的业主参与表决。决定前款第六项至第八项规定的事项，应当经参与表决专有部分面积四分之三以上的业主且参与表决人数四分之三以上的业主同意。决定前款其他事项，应当经参与表决专有部分面积过半数的业主且参与表决人数过半数的业主同意。"

第二百八十四条同时也规定了："业主可以自行管理建筑物及其附属设施，也可以委托物业服务企业或者其他管理人管理。对建设单位聘请的物业服务企业或者其他管理人，业主有权依法更换。"第二百八十七条规定："业主对建设单位、物业服务企业或者其他管理人以及其他业主侵害自己合法权益的行为，有权请求其承担民事责任。"

3）行政法规

行政法规是国务院根据宪法与法律制定和颁布的规范性文件。物业管理行政法规有国务院颁布的《物业管理条例》《城市绿化条例》《城市市容和环境卫生管理条例》等。

其中，《物业管理条例》的出台和修订，是物业管理立法的里程碑事件，使我国的物业管理法制建设迈上了新台阶。从《物业管理条例》的具体内容来看，在很大程度上对目前物业管理活动中普遍存在的问题作了较为明确的规范，包括业主及业主大会、前期物业管理、物业管理服务、物业的使用与维护及法律责任等内容，全面系统地规范了物业管理中的主要权利与义务，确立了业主大会制度、业主委员会制度、住房专项维修资金制度等 10 大基本制度，对规范物业管理活动，解决物业管理中的矛盾冲突，实现居民社区的文明与秩序具有十分重要的现实意义。

4）地方性法规

地方性法规是指省、自治区、直辖市，设区的市的人民代表大会及其常务委员会根据本行政区域的具体情况和实际需要，在不与宪法、法律、行政法规相抵触的前提下，在法定权限内制定发布的适用于本地区的规范性文件。民族自治地方（自治区、自治州、自治县）的人民代表大会有权依照当地民族的政治、经济和文化的特点，制定自治条例和单行条例。随着我国法治化进程的推进，物业管理活动的专业化和规范化发展，全国各地都相继制定了物业管理的地方性法规，它们对本行政区域内物业管理行业的发展起到了积极的作用。如《上海市居住物业管理条例》《广东省物业管理条例》《四川省物业管理条例》《绵阳市物业管理条例》等，截至目前有 250 多个省区市制定了物业管理地方性法规。

5) 规章

规章包括部门规章和地方政府规章两种。

部门规章是国务院各部、委员会在自己的职权范围内发布的规范性文件。部门规章在全国范围内具有约束力和执行力,属于中央行政立法的范畴。

地方政府规章是地方政府在其管辖的区域内发布的有关物业管理方面的规范性文件。地方政府规章只在所辖区域内具有效力,属于地方立法的范畴。

在物业管理法规渊源中,部门规章的数量最大,也最常用。这些规章主要包括《物业服务收费管理办法》(2004 年 1 月 1 日施行)、《前期物业管理招标投标管理暂行办法》(2003 年 9 月 1 日施行)、《住宅室内装饰装修管理办法》(2011 年 1 月 26 日修改)、《业主大会和业主委员会指导规则》(2010 年 1 月 1 日施行)等。

各地物业管理发展有差异,有的地方政府根据《民法典》、《物业管理条例》、本省物业管理条例制定了地方政府规章,如某市物业管理的具体实施办法、细则等。

1.2.6 我国物业管理立法的特点

1) 物业管理实践先行,立法跟进较慢

国内第一部地方性物业法规《深圳经济特区住宅区物业管理条例》的出台时间是 1994 年,而深圳成立第一家物业管理公司的时间是 1981 年,中间有 13 年地方性法规空白期。也是从 1994 年开始,住房和城乡建设部才陆续发布了有关物业管理方面的规定、办法、通知,但尚未有全国人大及其常委会颁发的相关法律以及国务院颁发的相关法规,直至 2003 年我国《物业管理条例》才诞生。

2) 住宅区物业管理先行,非居住物业管理立法有待充实

中国物业管理实施的开始和重点是住宅小区,因此国家颁布的第一部关于物业管理的行政规章就定名为《城市新建住宅小区管理办法》。现行物业管理的行政法规、地方性法规和行政规章,大都是直接针对住宅区居住物业的管理制定的,而对写字楼、商场等非居住物业的管理只简单规定可参照住宅区物业管理规范性文件执行。在省级物业管理规范文件中,只有少数地方政府试图将非居住物业与居住物业一样直接纳入法规调整范围,如重庆市政府出台的《重庆市物业管理办法》。但就其规定的内容而言,也未能针对非居住物业管理的特殊性作出相应的一些特别规定。《物业管理条例》确定的基本制度虽然既适用于居住区的物业管理,又适用于非居住区的物业管理,但关于非居住区的物业管理规定还需要制定相应的细则才更具操作性。因此,中国有关非居住物业管理的立法内容仍有待充实。

3) 立法层次较低、法律效力较弱

物业管理在中国从无到有,至 1999 年底已在全国普遍推行,但具有较高法律层

次和效力的专门"物业管理法"尚未出台。2021 年 1 月 1 日,《民法典》生效,相对于以前物业管理国家立法机关有关立法空白而言进步意义巨大,有些字眼也第一次写进了法律,比如说"物业服务人""安全保障责任"等,但针对目前日益复杂的物业管理法律关系,《民法典》关于业主组织规则缺失等问题的规定还有不足之处。除《民法典》和我国第一部具有统一性的行政法规《物业管理条例》外,大部分物业管理法律规定是以行政规章或地方性法规的形式出现的。因此,总的来说我国的物业管理立法效力层级较低。

案例分析

案例 1.1　　　　　　　钢筋防护栏扎伤女童引起的安全纠纷

【案情介绍】

2021 年 8 月某天,一名 11 岁女童在小区内空地与同学一起打网球,球被打到楼上一层平台上,该女童在攀爬草坪边的钢筋护栏捡球时,不慎摔在了护栏的尖头上而受伤,治疗费用共计 2.9 万余元。

2021 年 10 月,受伤女童父母将小区物业公司告上法庭,要求物业公司赔偿医疗费、营养费、父母护理误工费、精神损失费等共计 26 万余元。

法院经现场勘查和审理后认为,除了原告及其监护人的责任外,物业公司安装的钢筋护栏 70 余厘米高,且留有 10 余厘米的尖头,其目的虽是保护栏内草坪,但应考虑却没有考虑到居民特别是孩子的安全,埋下了安全隐患,对原告所受的伤害应负一定责任,从而判决:物业公司给付原告经济损失 1 万元,驳回原告的其他请求。

案例评析1.1

物业公司为什么要对女童攀爬草坪护栏受伤承担赔偿责任?

【模拟判案 1】物业服务公司拒绝赔偿业主车辆

原告:刘先生;被告:某物业服务公司

【案情介绍】

刘先生购买了一辆轿车,并投保了机动车辆保险及商业车损险。一天,刘先生将车辆停放在某小区自行车车棚北侧空位上。当晚 10 时,自行车车棚失火,将刘先生的机动车引燃,导致车辆完全毁损。消防部门认定,车辆被烧毁是由自行车车棚的外界火源导致的。因自行车车棚内存放椅子、床垫等易燃物,存在安全隐患,物业公司疏于管理,导致车棚起火并烧毁涉案车辆。虽经保险理赔,但尚有部分损失 2 万余元无法完全弥补,刘先生认为,该损失应由物业公司赔偿。

物业公司则认为,小区自行车车棚确实发生起火事件,如果存在管理上的失误,合理部分其同意赔偿。但根据物业服务合同的约定,车辆应停放在车位里,未停放在车位而造成剐蹭、毁损的,自行承担责任。刘先生的车辆所停放位置并非正常的停车位,自身也应有注意义务,应当自行承担损失,不该由物业服务企业赔偿车辆损失。

法院审理查明:从现场照片可以看出,小区的车棚内存放有椅子、床垫等易燃物。

请问模拟法官,该案该如何判决?

扫一扫,了解案件结果。

模拟判案1
结果

律师说法(扫下方二维码观看,内容动态更新)

1.物业服务不仅是对共有部位的服务和管理

2.业主共有部位经营及公共收益

3.业主共有部位维修养护

本章小结

本章内容主要是法学基础知识,为后面章节的学习奠定基本分析方法和分析模型。法与法律是两个概念,广义的法律与法的概念一致,但狭义的法律仅指具有最高立法权的国家机关制定或认可的,以权利义务为主要内容的,具有国家强制性的行为规则,即仅指全国人民代表大会及其常务委员会制定的规范性法律文件。法按照不同的标准可以存在多种分类。法律责任是法律法规的重要组成部分,是严肃执法的灵魂和保证。承担法律责任一般要具备相应的条件。法律责任按主体违反法律的性质不同,可以分为民事法律责任、行政法律责任、刑事法律责任、国家赔偿法律责任和违宪责任。

物业管理法律法规是法在物业管理活动中的具体应用。物业管理法律法规是指调整物业管理关系的所有法律规范的总称。其调整对象主要是物业管理民事关系和物业管理行政关系。我国现行的物业管理立法模式以民法模式为主,单行法规为辅。《民法典》业主的建筑物区分所有权、物业服务合同,建筑物和物件损害责任是物业管理的基本法律规范,同时还有专门规范物业管理活动的《物业管理条例》以及大量的关于规范物业管理活动的部门规章和地方性法规。

通过本章的学习,整体认识物业管理法律法规体系,建立依法分析和解决问题的法治意识。

习 题

一、单项选择题

1.法是由国家制定或认可的,并具有(   )的社会规范。

  A.特殊效力   B.普遍约束力   C.一定强制力   D.特定效力

2.按照法的效力范围的不同,法可分为(　　　)。

　　A.根本法和普通法　　　　　　　　B.一般法和特别法

　　C.实体法和程序法　　　　　　　　D.成文法和不成文法

3.《物业管理条例》第十二条第二款规定:业主可以委托代理人参加业主大会会议。该款规定属于(　　　)。

　　A.授权性规范　　　B.义务性规范　　　C.禁止性规范　　　D.强制性规范

4.在我国下列现行法中,法律效力最高的是(　　　)。

　　A.《中华人民共和国民法典》

　　B.《中华人民共和国物业管理条例》

　　C.建设部颁布的《前期物业管理招标投标管理暂行办法》

　　D.《上海市居住物业管理条例》

5.将法律责任划分为民事责任、刑事责任、行政责任、国家赔偿责任与违宪责任的标准是(　　　)。

　　A.责任的内容　　　　　　　　　　B.责任的人数

　　C.责任的程度　　　　　　　　　　D.引起责任的行为性质

6.我国物业管理法的立法模式是(　　　)。

　　A.民法模式

　　B.单行法模式

　　C.以民法模式为主、单行法模式为辅

　　D.以单行法模式为主、民法模式为辅

7.目前,狭义的物业管理法律法规,是指(　　　)。

　　A.物业管理条例　　　　　　　　　B.民法典物权编及物业管理条例

　　C.行政法与行政诉讼法　　　　　　D.公司法

8.《物业管理条例》所称物业管理,是指业主通过选聘物业服务企业,由(　　　)按照物业服务合同约定,对房屋及配套的设施设备和相关场地进行维修、养护、管理,维护相关区域内的环境卫生和秩序的活动。

　　A.业主　　　　　　　　　　　　　B.物业服务企业

　　C.业主和使用人　　　　　　　　　D.业主和物业服务企业

二、多项选择题

1.法的基本特征是(　　　)。

　　A.国家意志性　　　B.国家强制性　　　C.普遍性　　　　　D.可诉性

2.法的规范作用包括(　　　)。

　　A.指导作用　　　B.评价作用　　　　C.教育作用　　　　D.强制作用

3.法的渊源主要有(　　　)。

　　A.宪法　　　　　B.部门法　　　　　C.地方性法规　　　D.实体法

4.在我国现有的有关物业管理的法规中,法律效力属于同一层次的是(　　　)。

　　A.《中华人民共和国物业管理条例》　B.《中华人民共和国民法典》

C.《中华人民共和国城乡规划法》　　　D.《四川省物业管理条例》

5.法律责任的一般构成要件是( )。

A.违法行为的存在　　　　　　　　B.损害事实结果

C.违法行为与损害结果有因果关系　D.行为人主观上有过错

6.物业管理法规的调整对象是( )。

A.物业合同关系　　　　　　　　　B.物业财产关系

C.物业管理民事关系　　　　　　　D.物业管理行政关系

7.法律关系的构成要素包括( )。

A.主体　　　　B.客体　　　　C.内容　　　　D.法律责任

8.以下的国家机关中有权制定地方性法规的有( )。

A.省、自治区、直辖市的人民代表大会及其常委会

B.省、自治区、直辖市的人民政府

C.设区的市的人民代表大会及其常委会

D.省级人民政府所在地的市级人民政府

三、判断题

1.法是以国家强制力作后盾来保证实施的。　　　　　　　　　　( )

2.宪法是国家的根本大法,在国家法律体系中享有最高法律地位和法律效力,自然是物业管理法的渊源。　　　　　　　　　　　　　　　　　　　( )

3.地方性法规只在本行政区域内有效,但行政规章在全国范围内有效。　( )

4.以法的创制方式和表现形式为标准对法所作的分类为:成文法和不成文法。

　　　　　　　　　　　　　　　　　　　　　　　　　　　　　( )

5.国务院2003年6月8日颁布的379号令《物业管理条例》是我国物业管理最早的行政法规。　　　　　　　　　　　　　　　　　　　　　　　( )

6.《中华人民共和国物业管理条例》的颁布使我国有了一部统一的专门的物业管理法规。　　　　　　　　　　　　　　　　　　　　　　　　　( )

7.在我国,业主与物业公司之间构成了一种管理与被管理的关系。　　( )

8.物业管理法制建设的基本内容包括物业管理法规体系的建设和物业管理实施过程中相关制度的制定两个方面。　　　　　　　　　　　　　　　　( )

四、简答题

1.试述法与法律的关系。

2.试述我国现行法律法规体系。

3.什么是物业管理法规? 物业管理法规的调整对象是什么?

五、案例分析题

某小区业主委员会于2021年2月经首届业主大会选举产生。本来业主们对业主委员会充满了希望,认为有了业主委员会,自身的权利就可以得到有效的保障。但1年多时间过去了,业主委员会从未公布过维修基金的使用情况和账目,业主们对物业服务企业的服务质量也多有反映,希望业主委员会能够与物业服务企业交涉。但

物业服务企业请业主委员会成员吃了饭后就再也没有下文。并且,业主委员会未经业主大会的同意就擅自将小区的车位对外出租,这不仅使小区内的部分后买车的业主无处停车,而且还导致经常有陌生人进出小区,业主们普遍觉得缺乏安全感。于是30%以上的业主要求现任业主委员会召开业主大会,以便进行重新选举,但均被现任业主委员会以种种借口推迟。最后,业主委员会表示,根据业主大会议事规则,业主委员会的任期为 2 年,只有等 2 年期满后才能更换业主委员会成员。

　　试分析:如果业主们希望在 2 年任期期满之前更换业主委员会成员,业主们应如何实现自己的愿望?

第 2 章
物业管理法律关系

【本章导学】

通过本章的学习,了解物业管理法律关系的概念、特征及其种类,掌握物业管理法律关系的主体、客体和内容,准确把握物业管理关系中业主相互之间的关系、物业服务企业与业主之间的关系等几种基本的法律关系。通过学习,充分认识物业管理关系的复杂性,提高专业性,培养分析和处理各种物业管理关系的能力。

2.1 物业管理法律关系的概念及特征

1) 概念

法律关系是纳入法律规范调整的法律主体之间的权利义务关系。物业管理法律关系是由物业管理法律规范调整和确认的,在物业管理过程中形成的各参与主体间的权利与义务关系。

物业管理法律关系是随着房地产业及物业管理的发展而出现的新型法律关系,是法律关系的一种。物业管理法律关系这一概念包括以下几层含义:

①物业管理法律关系是物业管理法规确认的物业管理活动涉及的客体以及对象。

②物业管理法律关系是在物业管理法律规范调整之下的物业管理主体之间的社会关系。这种社会关系既包括业主大会、业主委员会与物业服务企业之间的关系,也包括业主与物业服务企业之间的关系,业主与业主之间的关系,业主与业主大会、业主委员会之间的关系,还包括上述主体与行政管理机关之间的关系。

③物业管理法律关系是物业管理各参加主体之间的权利与义务关系。物业管理法律关系是以物业管理主体的权利和义务为内容的。

2) 特征

物业管理行为的特殊性和我国物业管理行业的特殊发展阶段,决定了现阶段物业管理法律关系在保留一般法律关系共有特征(如社会关系、法律法规确认和调整、以国家强制力为基础等)的同时,又具有本身的独有特征。概括地说,主要体现在以下五个方面。

(1)业主意志的多元化和代表性

产权主体多元化是现代物业管理产生的前提条件,并直接导致产权主体意志的多元化,如何集中分散的多元化意志成为以一种统一普遍的公共意志,是物业管理所要解决的首要问题。与其他民事法律关系相比,物业管理委托关系的一方当事人业主所具有的个体分散和意志多样的特征,使组成一个统一的代表全体业主利益和意志的机构成为必要,而业主大会及其常设机构业主委员会就是这样一种代表性机构。民法典确定的业主共同管理权制度以及法律规范如何解决业主意志的多元化问题,如何确定业主大会及业主委员会的地位,应是立法者关注的重点。

(2)政府在物业管理法律关系中具有特殊的地位

从理论上看,作为市场经济的产物,物业管理体现的是平等主体间的民事关系,政府不应过多干预。但是,在城市化进程中,物业管理是城市管理的重要组成部分,充分发挥国家行政机关在建立健全物业管理市场机制方面的作用不容忽视。政府在物业管理法律关系中的重要地位主要表现在:

a.对业主大会成立的指导管理;

b.对物业服务企业的监督和管理;

c.对普通居住物业管理服务价格的监督;

d.对物业使用与维护的监督和管理;

e.对违反物业管理法规行为的处罚等。

(3)物业管理法律关系既涉及公权关系,也涉及私权关系

在传统的法律关系中,有的只调整私权关系,当事人处于平等地位,如民事法律关系;有的只调整公权关系,当事人的地位不平等,如行政法律关系。而物业管理法律关系则体现公私权关系混合的特征。也就是说,有的物业管理法律关系(如物业管理行政监督关系)的当事人之间地位是不平等的,存在着一方服从另一方的问题;有的物业管理法律关系(如物业管理委托关系)的当事人之间的地位是平等的,双方的权利义务关系对等。物业管理法律关系的这一特点,同物业管理法律规范主要是从传统的行政法、民法中分离出来的这一特点有密切关系。正因为如此,可以把物业管理法律关系分为物业管理行政法律关系和物业管理民事法律关系两大类。

(4)业主所有权的限制和监督权的扩大

一方面,在物业管理委托关系中,全体业主虽然拥有公共场所及共用设施设备的所有权,但对于个别(或部分)业主来说,由于公共物权的不可分割性,就不能单独实现其对共有物的物权权能。除使用权以外,个别(或部分)业主对公共场所及共用设

施设备的占有、收益和处分都受会到不同程度的限制,打破这种限制就意味着权力的滥用,而这种制约的结果是业主大会能够代表全体业主行使公共物业的共同管理权。另一方面,与其他商事法律关系不同,由于物业管理服务的消费和生产处于同一过程,为维护具有所有者和消费者双重身份的业主的利益,法律赋予委托人充分的监督权。对物业服务人的监督权的范围不仅及于业主大会和业主委员会,而且扩大到每位业主和使用人。

(5)物业管理行为是一种提供公共性服务的法律行为

物业管理行为与其他商事行为的一个重要区别,就在于它提供的主要是公共性服务,而非特约服务。公共服务的一个重要特点是存在着享受服务的公众性与交费义务的个体性的矛盾,这一矛盾的直接后果是个别业主拒缴费用的违约行为必然导致其他守约业主的共同利益受损。如果守约业主与违约业主享受同样的服务,无疑是对守约业主的不公正,由此可能产生拒缴费用的不良示范效应,并最终导致物业管理工作无以为继。因此,物业管理法律关系客体的这一特征,反映在法律文件上就是物业管理委托关系除通过物业服务合同来约定外,还需要管理规约来规范。管理规约体现了绝大部分业主的共同意志对少数业主个别利益的约束,既是物业管理正常运作的保证,也是物业管理立法的补充。

2.2　物业管理法律关系的构成要素

物业管理法律关系由物业管理法律关系主体、物业管理法律关系客体、物业管理法律关系的内容3个要素构成。

2.2.1　物业管理法律关系主体

1)业主、非业主使用人及开发商

(1)业主

业主是物业所有权人,是物业管理法律关系中的重要主体。业主按其拥有的物业所有权状况,又可分为独立所有权人和区分所有权人。(摘自:《物业管理理论与实务》,作者王青兰、齐坚)独立所有权是典型的传统不动产所有权类型,严格遵守"地上物属于土地所有人(或使用权人)"的原则,土地上的建筑物专属于某一业主。区分所有权是19世纪因城市多层建筑物兴起才出现的新型权利,现代物业区域各业主的权利形态一般是区分所有权的。2003年,《中华人民共和国物业管理条例》确立了业主大会决定制度和业主委员会制度,业主委员会是业主大会的执行机构。2007年,《中华人民共和国物权法》颁布,在我国建立了区分所有权法律制度以及业主大会制度。我国《民法典》第六章专门规定了业主的建筑物区分所有权,即业主对建筑物内

的住宅、经营性用房等专有部分享有所有权,对专有部分以外的共有部分享有共有和共同管理的权利。随着业主权利意识的不断增强,各业主间共同关系之复杂已超过传统民法的相邻关系,同时物业管理活动的持续性又使在没有业主共同主体的情况下共同决定难以落实。于是,全体业主需要通过成立业主大会、选举业主委员会实施共同管理,这样在物业管理法律关系中代表全体业主的法律主体是业主大会及其常设机构机构——业主委员会。但是,按照民法典第二百七十七条规定,"业主可以设立业主大会,选举业主委员会。"设立业主大会是选择性规范,业主可以选择设立业主大会,也可选择不设立业主大会。

①业主大会。业主大会是由业主共同决定设立的,物业管理区域内的全体业主组成的行使业主共同管理权的组织。其职责是行使民法典第二百七十八条规定的共同决定权以及管理规约、业主大会议事规则确定的权利。

②业主委员会。业主委员会是业主大会的常设机构,自《中华人民共和国物权法》生效以后,法律、法规不再使用"业主委员会是业主大会的执行机构"的表述,其具体职责由地方性法规、业主大会议事规则确定。

物业管理服务对象是物业区域内的全体业主,在法律上物业服务企业不是与某个业主建立契约关系(业主要求的特约服务除外),而是与全体业主(业主大会)建立契约关系。关于业主大会及业主委员会的成立、职责、会议形式和表决形式等,详见2010年1月1日开始施行的《业主大会和业主委员会指导规则》(建房〔2009〕274号)以及地方的业主大会议事规则。

(2)非业主使用人

非业主使用,是指物业的承租人和其他实际使用物业的人。非业主使用人未与开发商、物业服务企业有直接关系,不是物业销售合同的当事人,也不是物业服务合同的委托方;非业主使用人不是物业区域的区分所有权人,不具有共同管理权,一般不参加业主大会与业主委员会。但非业主使用人却是现代物业区域的重要成员,无论是居住或非居住型物业,业主常将物业出租以获得收益,另外还有其他多种合法占有使用物业但不拥有所有权的情形。为了能约束非业主使用人独立存在的地位,非业主使用人的权利义务不仅源自其与业主间租赁合同的约定,而且也出自法律法规以及管理规约的规定。如《物业管理条例》第四十七条规定:"物业使用人在物业管理活动中的权利义务由业主和物业使用人约定,但不得违反法律、法规和管理规约的有关规定。物业使用人违反本条例和管理规约的规定,有关业主应当承担连带责任。"第四十一条规定:"业主应当根据物业服务合同的约定交纳物业服务费用。业主与物业使用人约定由物业使用人交纳物业服务费用的,从其约定,业主负连带交纳责任。"

(3)开发商

开发商又称发展商,即房地产开发企业,依据《城市房地产管理法》第三十条规定:"房地产开发企业是以营利为目的,从事房地产开发和经营的企业。"开发商作为物业的投资建设单位,原始取得物业的所有权,在物业销售前,是物业唯一所有权人,因此在实践中被称为第一业主,也被称为大业主。

根据《商品住宅实行住宅质量保证书和住宅使用说明书制度的规定》(1998年9月1日施行),开发商须在法定或约定的期限内对其销售的商品住宅及其他住宅和非住宅的商品房屋承担保修责任。开发商作为第一业主,物业开始出售后的一段时间内仍保持有较多所有权比例,因此有第一次选择物业服务企业的权利。

2)物业服务企业和其他服务人

物业服务企业接受业主的委托,依照法律或物业服务合同约定,对物业进行专业化管理,是物业管理法律关系的重要主体。

物业服务企业是物业服务合同的一方当事人,与业主是平等的民事主体,双方存在委托与被委托关系,以及服务与被服务关系。物业服务企业在向业主提供服务的同时,也承担了政府对城市管理的部分管理、服务职能,例如物业区域内的环保、卫生、治安、交通等。根据《物业管理条例》第三十二条的规定,"从事物业管理活动的企业应当具有独立的法人资格",因此物业服务企业主要以公司的形式出现,成为物业服务公司。另外,物业服务企业在所有制结构上又可分为全民、集体、联营、外资、私营等多种形式。

物业服务企业一般须经过市场监督主管部门的核准登记以及颁发营业执照。2018年3月,住房和城乡建设部作出废止《物业服务企业资质管理办法》的决定(建设部令第164号),自此,物业服务企业不再有资质等级的要求,物业服务市场更加活跃,业主也有了更多的选择。

根据我国民法典的规定,除了物业服务企业,物业服务合同的当事人还可以是其他管理人,包括自然人和其他组织。在物业服务合同中详细阐述。

3)行政管理部门

市场经济中的物业管理活动一般是按照业主、物业服务企业平等主体间的合同约定开展。但物业管理涉及百姓日常生活、城市正常秩序,政府行政机关如建设行政管理部门以及公安、消防、环保机关等基于行政权均介入物业管理活动,对各方的行为进行指导、监督。《民法典》第九百四十二条第二款规定:"对物业服务区域内违反有关治安、环保、消防等法律法规的行为,物业服务人应当及时采取合理措施制止、向有关行政主管部门报告并协助处理。"《物业管理条例》第五条明确规定:"国务院建设行政主管部门负责全国物业管理活动的监督管理工作。县级以上地方人民政府房地产行政主管部门负责本行政区域内物业管理活动的监督管理工作。"第四十五条规定:"对物业管理区域内违反有关治安、环保、物业装饰装修和使用等方面法律、法规规定的行为,物业服务企业应当制止,并及时向有关行政管理部门报告。有关行政管理部门在接到物业服务企业的报告后,应当依法对违法行为予以制止或者依法处理。"

4)物业管理协会

物业管理协会是物业管理行业的自治组织,属于非营利法人,具有社会团体法人资格。在物业管理法律关系中享有权利,承担义务。物业管理协会具有为政府、为行业双向服务的功能,在行业管理方面,要协助政府承担一部分政府转移给协会的工作和任务,同时,又要从战略高度研究行业发展和管理中的政策性问题,为政府在物业管理中的宏观决策提供咨询建议;在为企业服务方面,主要是通过组织企业制定行规行约,建立行业自我约束机制,开展行业自律性管理,促进物业管理行业的健康发展。

5)其他物业管理法律关系主体

其他物业管理法律关系主体主要是指通过与物业服务企业签订合同,负责对物业提供清洁、绿化、保安服务的专业性服务公司,只要其参与物业管理活动过程,都可能成为物业管理法律关系的主体。

2.2.2　物业管理法律关系客体

法律关系客体是指法律关系主体权利义务共同指向的对象,主要表现为物、行为、非物质财富和人身权益。客体是法律关系不可缺少的要素。法律关系中,主体间的权利义务围绕一定的对象展开。针对一定的事物,主体间才能设立一定权利义务,从而建立法律关系,否则,权利义务无所依附,也无所谓法律关系的存在。

物业管理法律关系的客体是指法律关系主体承受的权利、义务所指向的对象。客体也称为“标的”,是主体所需合法权益的外在表现载体,它直接反映了人们社会关系中最核心的利益关系。各种不同的物业管理法律关系,其客体有所不同,总的说来,可分为物、行为、非物质权益三类。

1)物

物是物权法律关系的客体,指人体之外能够为人力所控制、支配并具有经济价值的客观存在。在物业管理法律关系中,“物”主要指物业,即建筑物主体、附属设备、共用设施及相关场地、空间等。物业是业主区分所有权、物业服务人受托管理指向的对象。依据其所有权归属一般划分为专有部分和共有部分。

专有部分指物业中具有构造和使用上的独立性部分,专有部分与其他专有部分或共有部分以墙壁、天花板、地板相间隔。《最高人民法院关于审理建筑物区分所有权纠纷案件适用法律若干问题的解释》第二条规定:“建筑区划内符合下列条件的房屋,以及车位、摊位等特定空间,应当认定为民法典第二编第六章所称的专有部分:(一)具有构造上的独立性,能够明确区分;(二)具有利用上的独立性,可以排他使用;(三)能够登记成为特定业主所有权的客体。规划上专属于特定房屋,且建设单位销售时已经根据规划列入该特定房屋买卖合同中的露台等,应当认定为前款所称的专有部分的组成部分。”

业主对专有部分所有权的性质是单独所有权,对专有部分可以依法占有、使用、收益、处分。因在《民法典》生效之前,物业服务合同约定的物业服务一般不涉及业主专有部分,所以就专有部分的有关物业管理事项,业主须与物业服务企业另行约定。

共有部分是指物业中专有部分以外由全体或部分业主共同使用的部分。共有部分由物业的共用部位、共用设备、公共设施组成。①建筑区划内的道路,属于业主共有,但是属于城镇公共道路的除外;②建筑区划内的绿地,属于业主共有,但是属于城镇公共绿地或者明示属于个人的除外;③建筑区划内的其他公共场所、公用设施和物业服务用房,属于业主共有;④占用业主共有的道路或者其他场地用于停放汽车的车位,属于业主共有。

《最高人民法院关于审理建筑物区分所有权纠纷案件适用法律若干问题的解释》第三条规定:"除法律、行政法规规定的共有部分外,建筑区划内的以下部分,也应当认定为民法典第二编第六章所称的共有部分:

(一)建筑物的基础、承重结构、外墙、屋顶等基本结构部分,通道、楼梯、大堂等公共通行部分,消防、公共照明等附属设施、设备,避难层、设备层或者设备间等结构部分;(二)其他不属于业主专有部分,也不属于市政公用部分或者其他权利人所有的场所及设施等。建筑区划内的土地,依法由业主共同享有建设用地使用权,但属于业主专有的整栋建筑物的规划占地或者城镇公共道路、绿地占地除外。"

《民法典》第二百七十二条规定,"业主行使权利不得危及建筑物的安全,不得损害其他业主的合法权益"。《民法典》第二百七十八条规定:改建、重建建筑物及其附属设施;改变共有部分的用途或者利用共有部分从事经营活动等,要经过业主共同决定。根据《民法典》第二百八十四条:"业主可以自行管理建筑物及其附属设施,也可以委托物业服务企业或者其他管理人管理",建筑物及其附属设施是物业管理权指向的对象。同时《民法典》第九百三十七条规定,"为业主提供建筑物及其附属设施的维修养护、环境卫生和相关秩序的管理维护等物业服务"是物业服务合同的主要内容。

2) 行为

法律意义上的行为是指法律主体的有意识的活动。在物业管理法律关系中,行为指物业管理中各方主体——业主、业主组织、开发商、物业服务企业以及政府主管部门的活动。物业服务规约,如管理规约、业主大会议事规则、业主大会决议、业主共同决定、业主委员会决议、前期及正式物业服务合同,均以各方主体的一定行为作为客体。行为包括作为和不作为。作为是指主体积极实施的某种行为;不作为是指主体消极不实施的某种行为。如物业服务公司履约进行的保洁、保安等活动,即作为;反之,不履约进行保洁、保安等活动,则为不作为。

(1)业主及非业主使用人的行为

尽管物业管理的主要客体是物,对人的管理是物业管理的一个重要方面,因此,业主及非业主使用人的行为也是物业管理法律关系主要的客体。《民法典》第二百八十六条规定:"业主应当遵守法律、法规以及管理规约,相关行为应当符合节约资源、保护生态环境的要求。对于物业服务企业或者其他管理人执行政府依法实施的应急处置措施和其他管理措施,业主应当依法予以配合。"就是法律将业主行为纳入物业管理客体的直接依据。不仅管理规约、物业服务合同等可对物业业主的行为有所约束,而且物业管理行政机关也可依职权对业主的行为进行管理。《物业管理条例》第四十九条规定:"业主依法确需改变公共建筑和共用设施用途的,应当在依法办理有关手续后告知物业服务企业。"第五十条规定:"因维修物业或公共利益,业主确需临时占用、挖掘道路、场地的,应当征得业主委员会的同意。"第五十二条规定:"业主需要装饰装修房屋的,应当事先告知物业服务企业。"

（2）物业服务企业的行为

物业服务企业的行为在物业管理中占主导地位,而且涉及业主权益,因此是物业服务合同以及立法着重调整的对象。《民法典》以物业服务合同专章对物业服务合同以及物业服务人的行为进行规范。《物业管理条例》第二十八条规定:"物业服务企业承接物业时,应当对物业公共部位、共用设施设备进行查验。"第四十九条规定:"物业服务企业确需改变公共建筑和共用设施用途的,应当提请业主大会讨论决定同意后,由业主依法办理有关手续。"第五十二条规定:"物业服务企业应当将房屋装饰装修中的禁止行为和注意事项告知业主。"

3) 非物质权益

非物质权益包括两个方面。一是指人们脑力劳动的成果或智力方面的创作,也称智力成果。如物业小区的荣誉称号、规划设计等均可成为物业管理各方主体权利义务的客体。二是指与业主人格权有关的人身权益。《民法典》第九百四十二条规定:"物业服务人应当按照约定和物业的使用性质,妥善维修、养护、清洁、绿化和经营管理物业服务区域内的业主共有部分,维护物业服务区域内的基本秩序,采取合理措施保护业主的人身、财产安全。"随着《中华人民共和国个人信息保护法》《中华人民共和国数据安全法》等法律的颁布,业主敏感信息、有关业主的数据等都成为物业管理的客体。

2.2.3　物业管理法律关系的内容

法律关系的内容即主体享有的权利和承担的义务,物业管理法律关系的内容主要包括业主及物业服务企业的权利和义务。

1) 业主的权利义务

（1）业主的权利

业主作为单独所有权人或建筑物区分所有权人拥有物业的所有权、共有和共同管理权。业主在物业管理过程中的其他权利来源于他对物业的所有权。业主依法享有对物业共有部分和共同事务进行管理的权利。

按照《民法典》的规定，"业主对建筑物内的住宅、经营性用房等专有部分享有所有权，对专有部分以外的共有部分享有共有和共同管理的权利。""业主可以设立业主大会，选举业主委员会"，"业主可以自行管理建筑物及其附属设施，也可以委托物业服务企业或者其他管理人管理。""建设单位、物业服务企业或者其他管理人等利用业主的共有部分产生的收入，在扣除合理成本之后，属于业主共有。"

（2）业主的义务

业主共同生活于物业区域，为全体业主生活之共同利益，业主权利的行使受《民法典》"业主行使权利不得危及建筑物的安全，不得损害其他业主的合法权益。"的限制，而且受管理规约、物业服务合同进一步的约束。

2）物业服务企业的权利义务

（1）物业服务企业的权利

物业服务企业是物业服务合同的受托方，其享有的权利主要是业主在物业服务合同中授予以及法律、法规明确规定的物业管理权。根据《民法典》第三编第二十四章以及物业管理条例的规定，物业服务企业的权利主要包括：

①根据有关法规规定及管理规约、物业服务合同的约定，结合实际情况，制订具体的物业管理办法。

②依照物业管理法律法规、物业服务合同和具体的物业管理办法对物业实施管理。

③依照物业服务合同和有关规定收取物业服务费用。

④制止违反规章制度的行为。

⑤选聘专业机构，承担专业服务业务。

⑥要求业主大会或业主委员会协助管理。

（2）物业服务企业的义务

物业服务企业的管理权是由物业服务合同授予的，故其首要义务即是接受委托方的监督。一般而言，物业服务企业的义务主要包括：

①履行物业服务合同，依法经营。

②接受业主、业主委员会的监督。

③重大管理措施应当提交业主大会或业主委员会批准。

④接受房地产行政主管部门、其他有关行政主管部门以及物业所在地人民政府的监督、指导。

但是，根据《民法典》规定，物业服务人的根本义务在于"物业服务人应当按照约定和物业的使用性质，妥善维修、养护、清洁、绿化和经营管理物业服务区域内的业主共有部分，维护物业服务区域内的基本秩序，采取合理措施保护业主的人身、财产安全"。

2.3　物业管理活动中主要的法律关系

2.3.1　业主相互之间的关系

业主是物业管理区域内物业管理的重要责任主体,物业管理本质上是物业服务人对物业管理区域内业主共有部位以及附属设施进行维修养护,对业主以及使用人的共同秩序进行维护,并对业主共同利益进行管理。业主对建筑物内的住宅、经营性用房等专有部分独立享有所有权,对专有部分以外的楼梯、电梯、供水、供电、供气、中央空调等设施设备以及建筑区划内的道路、绿地、物业服务用房和建筑区划内的其他公共场所这些共用部分享有共有和共同管理的权利。正由于业主之间这种不可分割的物上的关联关系,多个业主之间形成了共同利益和共同事务。我国《民法典》和《物业管理条例》等法律法规在进行制度设计时,充分考虑既尊重单个业主意愿,又维护全体业主的共同利益,确立了共同管理以及共同决定制度。同时,为降低管理成本,在尊重业主共同意志的前提下,建立了业主大会和选举业主委员会制度。

根据《民法典》第二百七十七条规定:"业主可以设立业主大会,选举业主委员会。业主大会、业主委员会成立的具体条件和程序,依照法律、法规的规定。"

成立业主大会、选举业主委员会应当按照《民法典》《物业管理条例》和各地依法颁布的地方法规确定的程序进行。《民法典》第二百八十条规定:"业主大会或者业主委员会的决定,对业主具有法律约束力。"为此确立了管理规约对业主的法律效力。通过这些规定,保证业主大会能够切实担负起代表和维护全体业主合法权益的职责。业主在行使自己权利的同时,同样应当承担相应的义务。《民法典》和《物业管理条例》明确规定,业主应当遵守管理规约、业主大会议事规则,遵守物业管理区域内物业共用部位和共用设施的使用、公共秩序和环境卫生的维护等方面的制度,执行业主大会的决定,按时交纳物业管理服务费用等。

业主之间关系主要是业主使用共有部位时产生的权利与义务关系,以及业主个人意志与集体意志的关系,这些关系除了相关法律、法规规定外,由管理规约以及业主大会议事规则确定。

2.3.2　物业服务企业与业主之间的关系

物业服务企业接受开发建设单位或业主大会的委托,根据物业服务合同进行专业管理服务,并依据合同约定收取服务费用。业主和物业服务企业的法律地位是平等的,双方通过签订物业服务合同,形成了物业服务企业服务、业主支付服务费用的民事合同关系。而民事合同关系最基本的原则就在于其主体的平等性和行为的自愿性。主体平等,说明双方不是主与仆、管理与被管理的关系。行为自愿,表现在几个方面:业主是否选聘物业服务企业管理自己的物业,选聘哪一家物业服务企业实施物业管理,都由业主、业主大会自己决定;反过来,物业服务企业是否接受业主的选聘,也由物业服务企业自己决定,这说明了双方签订合同的自愿。对于合同内容的确定,比如物业服务企业要提供哪些服务,服务到什么标准,业主要交纳多少物业服务费用,同样出于双方当事人的自愿。相关主体不同意就不要签合同,签了合同就意味着接受合同的内容,同时也接受合同的约束。

2.3.3 开发企业与业主以及物业服务企业之间的关系

开发企业是土地使用权人,是地上房屋建筑物的建设者,依照法律规定开发建设单位通过建设取得房屋建筑物所有权。在房屋交付给业主之前,开发建设单位是房屋建筑物的业主,通常称为大业主。与其他的销售行为不同,商品房销售是一个逐渐的过程,不可能等到开发商销售完所有房屋,购房者全部入住,成立业主大会后才来选聘物业服务企业实施物业管理服务。商品房销售阶段到业主共同选聘物业服务企业之前的物业管理服务,称为前期物业服务,客观上只能由建设单位(开发企业)选聘物业服务企业来实施。《民法典》第九百三十九条规定:"建设单位依法与物业服务人订立的前期物业服务合同,以及业主委员会与业主大会依法选聘的物业服务人订立的物业服务合同,对业主具有法律约束力。"《物业管理条例》第二十一条规定:"在业主、业主大会选聘物业服务企业之前,建设单位选聘物业服务企业的,应当签订书面的前期物业服务合同。"但物业服务企业提供服务的对象不仅是建设单位,主要还是逐渐入住的购房人,或者说小业主。这样,合同的签订者和合同权利义务的承受者在一定程度上是分离的,并不完全一致。为了解决这个问题,《物业管理条例》第二十五条规定:"建设单位与物业买受人签订的买卖合同应当包含前期物业服务合同约定的内容。"从而让购房人承担前期物业服务合同中约定的关于物业管理的权利义务。因此,业主在前期物业管理阶段接受物业管理服务,实际上是建立在两个合同基础之上的:一个是建设单位与物业服务企业签订的前期物业服务合同,一个是建设单位与购房人签订的包含前期物业服务内容的商品房买卖合同。开发建设单位在物业管理活动中的义务是:制订临时规约;将临时规约向物业买受人明示,并予以说明;住宅物业必须通过招投标的方式选聘物业服务企业;按照规定在物业管理区域内提供必要的物业管理用房;不得擅自处分物业共用部位和共用设施设备;在国家规定的保修期限和保养范围内承担物业的保修责任等。

需要注意的是开发企业与业主之间和物业服务企业与业主之间是不同的法律关系。开发企业与业主是因为《商品房买卖合同》而建立起来的商品房买卖及保修关系。物业服务企业与业主之间是因为《前期物业服务合同》而建立起来的服务与被服务关系。二者是不同的法律关系,业主不能因为商品房的质量问题将责任归咎于物业服务企业而拒交物业服务费,物业服务企业也不能因为业主的房款问题不向业主提供服务。

2.3.4　供水、供电等单位与业主及物业服务企业之间的关系

供水、供电、供气、通信、有线电视等单位向业主提供产品和服务,业主交纳有关费用,它们之间是一种合同关系,合同双方各自承担相应的权利义务。《物业管理条例》第四十四条规定:"物业管理区域内,供水、供电、供气、供热、通信、有线电视等单位应当向最终用户收取有关费用。"第五十一条规定:"供水、供电、供气、供热、通信、有线电视等单位,应当依法承担物业管理区域内相关管线和设施设备维修、养护的责任。前款规定的单位因维修、养护等需要,临时占用、挖掘道路、场地的,应当及时恢复原状。"。这些单位与相应的物业服务企业之间并没有这种合同关系。换句话说,这些单位没有向物业服务企业收取应当由业主负担的有关费用的权利,物业服务企业也没有相应的交费义务。当然,这些单位可以委托物业服务企业代为向业主收取有关费用,那就应当签订委托合同,确立委托关系,物业服务企业可以按委托合同的约定代这些单位向业主收取有关费用。《物业管理条例》第四十四条明确规定:"物业服务企业接受委托代收前款费用的,不得向业主收取手续费等额外费用。"

所以,供水、供电、供气、通信、有线电视等单位与业主之间和物业服务企业与业主之间是不同的法律关系。业主不能因为与物业服务企业之间的矛盾拒交水、电、气、有限电视等费用,物业服务企业也无权因为与业主的矛盾而擅自停水、停电、停气等。

需要注意的是,《物业管理条例》规定的是供水、供电、供气、通信、有线电视等单位向最终用户收取有关费用,而不是业主。因此,要实现供水、供电、供气、通信、有线电视等单位直接向业主收取费用的前提是物业区域实现了业主一户一表,并且各户业主都和供水、供电、供气、通信、有线电视等单位建立了独立结算的关系。现在一些旧小区,没有实现业主一户一表,而是一个小区一个总表,业主是分表。在这种情况下,供水、供电、供气等单位就要以一个小区为最终用户收取费用,物业服务企业就必然要代收水、电、气等费用,物业服务企业与业主之间容易就线路损耗的分摊、水电气的偷漏等问题发生纠纷,也经常出现因为物业管理服务问题,业主拒交水、电、气费,或者物业服务企业因为业主不交物业服务费而擅自对业主停水、停电、停气的纠纷,这是目前物业管理的难点。

2.3.5　物业管理各方主体与政府之间的关系

物业管理各方主体之间的民事权利义务关系的确立主要根据当事人自己的意思原则,通过法定或者约定的程序确定。政府作为行政管理部门,不能随便运用自己拥有的公共权力进行干预,更不能主动介入这种活动中去。

政府与物业管理各方主体之间的关系,是一种行政法律关系。政府的主要职责

就是依法制定规则来规范有关主体的行为,并通过加强规范和监督维护这种规则,为双方创造良好的交易环境。政府要充分尊重业主权利,尊重业主自我管理和自我约束,要充分发挥市场机制的作用,强化合同的地位和效用。

物业管理服务是一种无形商品,是业主与物业服务企业两个平等民事主体之间的市场行为,政府不宜直接介入干预,但由于物业管理服务涉及广大老百姓的切身利益,具有一定的公益性,特别是在我国广大老百姓生活水平还参差不齐的情况下,我国政府对物业管理的干预正在逐渐从直接干预转向间接干预。

案例分析

案例 2.1　　　　　　　业主委员会的办公经费及场所由谁解决

【案情介绍】

某小区成立了业主大会,选举产生业主委员会,但却没有办公经费和场所,只好在业主提供的一间房子里办公,业主委员会的正常开支也一直由业主代表借支。长此以往,委员们的积极性受挫,业主委员会处于瘫痪状态。后来,该小区物业服务公司定期补助业主委员会的开支。业主委员会成员也搞不懂是在为业主委员会工作还是在为物业服务公司工作。

案例评析2.1

【模拟判案 2】访客摔伤,谁之过?

原告:赵先生;被告:某物业服务公司

【案情介绍】

赵先生驱车前往某小区朋友家做客,并将车停在地下车库。当晚 9 时,赵先生获悉自己的车占用了小区业主的车位,就到地下停车库挪车。因对小区地下停车库地形不熟悉,赵先生在寻找地库出口的过程中,一脚踏空坠入 6 米深的通风井,导致腰椎、肋骨骨折。赵先生认为,地下停车库到地面门口存在深达 6 米的竖井却没有任何防护措施,物业公司作为管理人,明知存在重大安全隐患,却没有采取安全有效的防护措施;同时,偌大的地下停车库内见不到管理人员,致使找不到可以问路的人,自己费尽精力找到通往地面的路,没想到却是一条"断头路"。因此,物业公司应承担全部责任,即医药费及误工费等 3.75 万元。

物业公司辩称,不同意赵先生的诉讼请求。首先,赵先生是成年人,有足够清晰的意识可以分辨出通往小区的门;其次,赵先生在道路不通的情况下,未按照车库指示标识走,且强行打开了长期封闭的木门,致使自己摔伤,赵先生事发时饮了酒。因此,赵先生应承担主要责任。

法院审理查明:通风井外有一扇木门隔开,用的是泡沫胶水封闭,没有其他防护措施,同时物业公司并不能提供赵先生饮酒的证明。

请问模拟法官,该案该如何判决?

扫一扫,了解案件结果。

模拟判案2
结果

律师说法（扫下方二维码观看，内容动态更新）

4.建立综合执法工作机制

5.指导物业公司落实应急预案和措施

6.确定物业管理区域调整

7.落实物业管理用房

8.组建业主组织，指导决定物业管理事项

9.指定业主大会筹备组组长

10.确定业主大会筹备组成员

11.业主大会及业主委员会备案

12.业主大会及业主委员会变更注销备案

13.责令召开业主大会会议

14.受托管理业主大会印章

15.责令召集业主委员会会议

16.提请罢免委员资格

17.业委会换届的责任划分

18.物业公司的解聘

19.业主大会的召开

20.业主委员会能否拒绝业主建议？

21.如何应对业委会不履职？

本章小结

物业管理法律关系是一种具体的法律关系，是法律规范调整各主体在物业管理过程中形成的权利义务关系。物业管理法律关系中既存在民事法律关系，又存在行政法律关系。物业管理法律关系包括主体、客体、内容三要素。物业管理法律关系的主体包括业主、业主组织、非业主使用人、开发商、物业服务企业、行政管理部门、物业管理协会以及其他主体。物业管理法律关系的客体是指物业管理法律关系主体权利和义务所指的对象，主要包括物业和各方主体在物业管理中的物、行为及人身利益。物业管理法律关系的内容是物业管理法律关系主体所享有的权利与义务，主要包括业主的权利义务和物业服务企业的权利义务。

社会关系不只有法律关系，法律关系也不只有物业管理关系，物业管理法律关系也不是孤立存在。分析法律关系的目的在于更好地实现物业管理。在物业管理实务中，涉及的法律关系非常复杂，作为物业管理专业的学生在面对复杂的法律关系时，在面对各种各样的服务对象、各种各样的繁杂事务时，应学会理性分析、冷静处理。

习　题

一、单项选择题

1.业主是指物业的(　　　)。

A.使用人　　　　　B.所有权人　　　　C.占有人　　　　D.管理人

2.在物业管理区域内,业主大会、业主委员会应当积极配合相关居民委员会依法履行(　　　)职责。

A.招标管理　　　B.委托管理　　　C.统一管理　　　D.自治管理

3.业主委员会的权利来源于(　　　)。

A.法律规定　　　　　　　　B.管理规约

C.业主委员会章程　　　　　D.政府授权

4.民事法律关系的主要特点不包括(　　　)。

A.主体法律地位平等　　　　B.当事人意思自治

C.当事人权利义务对等　　　D.主体之间有隶属关系

5.业主委员会与物业服务企业的关系是(　　　)。

A.平等的法律主体关系　　　B.领导和被领导的关系

C.管理者与被管理者的关系　D.法人与法人的关系

6.从事物业管理活动的企业应当具有(　　　)。

A.独立核算能力的企业　　　B.能自负盈亏的企业

C.独立承担民事责任　　　　D.独立的法人资格

7.物业管理区域内共用部分的经营性收益属于(　　　)所有。

A.全体业主　　　　　　　　B.物业服务企业

C.开发建设单位　　　　　　D.居民委员会或公安派出所

8.建筑物区分所有权人就是指在物业管理活动中的(　　　)。

A.住户　　　　　B.租户　　　　　C.业主　　　　D.物业服务企业

二、多项选择题

1.物业管理法律关系客体可以分为(　　　)三类。

A.物　　　　　　B.货币　　　　　C.行为　　　　D.人身利益

2.业主对建筑物区分所有权的专有部分所享有的权利为(　　　)。

A.占有　　　　　B.使用　　　　　C.收益　　　　D.处分

3.业主对建筑物区分所有权的专有部分所应承担的义务为(　　　)。

A.按照本来用途和使用目的使用专有部分

B.维护建筑物的安全和外部美观

C.不得随意变更通过专有部分的用于维持建筑物使用功能的各种管线

D.独自承担修缮自己专有部分的费用和责任

4.业主在物业管理活动中应履行的义务有(　　)。
　A.参加业主大会会议,行使投票权　　B.遵守管理规约,业主大会议事规则
　C.按规定交纳专项维修资金　　　　D.按时交纳物业服务费用

5.(　　)不属于物业管理法律关系。
　A.某市物业服务企业因长期亏损而破产
　B.业主林某因车祸而死亡
　C.某物业服务企业向市房地产行政主管部门提出颁发《物业管理资质证书》的申请
　D.某物业服务企业对物业管理区域内人行道路边一棵已枯死倾向路面的大树不采取伐移措施的消极不作为行为

6.业主大会的职责是(　　)。
　A.听取、审议业主委员会的工作报告
　B.审核与修订《管理规约》《业主委员会章程》等文件
　C.与物业服务企业签订物业管理合同
　D.业主委员会的换届选举与委员的增减

7.下列表述错误的有(　　)。
　A.物业服务企业必须服从物管小区居委会的领导
　B.业主委员会必须服从小区居委会的领导
　C.业主必须服从小区居委会的领导
　D.小区居委会与物业服务企业、业主委员会和业主不存在任何权利义务关系

8.以下关于业主权利、义务的叙述正确的是(　　)。
　A.业主有对专有部分完全的占有、使用、收益和处分的权利
　B.单个业主对共用部分有完全的占有、使用、收益和处分的权利
　C.业主的义务包括遵守有关法律法规及管理规约的规定
　D.业主有参加业主大会的权利,有执行业主大会或业主委员会的决定的义务

三、判断题

1.物业管理法律关系说具体就是一种民事法律关系。(　　)

2.物业使用人在物业管理中的权利义务由业主与物业使用人约定,与物业服务企业无关。(　　)

3.房地产开发企业作为投资建设单位,原始取得建设物业的所有权,在物业销售前,它是物业唯一的所有人,因此它是物业的第一业主。(　　)

4.业主大会的决定对物业管理区域内的全体业主具有约束力。(　　)

5.业主委员会作为全体业主合法权益的代表,其权利要大于业主大会。(　　)

6.法律关系的客体,也称权利客体,是法律关系主体的权利和义务所指的对象。(　　)

7.业主不得违反法律、法规以及管理规约,将住宅改变为经营性用房。但遵守法律、法规和规约的除外。(　　)

8.物业服务企业可以自行决定向业主代收业主应向供水、供电、供气和有线电视等单位缴纳的有关费用。 （　　）

四、简答题

1.什么是物业管理法律关系？它有哪些特征？

2.物业管理法律关系由哪些要素构成？分别包括哪些内容？

3.简述业主在物业管理活动中的权利与义务。

五、案例分析题

徐某系某小区2号楼业主，某日，其停放在物业公司出租车位上的小汽车被2号楼外墙脱落的水泥块砸到，车辆顶部车框被砸坏。徐某与小区物业公司就赔偿问题多次协商未果，徐某遂诉至法院要求物业公司赔偿损失。

请分析物业公司对徐某是否有赔偿责任？

第 **3** 章
物业管理中的合同、规约

【本章导学】

本章重点介绍形成物业管理民事法律关系的重要法律文件。通过本章的学习,要求掌握物业服务合同订立的主体、主要内容,理解物业服务合同的特征,认识物业服务合同的重要性,掌握前期物业服务的必要性以及相关的法律规定;掌握管理规约的订立主体、主要内容,理解管理规约的特征。认识管理规约的重要性,以及掌握临时管理规约的相关规定;熟悉业主大会议事规则、物业管理区域管理规定等其他法律性文件。深刻体会友善、诚信的社会主义核心价值观,树立"有法必依""有约必守"的"契约精神",不断提高守法意识。

3.1 物业服务合同

物业服务合同是确立业主和物业服务企业在物业管理活动中权利义务的法律依据。在物业管理活动中,物业服务合同的地位非常重要。合同是否依法订立、合同内容是否详细、合同是否具有可操作性,对于维护各方在物业管理中的合法权益举足轻重。目前,在物业管理活动中出现的许多纠纷,与合同的不规范具有很大关系,所以业主、物业服务企业(开发商)都应充分重视物业服务合同的订立和履行。

3.1.1 物业服务合同的含义和特点

1)物业服务合同的含义

合同是民事主体之间设立、变更、终止民事法律关系的协议。物业服务合同是物业服务人在物业服务区域内,为业主提供建筑物及其附属设施的维修养护、环境卫生和相关秩序的管理维护等物业服务,业主支付物业费的合同。在《物业管理条例》颁布之前物业服务合同被称为物业管理合同或物业管理委托合同,《物业管理条例》明确为物业服务合同,更强调了物业管理的服务性质,《民法典》合同编回应我国现实需要,积极总结既有立法、司法实践经验,针对物业服务领域的突出问题,在典型合同中增加了物业服务合同,为物业服务合同提供了民事基本法的依据。

物业服务合同是委托合同的一种。所谓委托,是指将事情或事务交给他人办理的意思。委托他人办理事务的人被称为委托人;接受他人的委托,为他人的利益办理委托事务的人被称为受托人。其中,委托人是全体业主(或者是代表全体业主的业主委员会),包括物业的所有权人或者是开发建设企业;受托人是依法成立的物业服务企业。

实务中,物业服务合同分为两种:第一,由开发建设企业与物业服务企业订立的前期物业服务合同;第二,在物业出售给业主以后,由业主委员会与业主大会选聘的物业服务企业订立的物业服务合同。

2)物业服务合同的特点

物业服务合同不仅具有合同的共性——法律特征,而且有着自身的鲜明特点。物业服务合同的特点主要表现为以下几方面:

①合同主体特定。合同当事人一方必须是业主或者业主团体,表现形式是建设单位、业主大会和业主委员会,另一方是经合法登记注册的物业服务企业或者其他管理人。

②合同标的复杂。物业服务合同的多样性决定合同标的的复杂性,合同标的涉及物业综合管理行为、服务效果等。

③合同关系以特定物业为依托。物业服务合同应当具有确定的物业管理区域,并且是针对业主共有部位、共用设施、场所展开。

④合同履行情况的影响面大。物业服务合同所规定的内容绝大多数涉及业主和物业使用人的群体权益乃至公共利益,因而一旦发生合同争议,极易引起业主、物业使用人群体乃至社会媒体等社会组织的卷入,影响面大。

3.1.2　物业服务合同的主体、形式和内容

1)物业服务合同的主体

物业服务合同的主体包括单个业主、业主大会、业主委员会,物业服务人(包括物业服务企业和其他管理人)等,具有复杂性。

(1)业主、业主大会、业主委员会

物业服务合同的内容是物业服务人提供约定的服务,业主支付约定的物业管理费即报酬。业主在物业服务关系中处于主导地位,是当然的权利义务主体。但由于

物业服务企业是对一定物业管理区域内的物业进行管理,而一定物业管理区域内物业的业主又往往不是一个,因而,作为物业服务合同的一方主体就不可能是某一个业主或者数个业主,而应当是所有业主,所有业主拥有订立合同的权利能力。但又由于业主是一个个分散的主体,在行使民事行为时就必须有一定的形式,否则很难行使民事行为。因此,法律法规确立了业主行使民事行为的主体形式即业主大会。业主委员会作为业主大会常设机构,只能与业主大会选聘的物业服务企业签订物业服务合同。值得注意的是,签订合同的当事人一方是业主委员会,但出现业主一方违约,承担责任的不是业主委员会,而应是每一个业主。当然,个别业主或者少数业主违约,应该由具体违约的业主承担相应的责任。

(2)物业服务人

物业服务合同的另一个权利义务主体是物业服务人。物业服务人包括物业服务企业和其他管理人。

①物业服务企业,是指符合法律规定,依法向业主提供物业服务的民事主体(市场主体)。我国法律要求物业服务企业必须是法人。《物业管理条例》第三十二条第一款规定:"从事物业管理活动的企业应当具有独立的法人资格。"物业服务企业为物业服务区域内的公共事务提供综合性、专业性且具有公益性的管理和服务,应当具有独立承担法律责任的能力。物业服务企业作为营利法人,其民事权利能力和民事行为能力都始于其成立,终于其消灭,且其民事权利能力和民事行为能力受其组织目的或者其营业范围的限制,由法定代表人对外代表企业从事民事法律行为。因此,业主和物业服务企业之间是平等的民事主体关系,不存在领导者与被领导者、管理者与被管理者的关系。双方的权利义务关系,体现在物业服务合同的具体内容中。

②其他管理人,是指物业服务企业以外的组织由业主大会选聘,受委托管理建筑区划内的建筑物及其附属设施的组织或者自然人,主要包括管理单位住宅的房管机构,以及其他组织、自然人等。各类非物业服务企业的其他管理人在物业服务过程中的权利义务与物业服务企业一致。《民法典》将其他管理人与物业服务企业并列为物业服务的主体,赋予了相同的权利义务。聘请其他管理人对物业进行管理,是业主共同管理意思自治的一种实现形式。

物业管理实为私权处分行为,遵循私法意思自治原则,即业主既可委托专业的物业服务企业对物业实施管理,也可对物业实施自我管理。因此,现实中存在实行物业公司管理与业主自营式管理并用的物管新体制。所谓业主自营式管理就是住宅小区的物业管理,不聘请专门物业管理公司负责,而由业主自己管理。

2)物业服务合同的形式

《民法典》第四百六十九条规定:"当事人订立合同,可以采用书面形式、口头形式或者其他形式。"但由于物业管理涉及广大业主的公共利益,所以《民法典》第九百三十八条明确规定:"物业服务合同应当采用书面形式。"

书面形式是合同书、信件、电报、电传、传真等可以有形地表现所载内容的形式。

以电子数据交换、电子邮件等方式能够有形地表现所载内容,并可以随时调取查用的数据电文,视为书面形式。

书面形式的优点是合同有据可查,发生纠纷时容易举证,便于分清责任。物业服务合同属于要式合同,即依据法律或当事人要求必须具备一定形式的合同。

至于不以书面形式签订物业服务合同的法律后果,根据《民法典》第四百九十条规定:"当事人采用合同书形式订立合同的,自当事人均签名、盖章或者按指印时合同成立。在签名、盖章或者按指印之前,当事人一方已经履行主要义务,对方接受时,该合同成立。法律、行政法规规定或者当事人约定合同应当采用书面形式订立,当事人未采用书面形式但是一方已经履行主要义务,对方接受时,该合同成立。"此所谓合同的欠缺"因履行而治愈",虽然违反约定形式,合同原则上不成立,但当事人已履行合同主要义务或者根据当事人双方的意思或者其他行为可以认定形式要求已被取消,可认定合同成立。故综合来看,合同未采用规定或约定的特定形式时,原则上不成立,但如果合同已经履行,就应当认定合同成立。

3)物业服务合同的内容

《民法典》第九百三十八条规定:"物业服务合同的内容一般包括服务事项、服务质量、服务费用的标准和收取办法、维修资金的使用、服务用房的管理和使用、服务期限、服务交接等条款。物业服务人公开作出的有利于业主的服务承诺,为物业服务合同的组成部分。"

(1)服务事项

服务事项即物业服务人具体管理事项,包括房屋的使用、维修、养护,消防、电梯、机电设备、道路、停车场等公共设施的使用、维修、养护和管理,清洁卫生,公共秩序,房地产主管部门规定或物业服务合同规定的其他物业服务事项。对于超出物业服务范围的事项,物业服务人可能需要另行收费。

(2)服务质量

服务质量是指物业服务需要达到的标准。中国物业管理协会颁布了《普通住宅小区物业管理服务等级标准(试行)》(中物协〔2004〕1号),为物业服务合同双方当事人确定物业服务等级、约定物业服务项目、内容与标准以及测算物业服务价格提供了参考依据。该标准确定了3个等级标准,当事人可以进行选择,如果有超过或低于标准的特别约定可以自行协商确定。

(3)服务费用的标准和收取办法

物业服务费用是物业服务人提供的服务的对价,可以采取包干制或者酬金制。包干制是指由业主向物业管理企业支付固定物业服务费用、盈余或者亏损均由物业管理企业享有或者承担的物业服务计费方式。酬金制是指在预收的物业服务资金中按约定比例或者约定数额提取酬金支付给物业管理企业,其余全部用于物业服务合同约定的支出,结余或者不足均由业主享有或者承担的物业服务计费方式。服务费用与服务质量、服务事项相对应。服务费用包括的服务事项越多,等级标准越高,费用也就相对越高。

(4)维修资金的使用

根据《住宅专项维修资金管理办法》(建设部令第 165 号)第二十二条、第二十三条规定,需要使用住宅专项维修资金的,物业服务人提出使用建议和使用方案,经符合规定比例的业主讨论通过后,使用专项维修资金。物业服务合同当事人可就专项资金申请使用的具体程序作出约定,如约定申请使用专项维修资金,物业服务人应如何提出建议,业主应在多长时间内表决通过,如果物业服务人未及时提出建议、方案,或者业主未在约定的时间进行表决讨论,各自应承担何种责任。

(5)服务用房的管理和使用

物业管理用房是指物业服务人为管理整个小区的物业而使用的房屋。根据《民法典》第二百七十四条规定,物业管理用房属于由全体业主共有。物业管理用房是向小区提供物业服务所必需的。《物业管理条例》第三十八条规定:"物业管理用房的所有权依法属于业主。未经业主大会同意,物业服务企业不得改变物业管理用房的用途。"依据该规定,物业服务人应当将物业管理用房用于物业管理,而不得擅自改变物业管理用房的用途,但经过业主大会同意的除外。

(6)服务期限

服务期限即物业服务合同的起止时间。服务期限届满,物业服务合同终止,合同当事人不需要行使解除权。服务期限未届满,业主或者物业服务人提前解除合同均需符合法律规定的解除条件,否则应承担赔偿损失等责任。

(7)服务交接

物业服务合同开始履行和终止后,都涉及交接问题,当事人应对期限、方式、交接材料等予以约定。例如,约定物业服务人在合同终止后应向业委会移交公共部位和物业管理资料的期限和方式,明确需要移交的部位和资料目录,进行财务交接等。

(8)服务承诺

物业服务人公开作出的有利于业主的服务承诺应作为物业服务合同的组成部分。物业服务人公开作出的服务承诺是业主选聘物业服务人的重要依据,也是业主维护其权益的根据。物业服务人的服务承诺,是物业服务人从有利于业主及房屋实际使用人,提高服务管理和社区生活品质及自律行为的角度考虑,作出的单方意思表示。物业服务人的服务承诺,作为物业服务合同的组成部分,应具备下列条件:

a.承诺内容是物业服务人的真实意思表示;

b.承诺的内容是公开作出的或在小区内进行了公示;

c.承诺对业主有利;

d.承诺内容不违背法律、法规等相关规定。

服务承诺符合上述条件的,即可认定为物业服务合同的组成部分,物业服务人即应依照服务承诺履行服务义务,否则,应承担违约责任。

(9)其他内容

当事人还可就选聘专营公司承担专项服务管理等事项进行约定。物业服务人根据服务管理项目的需要,可将清扫垃圾等专项工作转包给清洁公司、聘请保安公司承担小区治安管理工作等。

除此之外,双方还可以在合同中约定违约责任、合同的变更、解除、索赔及争议解决方式等。

物业服务合同的具体内容和格式可参考各地行政主管部门的示范文本。

3.1.3 物业服务合同的订立程序

物业服务合同的订立程序,是物业服务合同当事人就物业服务合同的主要条款达成合意的过程。我国《民法典》第四百七十一条规定:"当事人订立合同,可以采取要约、承诺方式或者其他方式。"物业服务合同是典型合同,它的订立与其他合同的订立一样,一般是通过要约、承诺完成的。

1)要约

(1)要约的概念和条件

所谓要约,是希望和他人订立合同的意思表示。要约又称为"出盘""发价""出价""报价"等。发出要约的人为要约人,接受要约的人为受要约人。一项有效的要约,必须具备以下4个条件:

要约应具备合同成立的必备条款。《民法典》第四百七十二条规定:"要约是希望与他人订立合同的意思表示,该意思表示应当符合下列条件:

(一)内容具体确定;

(二)表明经受要约人承诺,要约人即受该意思表示约束。"

要约不同于要约邀请。要约邀请又称为要约之引诱,是希望他人向自己发出要约的意思表示。寄送的价目表、拍卖广告、招标广告、招股说明书、商业广告等属于要约邀请。商业广告的内容符合要约规定的,也可视为要约。与要约不同,要约邀请只是邀请或者引诱他人向自己发出订立合同的意思表示。

要约与要约邀请的区别主要表现在以下几点:

①要约是旨在订立合同的意思表示,行为人在法律上须承担责任。要约邀请,又称要约引诱,是希望他人向自己发出要约的意思表示。要约邀请是一种缔约的预备行为,是事实行为,只能唤起他人的要约,不能导致他人承诺。

②要约中,表达了当事人愿意承受要约约束的意旨,要约人将自己置于一旦相对人承诺,合同即成立的地位,决定权在相对人。而在要约邀请中,要约邀请人对于相对人的意思表示,也即要约邀请人唤起相对人发出要约后,针对相对人的要约,要约邀请人行使的是承诺权,其有决定承诺与否的自由,要约邀请人不受拘束。

③要约内容必须具备合同成立的必备条款,而要约邀请不必具备这些必备条款。

④要约内容具体确定,而要约邀请则不具体、不确定。

（2）要约生效

要约生效的法律效果是使受要约人取得承诺的资格。关于要约生效的时间,依据《民法典》第一百三十七条规定:"以对话方式作出的意思表示,相对人知道其内容时生效。以非对话方式作出的意思表示,到达相对人时生效。以非对话方式作出的采用数据电文形式的意思表示,相对人指定特定系统接收数据电文的,该数据电文进入该特定系统时生效;未指定特定系统的,相对人知道或者应当知道该数据电文进入其系统时生效。当事人对采用数据电文形式的意思表示的生效时间另有约定的,按照其约定。"

（3）要约撤回

要约撤回是指要约人在发出一项要约后,在该要约到达受要约人之前或者同时,要约人又以另一项通知取消或者变更原要约。《民法典》第一百四十一条规定:"行为人可以撤回意思表示。撤回意思表示的通知应当在意思表示到达相对人前或者与意思表示同时到达相对人。"之所以规定要约可以撤回,原因在于这时要约尚未发生法律效力,撤回要约不会对受要约人产生任何影响,也不会对交易秩序产生不良影响。

（4）要约撤销

要约可以撤销,撤销要约的意思表示以对话方式作出的,该意思表示的内容应当在受要约人作出承诺之前为受要约人所知道;撤销要约的意思表示以非对话方式作出的,应当在受要约人作出承诺之前到达受要约人。下列要约不可撤销:

a.要约人以确定承诺期限或者其他形式明示要约不可撤销;

b.受要约人有理由认为要约是不可撤销的,并已经为履行合同做了合理准备工作。

（5）要约失效

要约失效,指要约丧失法律效力,要约人和受要约人不再受其拘束。要约失效后,受要约人继续承诺的,不发生成立合同的效果。

《民法典》第四百七十八条规定:"有下列情形之一的,要约失效:

a.要约被拒绝;

b.要约被依法撤销;

c.承诺期限届满,受要约人未作出承诺;

d.受要约人对要约的内容作出实质性变更。"

2）承诺

（1）承诺的概念

承诺是受要约人同意要约的意思表示。承诺应当具备以下条件:第一,承诺必须由受要约人作出。如由代理人作出承诺,则代理人须有合法的委托手续;第二,承诺必须向要约人作出;第三,承诺的内容必须与要约的内容一致;第四,承诺必须在有效期限内作出。

（2）承诺的方式

《民法典》第四百八十条规定："承诺应当以通知的方式作出；但是，根据交易习惯或者要约表明可以通过行为作出承诺的除外。"

承诺方式是指受要约人将其承诺的意思表示传达给要约人所采用的方式。一般情况下，承诺应当以通知的方式作出，即采用明示的方法，以书面形式或者口头形式表示承诺。但根据交易习惯或者要约表明，承诺也可以通过行为作出，即可采用默示的方法，以实施一定的行为或者以其他方式作出。

（3）承诺期限

承诺的期限《民法典》第四百八十一条规定："承诺应当在要约确定的期限内到达要约人。要约没有确定承诺期限的，承诺应当依照下列规定到达：

（一）要约以对话方式作出的，应当即时作出承诺；

（二）要约以非对话方式作出的，承诺应当在合理期限内到达。"

《民法典》第四百八十二条规定："要约以信件或者电报作出的，承诺期限自信件载明的日期或者电报交发之日开始计算。信件未载明日期的，自投寄该信件的邮戳日期开始计算。要约以电话、传真、电子邮件等快速通讯方式作出的，承诺期限自要约到达受要约人时开始计算。"

3）招投标

在实务中，招投标是物业服务合同签订的常用程序。《物业管理条例》明确规定前期物业服务合同通过招投标方式签订。《中华人民共和国政府采购法》也规定，政府采购物业管理服务，应当采取招投标的方式。一些地方物业管理条例也鼓励业主大会采用招标投标方式选择物业服务企业，签订物业服务合同。

3.1.4 物业服务合同的效力

1）概念

合同的效力，又称合同的法律效力，是指依法成立的合同对当事人具有的法律约束力。《民法典》第四百六十五条规定："依法成立的合同，仅对当事人具有法律约束力，但是法律另有规定的除外。"《民法典》第九百三十九条规定："建设单位依法与物业服务人订立的前期物业服务合同，以及业主委员会与业主大会依法选聘的物业服务人订立的物业服务合同，对业主具有法律约束力。"

2）合同生效的条件

当具备以下条件时，合同才能生效：

①行为人具备相应的民事行为能力。任何民事法律行为都以行为人的意思表示为基础，因此，行为人必须具备正确理解自己行为的性质和后果、独立表达自己意思

的能力。如果不具备这样的能力,就不能进行独立的意思表示,因而难以认定该民事法律行为有效。所以说,如果行为人要独立地表达自己的意思,并要产生行为人期望的法律效果,行为人就必须具有相应的民事行为能力。这里的"相应",是指行为人所实施的民事法律行为要与其民事行为能力"相匹配"。根据民法典第二百七十八条、第九百四十九条规定,物业服务合同的特殊性决定了能够代表业主表达签订物业服务合同意思表示的在前期是开发建设单位,后期则是业主共同决定或者业主大会决议。

②意思表示真实。意思表示真实是指行为人的意思表示是其自由决定的内心意思的真实反映,表达出来的发生法律后果的意思与内心真实意思是一致的,不存在欺诈、胁迫等干涉和妨碍因素。这是为了贯彻民法中意思自治原则。

③不违反法律、行政法规的强制性规定,不违背公序良俗。行为人在自由、自愿状况下作出的意思表示,原则上应当产生当事人期望的法律效果。但这是有前提的,即没有违反法律、行政法规的强制性规定,没有违背公序良俗。换言之,意思表示即使真实,但如果违反法律、行政法规的强制性规定,违反公序良俗,法律也要给予其否定评价。公序良俗包括公共秩序与善良风俗两个方面,其中公共秩序是指法律秩序,善良风俗是指法律秩序之外的道德。

3.1.5 物业服务合同的履行

物业服务合同的履行,是指当事人双方按照物业服务合同的约定或者法律的规定履行其义务。物业服务合同是双务合同,一方当事人负担的义务正是另一方当事人所享有的权利。因此,物业服务合同的履行是双方当事人所负义务的各自履行,而不是仅有一方当事人履行义务而另一方不履行义务。

1)物业服务合同的履行原则

根据《民法典》(第五百零九条)及其司法实践,物业服务合同的履行必须遵循以下基本原则:

(1)全面履行原则

全面履行原则要求合同当事人必须按照合同约定全面地履行自己负责的各种义务,不能不履行和不适当履行。所谓不履行,是指在当事人有能力履行合同义务,而且该合同并未陷入履行不能的境地或者不存在暂时的履行困难的情况下,合同义务人仍然不履行合同义务的行为。不适当履行是指合同义务人虽然有履行义务的行为,但是不符合合同要求,主要表现在以下方面:

①履行标的质量不符合合同标准。例如,物业公司应当按合同约定负责小区内的绿化工作,但是由于工作不力,导致草坪的青草部分或者全部枯死。

②履行标的数量不充足或超过合同要求的数量。例如,物业公司依照合同要求为房屋的共用部位更换照明设备 50 个,但是只更换了 30 个,或者是虽然需要更换 50

个,但是物业公司却更换了80个,超过了实际需要,这也属于数量的不合格。

③履行时间和地点不恰当。例如,根据物业服务合同,业主和物业使用人负担的物业管理服务费用应当在本月底在A地向物业公司交纳。但是一直拖到下个月月底才交纳,而且是在B地交纳的。这就属于履行时间和地点不恰当。

④履行方式的不适当。例如,合同约定物业管理服务费的支付采用票据方式,但是业主一方偏偏采用现金方式支付。

⑤法定的附随义务没有履行。对于不履行合同义务而造成对方损失的,违约人应当承担违约责任,并予以赔偿。对于因为不完全履行而造成对方损失的(理论上称为加害履行),也要承担违约责任并赔偿(摘自:《物业管理法》,作者袁永华)。全面履行原则是一项内容极为广泛、含义十分丰富的原则,由于合同履行是合同法的核心,所以全面履行原则也是合同履行中的首要原则。

(2)诚信原则

诚信,是市场经济活动中形成的道德规则。法律将诚信确立为基本原则,实为法律吸收道德观念的典型表现。《民法典》第七条规定:"民事主体从事民事活动,应当遵循诚信原则,秉持诚实,恪守承诺。"《民事诉讼法》(1991年4月9日通过,2021年12月24日第四次修正,2022年1月1日施行)第十三条规定:"民事诉讼应当遵循诚信原则。"诚信原则不仅是我国民法的基本原则,同时也是民事诉讼法的基本原则,真正称为"帝王原则。"可以说,从要约承诺开始到合同订立、履行、合同终止之后,当事人都应当严格依据诚信原则行使权利履行义务,直至在诉讼过程中,都要遵循诚信原则,对于虚假诉讼行为,法院将予以制裁。

诚信原则的另一个体现就是附随义务。根据合同的性质、目的和交易习惯履行通知、协助、保密等义务都属于附随义务,涵盖了合同的订立、履行、善后的全过程。

(3)绿色原则

绿色原则是《民法典》的重大创新,既契合中国现阶段的基本国情,又具有鲜明的时代特色。我国自然资源种类众多、储量丰富,但人口基数大,人均储量并无优势。习近平总书记提出了"绿水青山就是金山银山"的重要思想,践行该理念,是适应新时代我国社会主要矛盾变化的客观需要。我国社会主要矛盾已经转化为人民日益增长的美好生活需要和不平衡不充分的发展之间的矛盾。人民群众更需要干净的水、清新的空气、安全的食品和优美的环境,需要经济高质量的发展、可持续发展,人类与自然和谐相处。党中央多次提出要完善绿色生产和消费的法律制度和政策导向。《民法典》规定了绿色原则,也反映了我国民事立法的重要价值取向。合同作为市场资源配置的重要手段,同样要遵循绿色原则,在履行合同的整个过程中,当事人都应当考量自己的行为,避免浪费资源、污染环境和破坏生态。物业服务人对物业服务区域内违反环保法律法规的行为应当及时采取合理措施制止、向有关行政主管部门报告并协助处理,是物业服务人的一般义务,也是绿色原则的体现。

2) 物业服务合同履行中的抗辩权问题

为了更好地保护合同当事人的合法权益,维护正常的社会经济秩序,我国《民法典》合同编规定了双务合同履行中的抗辩权制度。物业服务合同是双务合同,因此合同编中有关双务合同履行中抗辩权的规定在物业服务合同中同样适用。物业服务合同履行中的抗辩权,是指在物业服务合同中,当符合法定条件时,当事人一方享有的对抗对方当事人的履行请求权,暂拒绝履行其债务的权利。根据《民法典》的规定,双务合同履行中的抗辩权主要有:同时履行抗辩权、先履行抗辩权和不安抗辩权。

（1）同时履行抗辩权

同时履行抗辩权,又称不履行抗辩权,是指当事人互负债务,没有先后履行顺序的,一方在对方未履行债务或者履行债务不符合约定时,享有的拒绝对方履行要求的权利。同时履行抗辩权是一种延缓的抗辩权,它的行使并不导致对方请求权的消灭,而是使对方的请求权在一定期限内不能行使,一旦同时履行抗辩权成立的条件消灭,如对方履行合同,且履行符合约定,抗辩权即行消灭。物业管理合同是持续性的服务过程,不是一次性交易,更不能实行"一手交钱一手交货",因此同时履行抗辩权不适用物业服务合同。

（2）先履行抗辩权

所谓先履行抗辩权,是指当事人互负债务,有先后履行顺序,先履行一方未履行债务或者履行债务不符合约定的,后履行一方享有的拒绝其相应的履行要求的权利。如果在物业服务合同中当事人双方约定,业主先交纳物业服务费,物业服务企业根据业主交费情况提供相关的物业服务,那么物业服务企业在业主未交纳物业服务费之前就享有先履行抗辩权,暂停向业主提供相应的物业服务直到业主交纳物业服务费。但是,由于物业服务的准公共性,如果物业公司行使先履行抗辩权,势必影响业主的生活,甚至会带来小区的混乱。

（3）不安抗辩权

所谓不安抗辩权,是指当事人互负债务,应当先履行债务的当事人,有确切证据证明对方有丧失或者可能丧失履行债务能力的情形的享有的暂时中止自己的履行的权利。在物业服务合同的履行过程中,如果约定业主负先行交纳物业服务费的义务,那么当业主有确切证据证明物业服务企业经营状况严重恶化,或者转移财产、抽逃资金,以逃避债务,或者丧失商业信誉,或者有丧失或者可能丧失履行合同约定的服务的能力的其他情形时,业主可以中止履行物业服务合同,暂停交纳物业服务费。业主决定中止履行的,应当及时通知物业服务企业。如果物业服务企业提供适当担保时,业主应当恢复履行物业服务合同,及时交纳物业服务费。物业服务合同中止履行后,物业服务企业在合理期限内未恢复履行能力并且未提供适当担保的,中止履行的业主可以要求解除合同。业主没有确切证据中止履行的,应当承担违约责任。

当然,物业服务合同中抗辩权的行使,并不妨碍受到损失的一方当事人要求违约方承担违约责任,赔偿损失。

3.1.6 前期物业服务合同

1)前期物业服务合同的含义

前期物业服务合同,是指建设单位在销售物业之前,与物业服务企业签订的物业服务合同。这个合同是针对前期物业管理服务所签订的。前期物业管理是指在业主大会或者业主共同决定选聘物业服务企业之前,对物业实施的物业管理。

一般情况下,在物业建成后、业主大会成立之前,就需要进行物业管理活动。由于业主大会尚未成立,不可能由业主委员会代表业主与业主大会选聘的物业服务企业签订物业服务合同。在这种情况下,只能由建设单位选聘物业服务企业对物业实施管理服务,物业服务合同只能在建设单位和物业服务企业之间签订。前期物业服务合同在实践中作用重大,是物业从建设到管理顺利衔接的保证。

2)前期物业服务合同的要求

(1)对建设单位的要求

物业服务合同确立了物业服务企业和业主之间的权利和义务,是物业管理法律关系确立的基本依据。但是,前期物业服务合同是建设单位和物业服务企业作为合同主体签订的,而前期物业服务合同的对象却是业主,这就存在一个物业买受人在购买物业时如何知道和决定是否接受前期物业服务合同的问题。如果业主对前期物业服务合同的内容没有足够的了解,建设单位和物业服务企业容易利用这种信息的不对称,在签订的前期物业服务合同中,侵害业主的合法权益。实践中,发生的一些业主不满物业服务企业提供服务的纠纷,究其原因,并不一定完全是因物业服务企业不按照合同提供服务,而是由于业主对物业服务合同内容的理解与双方对提供服务内容的理解不一致导致的。因此,《物业管理条例》第二十五条规定:"建设单位与物业买受人签订的买卖合同应当包含前期物业服务合同约定的内容。"

(2)对合同期限的要求

根据《物业管理条例》第二十六条之规定:"前期物业服务合同可以约定期限;但是,期限未满,业主委员会与物业服务企业签订的物业服务合同生效的,前期物业服务合同终止。"这条规定有以下两层意思:

①前期物业服务合同可以约定期限。与一般的服务行为不同,物业管理服务具有长期性的特点。物业服务企业在实施物业管理服务的过程中,要对物业进行添置设施设备等一些前期投入,这些前期投入作为企业的经营成本,需要一定时期的经营活动才能逐步收回。物业服务企业在承接物业之前,要进行成本预测和经营风险预测。前期物业服务合同期限不确定,不利于物业服务企业统筹安排工作,降低交易成本费用,防范经营风险,而且还会导致物业管理市场秩序的混乱,诱导纠纷和矛盾。

另外,物业服务企业也存在一个选择物业管理服务项目的问题。在约定的期限结束后,物业服务企业可以督促业主及时成立业主大会,实现业主选聘物业服务企业的权利。

②前期物业服务合同是一种附终止条件的合同。虽然期限未满,但业主委员会与物业服务企业签订的物业服务合同生效的,前期物业服务合同仍然终止。也就是说,前期物业服务合同要按照约定的期限结束,以在合同期限内没有物业服务合同的生效为前提条件,这是由前期物业服务企业本身的过渡性决定的。一旦业主大会成立,并选聘了物业服务企业,进入了正常的物业管理阶段,前期物业服务企业就会因没有存在的必要而自动终止。终止的时间以业主委员会与物业服务企业签订的物业服务合同的生效时间为准。

3) 前期物业服务合同的特征

(1)前期物业服务合同具有过渡性

前期物业管理的期限,存在于业主、业主大会选聘物业服务企业之前的过渡期内。实践中,物业的销售、业主的入住是陆续的过程,业主召开首次业主大会时间的不确定性决定了业主、业主大会选聘物业服务企业的时间不确定性,因此,前期物业服务的期限也是不确定的。但是,一旦业主大会成立并选聘了物业服务企业,业主委员会与物业服务企业签订的合同发生效力,就意味着前期物业管理阶段结束。

(2)前期物业服务合同由建设单位和物业服务企业签订

在前期物业管理活动中,由于业主大会尚未召开,业主还不能形成统一意志来决定选聘物业服务企业,而此时已有实施物业管理的现实必要。为了维护正常的物业秩序,保护业主现实的合法权益,物业管理条例规定,建设单位选聘物业服务企业的,应当与物业服务企业签订前期物业服务合同。而且,建设单位一开始就拥有物业,是第一业主,这是建设单位享有第一次选聘物业服务企业的优先权,能够签订前期物业服务合同的合理依据。

(3)前期物业服务合同是要式合同

要式合同,是指法律要求必须具备一定形式的合同。由于前期物业管理涉及广大业主的公共利益,虽然合同的形式有书面、口头和其他形式,但物业管理条例要求前期物业服务合同以书面的形式签订。

4) 前期物业服务合同的内容

前期物业服务合同的内容与物业服务合同基本相同,具体的内容和格式参见建设部及各地颁布的示范文本。

3.2　管理规约

　　建筑物区分所有权是近代各国物权法上一项重要的不动产权利,当数人区分某一建筑物时,就产生了建筑物区分所有权。于专有部分上成立的所有权,为专有部分所有权;于共用部分上成立的所有权,为共用部分共有权。区分所有权人对其专有部分享有占有、使用、收益和处分的权利,但是,区分所有权人对专有部分的使用,不得妨碍建筑物的正常使用以及侵害其他区分所有权人的共同利益。因此,一栋楼、一个物业管理区域内的共用部分和附属设施为全体业主共有。为了更好地使用共用设施设备,维护全体业主的共同利益,维持良好的公共秩序,业主之间需要通过订立管理规约,约定业主对物业的使用、维护制度。这种由全体业主共同约定、相互制约、共同遵守的有关物业使用、维护、管理及公共利益等方面的法律性文件就是管理规约。

　　按照管理规约订立的阶段不同,分为临时管理规约和管理规约。

3.2.1　临时管理规约

　　临时管理规约,是指建设单位依照国家有关物业管理的法律法规和政策规定,参照住建部示范文本的基本内容,结合所准备销售物业的实际情况,制订的最初的管理规约文本。《物业管理条例》第二十二条规定:"建设单位应当在销售物业之前,制定临时管理规约,对有关物业的使用、维护、管理,业主的共同利益,业主应当履行的义务,违反临时管理规约应当承担的责任等事项依法作出约定。"建设单位制订的临时管理规约,不得侵害物业买受人的合法权益。物业买受人在购买房屋时,应当了解和承诺遵守临时管理规约。业主大会设立时,可由业主或业主大会筹备组提出修改建议和修改草案,并报业主大会讨论通过后成为管理规约。

　　临时管理规约的主要内容、订立的法律依据、订立的原则、法律效力及违约行为的处理,均参照管理规约的有关内容和要求进行。

　　为了确实保障物业买受人的合法权益,保障物业买受人的知情权,建设单位制订的临时管理规约,必须坚持公开、公平、公正,诚实守信的原则等,不得侵害物业买受人的合法权益。物业买受人是指与建设单位签订物业买卖合同,购买房屋的单位和个人。《物业管理条例》第二十三条规定:"建设单位应当在物业销售前将临时管理规约向物业买受人明示,并予以说明。"确保房屋买受人知情权和决定权。同时规定:"物业买受人在与建设单位签订物业买卖合同时,应当对遵守临时管理规约予以书面承诺。"一方面,建设单位应当在物业销售前向物业买受人明示临时管理规约,使其了解临时管理规约的内容,以便其决定是否购买房屋。另一方面,当物业买受人决定购买房屋,在与建设单位签订物业买卖合同时,应当同时对临时管理规约予以书面承诺。这是物业买受人购买房屋的前提条件,是物业买卖合同的要件之一。物业买受人书面承诺了,就必须遵守执行,否则就要承担违约责任。物业管理条例关于上述内容的规定,既保护了物业买受人的合法权益,也保护了建设单位的合法权益,能有效地减少和避免物业管理纠纷。

临时管理规约的具体内容和格式可参考各地的示范文本。

3.2.2　管理规约

1) 管理规约的法律依据

(1)《民法典》关于管理规约制度的内容

《民法典》第二百七十八条第一款第二项规定,经业主共同决定可以制订和修改管理规约。这是民法典对于管理规约制定程序的规定。

《民法典》第二百七十九条规定:"业主不得违反法律、法规以及管理规约,将住宅改变为经营性用房。业主将住宅改变为经营性用房的,除遵守法律、法规以及管理规约外,应当经有利害关系的业主一致同意。"这是民法典对管理规约法律效力的规定。

《民法典》第二百八十六条规定:"业主应当遵守法律、法规以及管理规约,相关行为应当符合节约资源、保护生态环境的要求。对于物业服务企业或者其他管理人执行政府依法实施的应急处置措施和其他管理措施,业主应当依法予以配合。业主大会或者业主委员会,对任意弃置垃圾、排放污染物或者噪声、违反规定饲养动物、违章搭建、侵占通道、拒付物业费等损害他人合法权益的行为,有权依照法律、法规以及管理规约,请求行为人停止侵害、排除妨碍、消除危险、恢复原状、赔偿损失。"这些规定明确赋予了管理规约对业主、物业管理人的约束力。

(2)《物业管理条例》对管理规约制度的规定

《物业管理条例》第十七条规定:"管理规约应当对有关物业的使用、维护、管理,业主的共同利益,业主应当履行的义务,违反管理规约应当承担的责任等事项依法作出约定。"这是行政法规对管理规约内容做出的规范。管理规约应当尊重社会公德,不得违反法律、法规或者损害社会公共利益。

"管理规约对全体业主具有约束力。"这是行政法规对管理规约法律效力的重述。

2) 管理规约的主要内容

根据《民法典》以及地方性法规的规定,管理规约应当由业主大会筹备组、业主委员会拟定草案或者修正草案,业主大会会议通过后生效。经过一段时间的执行,管理规约如需要修改,应当由业主或业主委员会提出修改建议和修改草案,将修改草案提交业主大会讨论通过后执行。

一般而言,管理规约的主要内容包括以下几方面。

①有关物业的使用、维护和管理。

a.物业管理区域的名称、地点、面积及户数;

b.共用场所及共用设施设备状况;

c.建筑物各项维修、养护、管理费用和物业管理服务费用、专项维修资金以及依照业主大会决定的有关分摊费用的交纳等。

②业主的共同利益。

a.业主使用建筑物和物业管理区域内其他共用场所、共用设施设备的权益;

b.业主在本物业管理区域内应遵守的行为准则;

c.业主大会的召集程序及决定重大事项的方式等。

③业主享有的权利与应当履行的义务。

a.业主参与物业管理的权利与义务;

b.业主对业主大会、业主委员会和物业服务企业进行监督的权利;

c.建筑物毁灭后修复与重建的权利与义务等。

④违反管理规约应当承担的责任。

a.业主不履行管理规约义务应承担的民事责任;

b.解决争议的办法等。

⑤其他应当约定的有关事项。

管理规约的具体内容和格式可参考各地行政主管部门颁布的示范文本。

3)管理规约订立的原则

管理规约订立的原则如下:

①合法性原则。管理规约的内容应当符合法律、法规和政策规定,符合土地使用权出让合同的规定。

②整体性原则。管理规约的订立应当在全体业主自愿和充分协商的基础上进行,当个别意见难以统一时,应当以全体业主的整体利益为目标,个人服从全体,少数服从多数。

③民主性原则。管理规约的订立应当采取民主的形式,即通过业主大会的形式,反映全体业主或者大多数业主的利益和要求。

④程序性原则。管理规约的制定和修订,要按照法律法规和业主大会议事规则确定的程序进行,要经业主大会会议由业主表决通过。而且业主大会会议应当有效,且同意的业主达到法定比例。

4)管理规约的特征

管理规约是业主依照法律、业主大会议事规则规定的议事方式和表决程序作出决议制定的社会规范,其效力如"国家之宪法""公司之章程"。规约各方所追求的目的在方向上是相同的,是各方意思表示平行融合、互相结合的共同行为;而合同行为则是双方意思表示对立统一、互相结合的双方行为。管理规约经业主签署同意或业主大会决议通过而生效,是业主实现共同管理的重要法律文件。管理规约作为法律性文件具有如下特征：

①业主意思自治。管理规约是业主约定彼此相互关系的民事协定，订立管理规约是业主间的共同行为。根据私法自治原则，只要不违反法律强制性规定，不背离公序良俗，不侵犯业主的固有权益，规约可以自由设定业主的权利义务，还可以规定物业管理区域内业主应具备的社会公德修养。

管理规约作为业主行为规范由业主自行设定，而非国家统一设定，立法只能就普通问题作规定。管理规约由业主自己执行，无须国家强制力来保证实施。

②订立程序严格。《物业管理条例》第十一条明确规定，管理规约的订立、变更均通过业主大会进行，而且一些地方性法规还规定管理规约应当备案。

③约定效力至上。管理规约作为物业区域内全体业主的共同管理的法律性文件，约束全体业主。业主大会或业主委员会的相关规定均不得违反管理规约，否则无效。

④受司法保护。《最高人民法院关于审理建筑物区分所有权纠纷案件具体应用法律若干问题的解释》第十五条规定："业主或者其他行为人违反法律、法规、国家相关强制性标准、管理规约，或者违反业主大会、业主委员会依法作出的决定，实施下列行为的，可以认定为民法典第二百八十六条第二款所称的其他'损害他人合法权益的行为'。"

管理规约作为社会规范，与普通民事契约的关键区别在于：其效力不仅及于同意设定契约的当事人，而且约束不同意规约的少数业主与特定继受人。特定继受人包括转移继受人与设定继受人。转移继受人指物业所有权的受让人。业主转让物业或发生继承时，无须新业主对规约作出任何形式上的承诺，管理规约对其自动产生效力。继受约束新业主，可以理解为继受人在取得物业时，对已经生效的管理规约存在默示，自愿接受管理规约的约束。设定继受人指物业的承租人、借用人等非业主使用人。

5) 物业服务企业对违反管理规约行为的处理

物业服务企业正确界定物业管理区域内违反管理规约的行为，并能及时根据管理规约纠正和处理各种违反管理规约的行为，是加强物业管理的一个重要环节。其处理方法主要有：

①规劝。对于正在发生的、比较轻微的、还未造成损失的违约行为，物业管理人员可以对其进行规劝，使其停止和改正。

②制止。对于正在发生、正在造成损失的违约行为，物业管理人员应当立即采取适当措施予以制止。

③批评。对于已经发生、制止之后的轻度违约行为，对违约者要进行批评教育。

④警告。对于规劝或者制止均无效果的违约行为，可以采用严厉的方式予以警告。

⑤要求承担违约责任。对于已经发生并造成损失的违约行为，应当根据管理规约要求其承担违约责任。

⑥提起民事诉讼。对于采取以上措施均无效果,违约人仍在继续违约,如拒绝或者拖欠交纳各项物业管理服务费用,严重违约造成建筑物或者共用设施设备损坏的,可以提起民事诉讼。

3.3 业主大会议事规则

业主大会是业主共同决定设立的非法人组织,业主委员会是业主大会选举产生的常设机构,二者在物业管理活动中如何开展工作也需要相应的法律文件加以明确,这就是业主大会议事规则。

业主大会议事规则是业主大会进行运作的规程,是对业主大会宗旨、组织体制、活动方式、成员的权利义务等内容进行记载的社会规范性法律文件。业主大会通过业主大会议事规则来建立大会内的正常工作秩序,保证大会内业主集体意志和行动统一。业主大会议事规则是全体业主意志的集中体现,是业主大会运作的基本准则和依据,业主大会、业主委员会和所属成员都必须严格遵守。鉴于业主大会议事规则在业主自我管理中的重要性,《物业管理条例》第十八条对业主大会议事规则必须规定的内容作了列举规定。其主要内容有:

①业主大会的议事方式,包括业主大会会议是采用集体讨论还是书面征求意见的形式。

②业主大会的表决程序,包括业主大会会议的基本议程、业主大会的表决形式等。

③业主委员会的组成和成员任期,包括业主委员会委员的资格、人数、任期、正副主任的配置等。

业主大会议事规则还可以对其他有关业主大会活动的事项作出规定,如业主大会的宗旨、投票规则、权利和义务、活动范围、经费来源、业主委员会的权利与义务等。

许多地方政府的职能部门都根据《物业管理条例》等有关法规和政策规定,结合当地具体情况,制订了《业主大会议事规则》的示范文本供业主大会、业主委员会参考使用。

3.4 业主大会决定、业主委员会决定

决议是法人或者非法人组织就重要事项,经会议讨论作出决策,并要求进行贯彻执行的法律性文件。赋予决议法律效力,是民事意思自治的法律思想的重要体现。

《民法典》第一百三十四条第二款规定:"法人、非法人组织依照法律或者章程规定的议事方式和表决程序作出决议的,该决议行为成立。"第二百八十条规定:"业主大会或者业主委员会的决定,对业主具有法律约束力。业主大会或者业主委员会作

出的决定侵害业主合法权益的,受侵害的业主可以请求人民法院予以撤销。"

《最高人民法院关于审理建筑物区分所有权纠纷案件具体应用法律若干问题的解释》第十五条规定:"业主或者其他行为人违反法律、法规、国家相关强制性标准、管理规约,或者违反业主大会、业主委员会依法作出的决定,实施下列行为的,可以认定为民法典第二百八十六条第二款所称的其他'损害他人合法权益的行为'。"

案例分析

案例 3.1　　　未签书面物业服务合同,业主拒交物业服务费用纠纷

【案情介绍】

原告:A 物业服务企业

被告:B 小区业主

A 物业服务企业与 B 住宅小区的业主委员会商定由 A 物业服务企业对该小区进行管理。双方口头说明管理事项,但未签订书面合同。后由于夏日炎热,狂风暴雨次数较多,对小区的外部设施和花草树木破坏较大,A 物业服务企业对小区进行了全面整顿,为此,A 物业服务企业垫付了一大笔费用。后来,A 物业服务企业贴出公告增收服务费,业主们都为增收大量的服务费不解,并拒绝交纳增加的服务费。双方争执不下,最后物业服务企业向法院提出诉讼。

法院调查清楚了 A 物业服务企业为小区管理支付的费用,且证明了每笔开支的合理性和正当性,确认 A 物业服务企业把钱花在了小区必须修缮、养护和管理的地方了,且与早先约定的日常管理事项大致相同,最后以公平、公正原则为依据,宣判小区业主支付给 A 物业服务企业超支的费用。

案例评析3.1

案例 3.2　　　业主违反规约封闭阳台被物业公司罚款案

【案情介绍】

原告:业主章先生

被告:A 物业服务企业

某小区业主章先生在外带回一个 5 岁大的孤儿,决定收养为子。但因家居面积不大,安顿小孩不便,便想封闭阳台作为小孩卧室,该小区 A 物业服务企业未予同意,并告诫说,封闭阳台违反管理规约。章先生未予理会,请来装修工人对阳台进行装修、封闭。A 物业服务企业多次制止未果,便下达了正式的处罚决定书,内容为:依据本小区《管理规约》第 18 条、第 25 条的规定,限章先生 10 日内将阳台恢复原状,并处罚款 200 元。章先生不服,对此决定不予执行。A 物业服务企业遂对章先生家停水、停电。双方多次交涉,A 物业服务企业坚持在章先生执行处罚决定特别是交纳罚款之前,不会通水、通电。章先生无奈,交纳了 200 元罚款。2003 年

3 月,章先生向法院提出诉讼。

原告章先生诉称,自己收养孤儿是善举,小区业主和 A 物业服务企业都应支持;封闭阳台虽然违反了管理规约,但并不违反法律法规;况且 A 物业服务企业没有罚款权,更无权停水、停电。因此,请求法院判决被告 A 物业服务企业的处罚决定违法,予以撤销,并赔偿停水、停电损失 200 元。

被告辩称,小区《管理规约》中关于不准封闭阳台的条款,是根据县政府的文件制订的,所有业主包括原告章先生都已承诺,不管出于什么原因,原告章先生都应该遵守。对原告的罚款和停水、停电,都是根据管理规约实施的,所以被告坚持所作的处罚决定。

法院经审理后认为,合法的管理规约就是合法的合同,受法律保护,业主应当遵守,原告章先生不能封闭自家阳台。但管理规约中关于对违反规约的业主的处罚约定,不符合法律规定,被告依据规约中的不合法条款对原告进行处罚,不应支持。因此判决:

(1)限原告 10 日内将阳台恢复原状;

(2)被告 10 日内将所收取原告的罚款 200 元予以退还;

(3)被告赔偿原告因停电、停水所遭受的损失 100 元。

案例评析3.2

案例 3.3　　　　物业服务合同终止后的纠纷

【案情介绍】

某小区的大部分业主对管理小区的某物业服务公司的工作不满意,通过法律途径解除了与该物业服务企业的服务合同。物业服务企业在撤离该小区时,将小区的物业资料随意丢弃在办公室里,没有与任何人交接就离开了。文件也被收垃圾的捡走了。当后接手进行管理的物业服务企业要求提供物业资料时已经没有了。原物业服务公司认为是业主委员会的责任,自己不承担任何责任。业主委员会认为该物业服务公司负有移交的义务,故应当对资料丢失承担责任,遂将该物业服务企业诉至法院,要求赔偿损失。

案例评析3.3

【模拟判案 3】物业公司要求业主支付物业服务费

原告:某物业服务公司;被告:程某

【案情介绍】

2018 年 3 月 19 日,某小区业主委员会与某物业公司签订《物业服务合同》,约定由该物业公司为小区提供物业服务,服务费标准为每月 1.2 元/m²,自 2018 年 4 月 1 日至 2021 年 12 月 31 日止。合同到期后双方未续签合同,但该物业公司一直提供物业服务。

由于该小区业委会与物业公司就续签《物业服务合同》事宜未达成一致,2022 年 6 月 3 日,小区业委会组织召开临时业主大会。2022 年 7 月 24 日,经户数和专用面积双过半业主同意,形成决议:同意该物业公司继续为该小区服务,自 2022 年 8 月 1 日至 2025 年 7 月 31 日。从 2022 年 8 月 1 日开始实施物业服务费标准为住宅每月1.5 元/m²。

小区业主程某以 2022 年 1 月 1 日至 2022 年 7 月 31 日，业主委员会未与该物业公司签订《物业服务合同》为由，拒绝交纳物业服务费。物业公司诉至区法院，要求程某支付相应物业服务费 2 663 元。

请模拟法官，该案该如何判决？

扫一扫，了解案件结果。

模拟判案3
结果

律师说法（扫下方二维码观看，内容动态更新）

22. 什么是物业服务合同

23. 物业服务合同的种类

24. 前期物业服务合同签订规则

25. 后期选聘物业服务企业规则

26. 物业服务招投标程序

27. 物业服务合同的形式

28. 物业服务合同的履行

29. 物业服务合同中的管理职能

30. 物业服务合同之应急救援服务

31. 物业服务合同相关法律须知

本 章 小 结

民事法律关系是物业管理法律最主要的法律关系，而这些民事法律关系又是依据一系列合同规约形成的。物业服务合同是确立业主和物业服务企业在物业管理活动中权利义务的法律依据。按照物业服务合同签订的当事人不同，又分为前期物业服务合同和物业服务合同。物业服务合同应该由所有业主与物业服务企业签订，具体做法就是由业主大会决定后，由其常设机构业主委员会代表全体业主与物业服务企业签署。由于物业管理涉及广大业主的公共利益，因此物业服务合同应该按照法律法规的规定采取书面形式。拟订物业服务合同时，可以参照政府颁布的示范文本，以避免不必要的遗漏或缺陷。建设单位应该按照法律法规要求，选择前期物业服务企业，签订的前期物业服务合同。依法订立的有效的物业服务合同，当事人必须按照合同约定全面履行自己的义务。

管理规约是物业管理中极为重要的法律文件，是业主共同管理的主要依据之一。管理规约因指定主体不同，分为临时管理规约和管理规约。临时管理规约是建设单位依照国家有关物业管理的法律法规和政策规定，结合所准备销售物业的实际情况制订的。建设单位必须坚持公开、公平、公正的原则，坚持诚实守信的原则制订临时管理规约，不得侵害物业买受人的合法权益。

管理规约由业主大会制订、修改，对全体业主及使用人均有约束力。物业管理中的法律文件除了物业服务合同、管理规约外，还有业主大会规则、物业管理区域管理规定等其他法律文件。

在物业管理活动中,不管是合同,还是管理规约、业主大会规则、业主大会决定、业主委员会决定等文件,一经成立对业主和物业服务人都是有约束力的,任何一方违约都要受到法律的制裁或承担违约责任。作为物业管理主体的业主和业主组织,以及物业服务人,都应当树立"契约精神",培养诚信品质。

习　题

一、单项选择题

1.物业服务合同是确定(　　)在物业管理活动中的权利义务的法律依据。

　A.业主大会与物业服务企业　　　　B.业主委员会与区物业服务企业

　C.业主与物业服务企业　　　　　　D.住户与物业服务企业

2.根据法律的规定物业服务合同的形式应为(　　)。

　A.口头　　　　　B.书面　　　　　C.指定　　　　　D.其他

3.某开发商为选聘前期物业服务企业,向社会发布招标广告,该招标广告属于(　　)。

　A.要约　　　　　B.要约邀请　　　　C.新要约　　　　D.都不是

4.甲厂向乙单位去函表示:"本厂生产的 W 型电话机,每台单价90元。如果贵单位需要,请与我厂联系。"乙单位回函:"我部门愿向贵厂订购 W 型电话机500台,每台单价85元。"2个月后,乙单位收到甲厂发来的 500 台电话机,但每台价格仍为90元,于是拒收。为此甲厂以乙单位违约为由起诉至法院。下列说法正确的是(　　)。

　A.甲厂向乙单位去函表示是要约　　B.乙单位回函是承诺

　C.甲与乙的合同订立成功　　　　　D.乙单位拒收明显违反约定

5.甲区业主委员会与乙物业服务企业签订了一份物业服务合同,约定业主先付服务费,乙物业公司后提供服务。履行期届至,许多业主因担心物业公司不能提供满意的服务而未付服务费,于是乙物业公司在服务届满仍然未提供服务。本案中乙物业公司行使的权利是(　　)。

　A.同时履行抗辩权　　　　　　　　B.不安抗辩权

　C.先履行抗辩权　　　　　　　　　D.后履行抗辩权

6.在业主、业主大会选聘物业服务企业之前,建设单位选聘物业服务企业的,应当签订书面的(　　)。

　A.委托协议书　　　　　　　　　　B.临时委托合同

　C.前期物业服务合同　　　　　　　D.物业管理委托合同

7.前期物业服务合同可以(　　),但是期限未满、业主委员会与物业服务企业签订的物业服务合同生效的,前期物业服务合同终止。

　A.约定期限　　　B.不定期限　　　C.定期二年　　　D.定期三年

8.在一般情况下,物业管理区域内有关安全守则、公共卫生守则、公用设施及共用部分的使用办法、车库管理办法等管理规定应由(　　)制订。

A.物业服务企业　　B.业主　　　　　　C.业主大会　　　　D.业主委员会

二、多项选择题

1.合同又可以称为(　　　)。

　　A.契约　　　　　　B.协议　　　　　　C.交易　　　　　　D.合约

2.物业服务合同应当包括对(　　　)等内容进行约定。

　　A.服务质量　　　　B.服务费用　　　　C.物业管理用房　　D.物业管理事项

3.前期物业管理合同与一般物业管理合同的不同之处在于(　　　)。

　　A.合同主体不同　　　　　　　　　B.物业管理费用的承担人不同

　　C.物业管理合同期限不同　　　　　D.合同的终止方式不同

4.下列各项中,属于合同的书面形式的是(　　　)。

　　A.电报　　　　　　B.电传　　　　　　C.合同文本　　　　D.电子邮件

5.合同的生效条件包括(　　　)。

　　A.当事人具备相应的民事行为能力

　　B.意思表示真实

　　C.手续和程序符合法律的规定和当事人的约定

　　D.合同内容不违背公序良俗

6.管理规约的订立应遵循(　　　)。

　　A.合法性原则　　　B.整体性原则　　　C.民主原则　　　　D.自愿原则

7.业主大会议事规则应当就业主大会的(　　　)等事项作出约定。

　　A.议事方式　　　　　　　　　　　B.表决程序

　　C.业主投票权确定办法　　　　　　D.业主委员会组成和委员任期

8.依据《民法典》第二百八十八条规定,不动产的相邻权利人应当按照(　　　)原则,正确处理相邻关系。

　　A.有利生产　　　　B.方便生活　　　　C.公平合理　　　　D.团结互助

三、判断题

1.物业服务合同的主体是物业服务企业和业主委员会。　　　　　　　　(　　　)

2.物业服务合同的客体是物业。　　　　　　　　　　　　　　　　　　(　　　)

3.商业广告是要约。　　　　　　　　　　　　　　　　　　　　　　　(　　　)

4.承诺就是受约人对要约内容原则赞同的意思表示。　　　　　　　　　(　　　)

5.合同的全面履行原则就是要求合同当事人必须按照合同约定全面地履行自己负责的各种义务,不能不履行和不适当履行。　　　　　　　　　　　　　　(　　　)

6.根据《民法典》的规定,双务合同履行中的抗辩权主要有先履行抗辩、后履行抗辩权和不安抗辩权。　　　　　　　　　　　　　　　　　　　　　　　　(　　　)

7.管理规约应该采用政府物业管理主管部门统一制定的示范文本。　　　(　　　)

8.前期管理期间的物业管理,由物业建设单位或与其签订物业管理合同的物业服务企业承担。　　　　　　　　　　　　　　　　　　　　　　　　　　　(　　　)

四、简答题

1. 物业服务合同的含义和特点有哪些？

2. 前期物业服务合同有哪些特征？

3. 管理规约的主要内容有哪些？

五、案例分析题

2021年7月2日，王某与A房地产公司签订预售合同一份，购买甲小区A98栋物业。该房屋交付后，王某同意将房屋交A房地产公司指定的B物业服务企业统一管理。实际上，A房地产公司与B物业服务企业于2020年2月15日就签订了一份前期物业服务合同，约定B物业服务企业管理甲小区，物业服务费用为每月1.80元/m²。该收费标准经过所在区县物价管理部门审批，物业服务企业按照合同进行各项管理活动。2021年12月，甲小区的业主大会召开，并成立了业主委员会，因与B物业服务企业在收费标准等事项上达不成共识，而未能签订新的物业服务合同。王某从2020年4月开始拒绝交纳物业服务费用。2022年3月20日，B物业服务企业将王某诉至法院，请求判令王某支付拖欠的物业服务费用。

问题：

(1) 王某辩称前期物业管理未经委托，不予认可的理由是否成立？

(2) 王某辩称收费标准高于其他同样物业，收费不合理的理由法院是否会支持？

(3) 如果上述情况调查属实，法院将如何判决？

第 **4** 章
早期介入及前期物业管理的法律规定

【本章导学】

　　通过本章的学习,要求认识物业管理早期介入的重要性,掌握前期物业管理的法律规定,熟悉前期物业管理招标投标的法律规定;熟悉物业承接查验的程序,掌握物业承接查验的法律规定,建立统筹意识、质量意识和竞争意识。

4.1　早期介入及前期物业管理概述

4.1.1　物业管理的早期介入

　　物业管理的早期介入,一般是指新建物业竣工验收之前,建设单位在项目的规划设计、建设施工、营销策划、竣工验收等阶段所引入的物业服务咨询活动。物业服务企业站在业主、物业使用人和物业服务的角度对物业的环境布局规划、功能配置、楼宇设计、材料选用、设施设备选型、管线布置、施工质量、营销策划、竣工验收及承接查验等方面提供合理化意见或建议。这个阶段的工作主要是物业服务人员利用其在工作中长期积累的经验和自身的专业知识对物业项目实施过程提出意见或建议,使建成后的物业能更好地满足业主和使用人的需求,方便物业服务工作的开展,提升物业的经济价值。

1)物业管理早期介入的主体

　　目前,物业管理早期介入的主体主要存在以下两种形式:
　　①房地产开发企业聘请物业顾问服务企业。房地产开发企业与物业顾问服务企

业通过签订战略合作协议或者物业服务咨询合同的形式来约定双方的权利与义务。随着中国物业管理行业的持续发展,顾问型的物业服务企业通过向房地产开发商提供投资咨询、前期策划、规划设计、施工管理与营销策划与竣工验收的建议,出售专业化的房地产咨询与服务产品,为未来物业服务活动开展提供了更好的路径。

②由房地产开发企业下属的物业服务早期介入部门开展物业服务咨询工作。规模较大的房地产开发企业一般都常设物业服务早期介入部门,根据企业岗位职责要求,早期介入部门从物业使用、维护、管理、经营以及未来功能的调整和增值、保值的角度,对规划设计方案提出意见或建议;在施工阶段对项目进行巡查、了解、记录并提出建议;在营销策划阶段确定物业服务模式、收费标准等;在竣工验收阶段,参与验收,严把质量关。

2)物业管理早期介入的具体内容

(1)规划设计阶段

在物业的规划设计阶段,由于开发商和设计者所站角度不同,其在物业的规划设计和建造过程中通常较多考虑房屋和配套设施的质量、进度和投资,而较少考虑房屋建成后的日常管理。因此,建成后的物业在管理和使用上存在许多矛盾和漏洞,而物业管理的早期介入正好能弥补这些方面的不足。在这个阶段,物业管理方应着重从以下几个方面提出看法和建议:

a.建筑和绿地的空间布局、景观规划设计;

b.道路和绿地系统的规划设计;

c.配套设施的设置与选型;

d.水电管线的规划设计及水电供应容量等问题;

e.物业服务用房、社区活动场所、公建配套等公共配套、建筑、设施、场地的设置与要求;

f.其他配套设施的规划设计。

(2)建设施工阶段

在建设施工阶段,早期介入的物业公司应安排工作人员亲临现场,了解工程进度,巡查、记录、监督工程质量,发现问题应与施工方或开发商协商,尽可能地防患未然,将工作落到实处,促进物业的良性开发,具体内容包括以下几个方面:

a.熟悉规划设计内容,对施工现场情况进行跟踪;

b.参与项目沟通会,准确了解现场施工进度节点和各专业分项施工计划;

c.跟进设施设备的安装调试,并收集相关技术资料与文件;

d.熟悉并记录基础及隐蔽工程、管线的铺设情况,特别注意在设计资料或者常规竣工资料中未反映的内容;

e.检查施工材料的规格、型号及数量;

f检查工程项目采购、使用的建筑材料、构件及设备的质量情况;

g.检查物业的安全防范措施。

（3）营销策划阶段

在营销策划阶段,物业服务早期介入的工作内容主要有以下几个方面:

a.根据项目定位、客户群体特征,确定物业服务模式和服务标准;

b.根据项目规模、标准和配套管理成本测算物业服务费用收取标准;

c.完成项目前期物业服务招投标及政府主管部门要求备案的资料,进行前期物业服务合同备案和价格备案等工作。

（4）竣工验收阶段

竣工验收阶段,物业公司要安排工程技术人员参与项目的竣工验收,严把质量关,主要包括以下工作内容:

a.熟悉相关的验收标准和法律规范;

b.参与单项工程、分期工程、综合竣工验收;

c.协助跟进遗留问题的整改和竣工资料的收集整理;

d.跟进验收过程,了解验收人员对施工或建设单位的意见、建议和验收结论;

e.为承接查验作准备。

3）关于物业管理早期介入的法律规定

关于物业管理早期何时介入、如何介入、介入的工作内容等,目前法律尚未强制规定,但有鼓励性规定,如《物业承接查验办法》(建房〔2010〕165号)第四条规定:"鼓励物业服务企业通过参与建设工程的设计、施工、分户验收和竣工验收等活动,向建设单位提供有关物业管理的建议,为实施物业承接查验创造有利条件。"

开发建设单位、物业服务企业都应充分认识早期介入的必要性和重要意义,为促进后续物业的合理使用提供有利条件。

4.1.2　前期物业管理

《前期物业管理招标投标管理暂行办法》(建住房〔2003〕第130号)第二条规定:"前期物业管理,是指在业主、业主大会选聘物业服务企业之前,由建设单位选聘的物业服务企业具体实施对物业的管理。"其主要法律依据有《民法典》《物业管理条例》等。

1）建设单位在前期物业管理中的法定义务及法律责任

①选聘物业服务企业,签订前期物业服务合同,并在商品房买卖合同中与物业买受人约定前期物业服务的内容。《物业管理条例》第二十一条规定:"在业主、业主大会选聘物业服务企业之前,建设单位选聘物业服务企业的,应当签订书面的前期物业服务合同。"第二十五条规定:"建设单位与物业买受人签订的买卖合同应当包含前期物业服务合同约定的内容。"第二十六条规定:"前期物业服务合同可以约定期限;但是,期限未满、业主委员会与物业服务企业签订的物业服务合同生效的,前期物业服

务合同终止。"第五十六条规定："违反本条例的规定,住宅物业的建设单位未通过招投标的方式选聘物业服务企业或者未经批准,擅自采用协议方式选聘物业服务企业的,由县级以上地方人民政府房地产行政主管部门责令限期改正,给予警告,可以并处 10 万元以下的罚款。"

②应当制订临时管理规约,并要求物业买受人书面承诺。《物业管理条例》第二十二条规定："建设单位应当在销售物业之前,制订临时管理规约,对有关物业的使用、维护、管理,业主的共同利益,业主应当履行的义务,违反临时管理规约应当承担的责任等事项依法作出约定。建设单位制定的临时管理规约,不得侵害物业买受人的合法权益。"

第二十三条规定："建设单位应当在物业销售前将临时管理规约向物业买受人明示,并予以说明。物业买受人在与建设单位签订物业买卖合同时,应当对遵守临时管理规约予以书面承诺。"管理规约是全体业主制订并承诺的关于物业使用、维护、管理等方式的文件,应该由业主大会来制定,但在业主大会尚未召开之前,也需要制订业主之间的行为准则,法律赋予了建设单位作为第一业主的身份来制订临时管理规约的权利,但必须在售房时告知物业买受人。物业买受人认可后还需要书面承诺,履行临时管理规约。

③不得擅自处分物业的共用部位、共用设施设备。《民法典》第二百七十四条规定："建筑区划内的道路,属于业主共有,但是属于城镇公共道路的除外。建筑区划内的绿地,属于业主共有,但是属于城镇公共绿地或者明示属于个人的除外。建筑区划内的其他公共场所、公用设施和物业服务用房,属于业主共有。"《物业管理条例》第二十七条规定："业主依法享有的物业共用部位、共用设施设备的所有权或者使用权,建设单位不得擅自处分。"第五十七条规定："违反本条例的规定,建设单位擅自处分属于业主的物业共用部位、共用设施设备的所有权或者使用权的,由县级以上地方人民政府房地产行政主管部门处 5 万元以上 20 万元以下的罚款;给业主造成损失的,依法承担赔偿责任。"

④应当向物业服务企业移交物业资料。物业资料是物业维修养护的重要依据,直接关系到物业管理的质量,建设单位应当按照法律规定全面移交物业资料,否则将承担相应的法律责任。《物业管理条例》第二十九条规定："在办理物业承接验收手续时,建设单位应当向物业服务企业移交下列资料:(一)竣工总平面图,单体建筑、结构、设备竣工图,配套设施、地下管网工程竣工图等竣工验收资料;(二)设施设备的安装、使用和维护保养等技术资料;(三)物业质量保修文件和物业使用说明文件;(四)物业管理所必需的其他资料。物业服务企业应当在前期物业服务合同终止时将上述资料移交给业主委员会。"第五十八条规定："违反本条例的规定,不移交有关资料的,由县级以上地方人民政府房地产行政主管部门责令限期改正;逾期仍不移交有关资料的,对建设单位、物业服务企业予以通报,处 1 万元以上 10 万元以下的罚款。"

⑤应当配备物业管理用房。《物业管理条例》第三十条规定："建设单位应当按照规定在物业管理区域内配置必要的物业管理用房。"第六十一条规定："违反本条例

的规定,建设单位在物业管理区域内不按照规定配置必要的物业管理用房的,由县级以上地方人民政府房地产行政主管部门责令限期改正,给予警告,没收违法所得,并处 10 万元以上 50 万元以下的罚款。"物业管理用房是进行物业管理必要的场所,建设单位应当配备,否则将承担相应的法律责任。第三十七条规定:"物业管理用房的所有权依法属于业主。未经业主大会同意,物业服务企业不得改变物业管理用房的用途。"第六十二条规定:"违反本条例的规定,未经业主大会同意,物业服务企业擅自改变物业管理用房的用途的,由县级以上地方人民政府房地产行政主管部门责令限期改正,给予警告,并处 1 万元以上 10 万元以下的罚款;有收益的,所得收益用于物业管理区域内物业共用部位、共用设施设备的维修、养护,剩余部分按照业主大会的决定使用。"

有的地方还有关于物业管理用房的面积、配备比例等具体规定,如 2008 年 1 月 1 日施行的《成都市物业管理条例》第十条规定:"新建建筑区划内,开发建设单位应当按照下列规定配置物业服务用房:(一)建筑面积不低于建设工程规划许可证载明的房屋总建筑面积的 2‰,并不得少于 80 平方米;(二)配置物业服务企业或其他管理人用房和业主委员会议事活动用房,其中业主委员会议事活动用房建筑面积不得少于 30 平方米;(三)具备水、电等基本使用功能,且位于地面以上部分不低于 50%。物业服务用房配置不符合前款规定的,规划行政主管部门不予核发建设工程规划许可证。"

⑥应当承担保修责任。《城市房地产开发经营管理条例》第三十一条规定:"房地产开发企业应当在商品房交付使用时,向购买人提供住宅质量保证书和住宅使用说明书。住宅质量保证书应当列明工程质量监督单位核验的质量等级、保修范围、保修期和保修单位等内容。房地产开发企业应当按照住宅质量保证书的约定,承担商品房保修责任。"《物业管理条例》第三十一条规定:"建设单位应当按照国家规定的保修期限和保修范围,承担物业的保修责任。"商品房不管是建设单位自行施工的,还是发包给建筑施工单位施工的,法律规定了都应该由建设单位实行保修。具体规定详见本书第 6 章"物业使用和维护的法律规定"。

2)物业服务企业在前期物业管理中的主要工作

(1)投标、中标后签订前期物业服务合同,做好物业管理的准备工作

①投标、中标并签订前期物业服务合同。物业服务企业应该积极通过市场竞争争取业务,中标后根据招投标文件和法律规定洽谈前期物业服务合同,主要包括以下内容:

　　a.合同当事人;

　　b.物业基本情况;

　　c.物业服务内容;

　　d.物业服务质量;

　　e.物业服务费用;

f.物业的承接查验维护；

g.住宅专项维修资金缴存、使用、续筹和管理、房屋保险的约定；

h.违约责任；

i.物业的经营与管理；

j.其他事项。

②组建机构、人员招聘及培训。按照"统一领导，分级管理；精干、高效；服从管理、服务、经营管理需要；权责对应"的原则设置组织机构。物业服务企业一般实行总经理负责制，一般情况可以设5部1室：财务部、工程部、保安部、综合经营部、客户服务部、办公室。一些大型企业还设有：市场拓展部、品质部等。物业管理项目根据需要设置办公室、客户服务部、工程部、保安部、综合经营部等。

物业服务企业人员招聘途径有内部招聘和外部招聘两种。内部招聘一般为领导岗位；外部招聘可以通过媒体、人才市场、大中专学校进行招聘。人员招聘后一般都要进行岗前培训，使员工能尽快掌握企业制度、掌握项目的具体要求和规定。

③主动深入物业，了解物业工程情况，为物业承接查验、维修养护打下基础。

④建立与社会上有关单位、部门的联络，营建综合服务网络。前者是指物业正式启动运作后，势必要与物业所在的区域的有关主管部门和市政公用事业单位取得联系，赢得他们的支持与配合。同时，物业服务企业如有必要，还可以考虑聘请专业代理公司代理专业性事务工作，以使业主入住后各种需求得到充分满足。

（2）制订制度、协助建设单位拟订各种文件

为了提高工作效率、保证工作质量，物业服务企业根据项目的需要制订内部管理制度，如部门职责、岗位职责、考勤制度、财务制度、招聘制度、培训制度等。

《物业管理条例》明确规定临时管理规约由建设单位制订，但现实工作中，建设单位多通过《前期物业服务合同》授权物业服务企业协助拟订；同时还包括制订物业管理区域的各项管理规定、业主入伙的各种文件。物业服务企业一定要按照法律规定，参考示范文本，本着合法、合理、公正的原则进行。

（3）接受委托，参与开发商的楼盘营销

物业出售时，物业服务企业可以接受开发建设单位委托一起参与楼盘营销。物业服务企业可就营销方案、策略提出建议，促使物业销售顺利进行，视情况还可大力宣传该物业的管理水准和合理的收费以提升物业的附加值，吸引更多的业主前来购买。参与物业销售对物业服务企业和开发建设单位都非常有利。首先，从根本上来讲促销是房地产开发商与物业服务企业的共同利益所在，楼盘滞销使开发商投入的资金难以回笼，同时给日后物业的管理工作带来困难。其次，参与销售是物业服务企业与客户直接见面的最好机会。了解他们对物业管理的具体要求，给他们留下良好的第一印象，这将对今后物业管理工作的开展有很大帮助。最后，现行法规规定，在开发商与业主签订物业买卖合同时必须附上有关前期物业服务合同及临时管理规约等附件，物业服务企业参与销售可以有机会对客户进行结识，对客户关于物业管理方面的疑问进行解答，以便日后工作的开展。

（4）承接查验物业，并负责组织业主入伙

在物业竣工验收合格后，物业服务企业于业主入住之前，对物业进行新建物业的承接查验。查验的主要内容是对物业共用部位、共用设施设备的配置标准、外观质量和使用功能的再检验。物业服务企业要十分重视，并组织经验丰富的工程技术人员和管理人员认真做好物业的承接查验，为日后物业管理的顺利进行打好基础，详细内容见本章第 3 节。

开发企业作为卖房人应自行组织将商品房交给买房人，但实际工作中一般是开发商通过《前期物业服务合同》的约定将物业移交给物业服务企业，委托物业服务企业组织业主入伙（收楼）。物业服务企业应做好各项准备，按照《商品房买卖合同》约定的交房时间组织业主入伙，给业主留下良好的第一印象。主要包括内容：

a.向业主发出可以办理入伙的书面通知书、物业验收须知；

b.在业主接到通知书后去验收物业时，对物业管理情况进行介绍说明，回答业主的询问，接受业主对物业管理问题的意见；

c.宣传临时管理规约、前期物业服务合同和国家有关的物业管理法律，公布物业管理的规章制度；

d.让业主如实填写住户情况登记卡，发送住户手册；

e.根据法律法规以及《前期物业服务合同》，收取相关费用，如预收一定期限的物业服务费、住宅专项维修资金、装修保证金等。

（5）物业装饰装修管理

业主有权对所拥有的物业进行装饰装修，但必须遵循有关的法律法规以及管理规约、物业管理区域装饰装修管理办法等规定，具体内容详见第 5 章"物业装饰装修的法律规定"。

（6）按照《前期物业服务合同》提供各项服务

物业服务企业应根据合同约定的服务内容、质量标准，向业主提供各项服务。这是物业服务企业最经常、最持久、最基本的工作内容，也是物业服务企业管理水平和服务质量的集中体现。

3）关于前期物业管理起止时间的认定

《前期物业管理招标投标管理暂行办法》第二条规定："前期物业管理，是指在业主、业主大会选聘物业管理企业之前，由建设单位选聘物业管理企业实施的物业管理。"《物业管理条例》第二十五条规定："建设单位与物业买受人签订的买卖合同应当包含前期物业服务合同约定的内容。"各省市的物业管理规定有更具体的规定，如修订后的《四川省物业管理条例》（2022 年 5 月 1 日施行）第五十四条规定："住宅物业的建设单位应当按照国家有关规定通过招投标方式选聘前期物业服务人。建设单位与物业服务人签订前期物业服务合同，合同期限最长不超过二年。合同期限自首套房交付之日起计算。建设单位依法与物业服务人订立的前期物业服务合同约定的服务期限届满前，业主委员会或者业主与新物业服务人订立的物业服务合同生效的，前期物业服务合同终止。"

由此可以认定，建设单位在物业出售前就应该完成物业服务企业的选聘，完成前期物业服务合同的签订，前期物业管理工作按照合同规定的期限应在业主入住前开始。在实践中，现房销售一般在销售前半年就应该完成前期物业服务企业的选聘，以完成组织架构的组建、拟订临时管理规约、完成业主入伙文件的汇编与整理、做好业主入伙的接待工作的准备等。对于期房销售，物业服务企业前期实际性物业管理工作，可以稍微晚些。不论期房还是现房的销售，前期物业管理实际工作的开展应在业主或使用人入住前开始，其原因有三：

①客户一入住，就需要一定的物业管理服务。作为前期物业管理阶段的物业服务企业而言，为留给客户一个好的第一印象，需要在客户入住前做好一切准备工作。

②我国物业管理立法明文规定建设单位与物业买受人签订的买卖合同应当包含前期物业服务合同约定的内容。若在业主入住时不存在前期物业管理，作为买卖合同的销售方势必构成违约，对日后物业管理区域物业管理工作的顺利开展也将带来一定的负面影响。

③在业主或使用人入住前开始，更有利于物业服务企业对入住用户的了解，方便建立住户的档案资料，有助于物业服务企业与住户之间的联系和沟通，为今后日常物业管理工作的开展打好基础。

至于前期物业服务合同时间终止的问题，根据《民法典》九百四十条规定："建设单位依法与物业服务人订立的前期物业服务合同约定的服务期限届满前，业主委员会或者业主与新物业服务人订立的物业服务合同生效的，前期物业服务合同终止。"《物业管理条例》第二十六条规定："前期物业服务合同可以约定期限；但是，期限未满、业主委员会与物业服务企业签订的物业服务合同生效的，前期物业服务合同终止。"因此，在前期物业服务合同正常终止的时间上，有两种可能的情况：一是合同期限届满的终止；二是合同期限未到，但业主或业主委员会通过合法程序已经选聘新的物业服务企业，则前期物业服务合同应予以终止。《物业管理条例》第十二条规定：选聘和解聘物业服务企业应当经专有部分占建筑物总面积 2/3 以上的业主且占总人数 2/3 以上的业主同意。值得指出的是，实践中可能会出现这样一种情况，即前期物业服务合同到期，但业主大会尚未召开，没有选聘新的物业服务企业。在这种情况下，由谁负责前期服务合同到期至业主选聘物业服务企业期间的物业管理，法律上没有具体规定。实践中一般由负责前期物业管理的物业服务企业继续管理，业主应该认可前期物业服务企业的管理活动，并继续按前期物业服务合同的约定缴纳物业服务费用。

4) 前期物业服务费用的承担

《民法典》第九百四十四条规定："业主应当按照约定向物业服务人支付物业费。物业服务人已经按照约定和有关规定提供服务的，业主不得以未接受或者无须接受相关物业服务为由拒绝支付物业费。业主违反约定逾期不支付物业费的，物业服务人可以催告其在合理期限内支付；合理期限届满仍不支付的，物业服务人可以提起诉讼或者申请仲裁。物业服务人不得采取停止供电、供水、供热、供燃气等方式催交物业费。"《民法典》第九百五十条规定："物业服务合同终止后，在业主或者业主大会选聘的新物业服务人或者决定自行管理的业主接管之前，原物业服务人应当继续处理物业服务事项，并可以请求业主支付该期间的物业费。"结合实际情况，在物业已经竣工但是尚未出售或者尚未交付，建设单位是大业主，开展的前期物业服务工作，费用应该由建设单位承担；对于已经交付给业主的物业，物业费用则由业主自行承担，业主与物业使用人约定由物业使用人交纳物业服务费用的，从其约定，业主负连带交纳责任。《物业管理条例》第七条规定：业主有按时交纳物业服务费用的义务；《物业管理条例》第四十一条规定："业主应当根据物业服务合同的约定交纳物业服务费用。业主与物业使用人约定由物业使用人交纳物业服务费用的，从其约定，业主负连带交纳责任。已竣工但尚未出售或者尚未交给物业买受人的物业，物业服务费用由建设单位交纳。"《物业管理条例》第六十四条规定："违反物业服务合同约定，业主逾期不交纳物业服务费用的，业主委员会应当督促其限期交纳；逾期仍不交纳的，物业服务企业可以向人民法院起诉。"

4.1.3　早期介入与前期物业管理的区别

（1）法律规定方面

目前我国尚未对早期介入作明确的法律规定，但对前期物业管理在《民法典》《物业管理条例》及《前期物业管理招标投标管理暂行办法》中有了相应的规定。

（2）聘用关系

早期介入由建设单位自行选聘物业服务企业进行早期的物业管理咨询服务，而前期物业管理，特别是住宅，国家明确规定了建设单位应该通过招标选聘物业服务企业。

（3）工作内容

早期介入是物业服务企业接受委托对开发建设单位拟开发项目的规划设计、建设施工、营销策划和竣工验收等提供顾问咨询建议。前期物业管理是在业主、业主大会选聘物业服务企业之前，由建设单位选聘物业服务企业实施的物业管理。

（4）费用的承担

早期介入的费用全部由建设单位承担。前期物业管理分不同阶段和情况由建设单位和业主或者物业使用人承担。

因此，前期物业管理和物业管理早期介入在法律规定、聘用关系、合同内容等方面都是不一样的。当然，由于早期介入的重要性，一些建设单位已经开始重视，可能会选聘同一家物业服务企业既进行早期介入的咨询服务，同时承担前期物业管理。

4.2　前期物业管理招标投标及法律规定

4.2.1　前期物业管理招标投标的概念

物业管理的招标投标实质上是围绕物业管理权所开展的一种交易竞争形式,是一个过程的两个方面,即物业管理招标和物业服务企业投标。物业管理招标是指物业所有权人或其法定代表的开发商、业主委员会,在选择物业管理者时,通过招标公告或发出招标邀请书等形式,向若干物业服务企业发出要约邀请,从中选择最适合的企业,并与之订立物业服务合同的过程。

物业管理投标是指符合招标文件要求的物业服务企业,根据公布的招标文件确定的各项管理服务标准和要求,根据国家有关法律法规并结合企业自身的管理条件和水平,编制投标文件,积极参与投标活动的整个过程。

前期物业管理的招标投标是指在业主、业主大会选聘物业服务企业之前,由物业项目的建设单位作为招标方发出招标公告或招标邀请书,由多个物业服务企业作为投标方同时投标,最后由建设单位选聘符合条件的物业服务企业作为中标人,并与之订立前期物业服务合同的过程。

4.2.2　前期物业管理招标投标的法律依据

前期物业管理招标投标的主要法律依据如下:

①《中华人民共和国招标投标法》(2017年12月27日完成第二次修订)第二条:"在中华人民共和国境内进行招标投标活动,适用本法。"第五条规定:"招标投标活动应当遵循公开、公平、公正和诚实信用的原则。"

②《物业管理条例》(2018年3月19日完成第三次修订)第三条规定:"国家提倡业主通过公开、公平、公正的市场竞争机制选择物业服务企业。"

③《前期物业管理招标投标管理暂行办法》(2003年9月1日起施行)。

④地方法律法规,如《四川省物业管理条例》(2022年5月1日施行)、《成都市物业管理条例》(2008年1月1日施行)、《成都市物业管理评标细则》(成都市房管局,2004年12月1日施行)、《成都市物业管理招标投标暂行办法》(成都市房管局,2004年11月16日印发)、《成都市物业管理招投标评标区管理暂行指导意见》(成都市房管局,2006年4月1日施行)等。

《成都市物业管理条例》第六十六条规定:建筑物总面积在5万平方米以上或者国有投资占50%以上的建筑区划,应当采用公开招投标方式。

4.2.3　前期物业管理招标投标原则

依据《中华人民共和国招标投标法》《物业管理条例》和《前期物业管理招标投标管理暂行办法》,前期物业管理的招标投标应遵循公开、公平、公正和诚实信用的原则。

公开原则是指在招标投标活动中严格按照程序公开进行。招标人采取公开招标方式的,应在公众媒体上发布招标公告。招标公告应当载明招标人的名称、地址、招标项目的基本情况以及如何获得招标文件等事项。

公平原则是指在招标文件中向所有物业服务企业推出的投标条件都是一致的,即所有参加投标者都必须在相同基础上投标。

公正原则是指在物业管理招标投标的整个过程中要体现公正性。例如:对投标方投标书的衡量评审标准应一致。

诚实信用原则是指招标方在整个招标过程中应以"诚信"为原则,不能早已内定好物业服务企业,以招标为幌子,走过场、暗箱操作;投标人不得以他人名义投标或者向招标人和评标委员会成员行贿等不正当手段谋取中标。

4.2.4　前期物业管理招标

1)前期物业管理的招标人

招标人是指依照规定提出招标项目,进行招标的法人或其他组织。据《前期物业管理招标投标管理暂行办法》的规定:前期物业管理的招标人是指依法进行前期物业管理招标的物业建设单位。

前期物业管理招投标对招标人的要求如下:

①招标人不得以不合理条件限制或者排斥潜在投标人,不得对潜在投标人实行歧视待遇,不得对潜在投标人提出与招标物业管理项目实际不符的过高的资格等方面的要求;招标人不得向他人透露已获取招标文件的潜在投标人的名称、数量以及可能影响公平竞争的有关招标投标的其他情况。招标人设有标底的,标底必须保密;在确定中标人前,招标人不得与投标人就投标价格、投标方案等实质内容进行谈判。

②招标人应当根据物业管理项目的特点和需要,在招标前完成招标文件的编制。招标文件应包括以下内容:

a.招标人及招标项目简介,包括招标人名称、地址、联系方式、项目基本情况、物业管理用房的配备情况等;

b.物业管理服务内容及要求,包括服务内容、服务标准等;

c.对投标人及投标书的要求,包括投标人的资格、投标书的格式及主要内容等;

d.评标标准和评标方法;

e.招标活动方案,包括招标组织机构、开标时间及地点等;

f.物业服务合同的签订说明;

g.其他事项的说明及法律法规规定的其他内容。

③招标人可以委托招标代理机构办理招标事宜;有能力组织和实施招标活动的,也可以自行组织实施招标活动。

④招标人采取公开招标方式的,应当在公共媒介上发布招标公告,并同时在中国住宅与房地产信息网和中国物业管理协会网上发布免费招标公告。招标公告应当载明招标人的名称和地址,招标项目的基本情况以及获取招标文件的办法等事项。招标人采取邀请招标方式的,应当向 3 个以上物业管理企业发出投标邀请书,投标邀请书应当包含前款规定的事项。

⑤招标人应当在发布招标公告或者发出投标邀请书 10 日前,提交以下材料报物业项目所在地县级以上地方人民政府房地产行政主管部门备案:

a.与物业管理有关的物业项目开发建设的政府批件;

b.招标公告或者投标邀请书;

c.招标文件;

d.法律法规规定的其他材料。

⑥公开招标的招标人可以根据招标文件的规定,对投标申请人进行资格预审。实行投标资格预审的物业管理项目,招标人应当在招标公告或者投标邀请书中载明资格预审的条件和获取资格预审文件的办法。资格预审文件一般应当包括资格预审申请书格式、申请人须知,以及需要投标申请人提供的企业资格文件、业绩、技术装备、财务状况和拟派出的项目负责人与主要管理人员的简历、业绩等证明材料。经资格预审后,公开招标的招标人应当向资格预审合格的投标申请人发出资格预审合格通知书,告知获取招标文件的时间、地点和方法,并同时向资格不合格的投标申请人告知资格预审结果。在资格预审合格的投标申请人过多时,可以由招标人从中选择不少于 5 家资格预审合格的投标申请人。

⑦招标人应当确定投标人编制投标文件所需要的合理时间。公开招标的物业管理项目,自招标文件发出之日起至投标人提交投标文件截止之日止,最短不得少于 20 日。

⑧招标人对已发出的招标文件进行必要的澄清或者修改的,应当在招标文件要求提交投标文件截止时间至少 15 日前,以书面形式通知所有的招标文件收受人。该澄清或者修改的内容为招标文件的组成部分。

⑨招标人根据物业管理项目的具体情况,可以组织潜在的投标申请人踏勘物业项目现场,并提供隐蔽工程图纸等详细资料。对投标申请人提出的疑问应当予以澄清并以书面形式发送给所有的招标文件收受人。

⑩通过招标投标方式选择物业管理企业的,招标人应当按照以下规定时限完成物业管理招标投标工作:

a.新建现售商品房项目应当在现售前 30 日完成;

b.预售商品房项目应当在取得《商品房预售许可证》之前完成；

c.非出售的新建物业项目应当在交付使用前 90 日完成。

2)前期物业管理招标组织机构

《中华人民共和国招标投标法》第十二条规定："招标人有权自行选择招标代理机构,委托其办理招标事宜。任何单位和个人不得以任何方式为招标人指定招标代理机构。招标人具有编制招标文件和组织评标能力的,可以自行办理招标事宜,任何单位和个人不得强制其委托招标代理机构办理招标事宜。"又据建设部印发的《前期物业管理招标投标管理暂行办法》第九条规定："招标人可以委托招标代理机构办理招标事宜;有能力组织和实施招标活动的,也可以自行组织实施招标活动。"据此,前期物业管理招标组织机构有两种可能的情况:一种是招标方自行组织成立;另一种是招标方委托给招标代理机构进行。

（1）招标人自行设立招标机构

物业建设单位自行设立的招标机构,是指在物业建设单位内部组建专门的招标委员会或小组。具体操作是:物业建设单位挑选相关人员组成招标委员会;招标委员会是招标工作的最高权力机构,下设秘书处和专业技术部;专业技术部人员主要由工程技术、房地产、营销、法律、财务等方面的专家组成。

（2）委托招标代理机构

招标代理机构是专门从事招标代理业务的社会中介组织。物业管理招标代理机构应当在招标人委托的范围内办理招标事宜,并遵守法律、法规或办法对招标人的有关规定。招标代理机构全权代理委托人的招标工作,但是招标代理机构并非招标活动的最高权力机构,它只负责招标、开标、评标,向委托招标人提交评标报告和中标候选人名单,最终的裁标、定标权在物业建设单位。招标代理机构无权强制要求委托招标人接受中标推荐。代理招标工作完成后,招标人支付招标代理机构一定的服务费或佣金。

3)前期物业管理招标的方式

根据《前期物业管理招标投标管理暂行办法》第八条规定："前期物业管理招标分为公开招标和邀请招标。"

（1）公开招标

公开招标的选择范围较大,透明度高,规范性好,能够很好地体现公开、公平、公正和诚实信用原则;但由于投标人数量过多,招标人的管理费用、评标费用以及其他方面的费用会很高。它一般适用于规模较大,设备设施较先进、复杂的物业项目。

（2）邀请招标

邀请招标是由招标方以投标邀请书的方式向有资质的多家物业服务企业发出招标通知,邀请他们参加投标。被邀请的单位一般为 3~8 个。相对于公开招标而言,邀请招标可以节省时间,降低招标方的成本,但有可能造成将一些有实力的物业服务企业拒之门外。它一般适用于规模较小,设备设施比较简单的物业项目。

《物业管理条例》第二十四条规定:"国家提倡建设单位按照房地产开发与物业管理相分离的原则,通过招投标的方式选聘物业服务企业。住宅物业的建设单位,应当通过招投标的方式选聘物业服务企业;投标人少于 3 个或者住宅规模较小的,经物业所在地的区、县人民政府房地产行政主管部门批准,可以采用协议方式选聘物业服务企业。"

4)前期物业管理招标的程序

(1)组建招标小组

在政府物业管理行政主管部门指导下,由物业开发建设单位向有关部门提交招标申请,经批准后组建招标小组。

(2)编制招标文件

招标文件一般包括投标须知、关于物业的有关说明、物业的设计图纸和有关其他附件等。

(3)发布招标公告或发出投标邀请书,组织资格预审

公开招标的项目,由招标人或委托招标代理机构在指定的媒体及市场交易中心信息栏发布招标公告。邀请招标的项目,由招标人向三家以上具备承担招标项目的能力、资信良好的特定的法人发出投标邀请书。采用公开招标方式的,招标方须对前来准备参与招标的物业服务企业进行经营资质预审,经审查合格的方能购买招标文件。经营质预审包括企业的营业执照、企业性质、财务状况、物业管理经验、管理人员及技术力量的配备等内容。

(4)开标前项目现场勘察和标前会议

招标方组织各投标单位现场踏勘,不得单独或分别组织一个投标人进行现场踏勘。招标方在投标人购买招标文件后安排一次投标人会议,即标前会议。标前会议通常在招标项目所在地进行,其主要目的是招标人对投标人提出的各类问题进行释疑。对问题的解释与答复应视为招标文件的组成部分。招标机构也可要求投标人在规定日期内将问题以来信、电子邮件、传真等形式寄送,由招标人汇集研究,提出统一解答。这种情况则无须召开标前会议。

(5)开标、评标和定标

招标方收到投标文件后,应当向投标人出具标明签收人和签收时间的凭证,并妥善保存投标文件。在开标前,任何单位和个人均不得开启投标文件。在招标文件要求提交投标文件的截止时间后送达的投标文件,为无效的投标文件。投标人在招标文件规定提交投标文件的截止时间前,可以补充、修改或撤回已提交的投标文件,并书面通知招标人。

①开标。开标由招标人主持,邀请所有投标人参加。开标应当在招标文件确定的提交投标文件的截止时间公开进行;开标地点为招标文件中预先确定的地点。

②评标。评标由招标人依法组建的评标委员会负责。评标委员会由招标方代表

和物业管理方面的专家组成,一般为 5 人以上且为单数,其中招标方代表以外的物业管理方面的专家不得少于成员总数的 2/3。与投标人有利害关系的人不得进入相关项目的评标委员会。在评选过程中,应以管理服务费报价、服务质量和管理方案作为主要衡量标准。

③定标。招标人应当在投标有效截止时限 30 日前确定中标人。定标后,招标人应当向中标人发出中标通知书,同时将中标结果通知所有未中标的投标人,并返还其投标书。若经评审委员会评审,认为所有投标文件都不符合招标文件要求的,可以否决所有投标。招标人可重新招标。

（6）签订合同

招标人和中标人应当自中标通知书发出之日起 30 日内,按照招标文件和中标人的投标文件订立书面合同。招标人和中标人不得再行订立背离合同实质性内容的其他协议。

4.2.5　前期物业管理投标

（1）前期物业管理投标人

前期物业管理投标人是指参与前期物业管理投标竞争的物业服务企业或者其他物业服务组织。投标人应具有招标文件所规定的条件。

（2）前期物业管理对投标人的要求

①投标人应当按照招标文件的内容和要求编制投标文件。投标文件应当包括以下内容：

a.投标函；

b.投标报价；

c.物业管理方案；

d.招标文件要求提供的其他资料。

②投标人应当在招标文件要求提交投标文件的截止时间前,将投标文件密封送达规定的投标地点。招标人收到投标文件后,应当向投标人出具标明签收人和签收时间的凭证,并妥善保存投标文件。在开标前,任何单位和个人均不得开启投标文件。在招标文件要求提交投标文件的截止时间后送达的投标文件,为无效的投标文件,招标人应当拒收。

③投标人在招标文件要求提交投标文件的截止时间前,可以补充、修改或者撤回已提交的投标文件,并书面通知招标人。补充、修改的内容为投标文件的组成部分,并应当按照《前期物业管理招标投标管理暂行方法》第二十三条的规定送达、签收和保管。在招标文件要求提交投标文件的截止时间后送达的补充或者修改的内容无效。

④投标人不得以他人名义投标或者以其他方式弄虚作假,骗取中标。投标人不得相互串通投标,不得排挤其他投标人的公平竞争,不得损害招标人或者其他投标人的合法权益。投标人不得与招标人串通投标,损害国家利益、社会公共利益或者他人的合法

权益。禁止投标人以向招标人或者评标委员会成员行贿等不正当手段谋取中标。

⑤其他有关要求。

(3)前期物业管理投标的程序

①取得招标文件。通过招标公告得知信息,符合条件的物业服务企业,按规定程序购买招标文件;收到投标邀请书的物业服务企业,可直接到开发建设单位处购买招标文件。

②熟悉招标文件,考察物业现场。收到投标邀请书或参与公开招标并已经通过资格预审的物业服务企业在取得招标文件后,第一应详细阅读招标文件的全部内容,弄清其各项规定,研究其图纸、设计说明书和管理服务标准、范围和要求等,使制订的投标方案和报价有比较可靠的依据;第二,应根据招标文件对物业现场进行实地考察,有的物业建设单位会根据实际情况组织投标者统一踏勘现场并做必要的释疑。

③详细列出管理服务方法和工作量。在仔细阅读招标文件的基础上,根据其规定并结合自身的实际情况制订规划管理服务的方法和工作量。

④确定单价并进行投标决策。不同物业在管理服务内容、服务要求方面有较大区别,物业服务企业自身情况也有很大差别,,因此不能简单套用一种单价,应在基于不同物业自身情况的同时结合物业服务定价的方法进行具体分析,并作出投标决策。

⑤编制和递送投标文件。投标人在作出投标报价决策之后,就应按照招标文件的要求编制投标文件。投标文件编好后,投标人派专人或通过邮寄方式将投标文件送达招标人。

⑥参加开标会议及招标答辩。投标物业服务企业在接到开标通知或等到开标日期时,应主动在规定的时间内,到开标地点参加开标会议。同时答辩人要厘清答辩的思想和做好资料准备工作,在答辩时应注意在有限的时间内把本单位的基本情况、参加投标的意图、投标的措施等告知招标单位,以获得一个良好的印象分和答辩分,为中标打下基础。

⑦签订合同,总结投标。经过评标、定标,中标的物业服务企业需同招标方就具体问题进行谈判,并签订合同;未中标的物业服务企业应认真分析并作出投标总结,为下次投标做好经验的积累。

4.3 物业的承接查验及法律规定

4.3.1 物业承接查验的定义和意义

1)物业承接查验的定义

物业承接查验分为新建物业的承接查验和物业服务人更换时的承接查验。新建物业承接查验,是指承接新建物业交付业主前,物业服务企业和建设单位按照国家有关规定和前期物业服务合同的约定,共同对物业共用部位、共用设施设备进行检查和验收的活动。物业服务人更换时的承接查验主要对物业共用部位、共用设施设备的配置标准、外观质量和使用功能进行再检验。

2)物业承接查验的意义

物业承接查验是物业管理过程中对工程质量进行监控的不可缺少的一环,是物业管理的基础性工作之一。做好物业承接查验具有以下几个方面的意义:

①明确建设单位、业主、物业服务企业的责权义,维护各自的合法权益。

②促使建设单位提高建设质量,加强物业建设与管理的衔接,提供开展物业管理的必备条件,确保物业的使用安全和功能,保障物业买受人的权益。

③着力解决物业管理矛盾和纠纷,规范物业行业有序发展,提高人民群众居住水平和生活质量,维护社会安定。

4.3.2　物业承接查验的法律依据

物业承接查验的法律依据主要有:

①《物业管理条例》第二十八条:"物业服务企业承接物业时,应当对物业共用部位、共用设施设备进行查验。"第二十九条:"在办理物业承接验收手续时,建设单位应当向物业服务企业移交下列资料:(一)竣工总平面图,单体建筑、结构、设备竣工图,配套设施、地下管网工程竣工图等竣工验收资料;(二)设施设备的安装、使用和维护保养等技术资料;(三)物业质量保修文件和物业使用说明文件;(四)物业管理所必需的其他资料。物业服务企业应当在前期物业服务合同终止时将上述资料移交给业主委员会。"

②《物业承接查验办法》(建房〔2010〕165 号)第二条:"本办法所称物业承接查验,是指承接新建物业前,物业服务企业和建设单位按照国家有关规定和前期物业服务合同的约定,共同对物业共用部位、共用设施设备进行检查和验收的活动。"第三条:"物业承接查验应当遵循诚实信用、客观公正、权责分明以及保护业主共有财产的原则。"该办法对承接查验需具备的条件、依据、程序、需移交的资料、时间、内容等均作出了具体的规定。

③《建筑工程施工质量验收统一标准》(GB 50300—2013)、《通风与空调工程施工质量验收规范》(GB 50243—2016)、《智能建筑工程质量验收规范》(GB 50339—2013)、《电梯工程施工质量验收规范》(GB 50310—2002)、《地下防水工程质量验收规范》(GB 50208—2011)、《住宅小区智能化工程验收标准》等。

④地方法律规定,如《四川省物业承接查验办法》(四川省住建厅,2011 年 10 月 1 日起施行)、《武汉市物业小区承接查验技术导则(试行)》(武汉市房管局,2017 年 2 月施行)等。

4.3.3　物业承接查验的主要内容

物业承接查验的主要内容如下所述：

（1）移交物业资料

物业服务企业应该按照法律规定的要求，全面接管建设单位移交的物业资料并妥善保管，物业服务企业更迭时，必须按照法律规定将物业资料交还给业主委员会。物业资料包括：

a.竣工总平面图，单体建筑、结构、设备竣工图，配套设施、地下管网工程竣工图等竣工验收资料；

b.共用设施设备清单及其安装、使用和维护保养等技术资料；

c.供水、供电、供气、供热、通信、有线电视等准许使用文件；

d.物业质量保修文件和物业使用说明文件；

e.承接查验所必需的其他资料。

未能全部移交前款所列资料的，建设单位应当列出未移交资料的详细清单并书面承诺补交的具体时限。

（2）查验物业共用部位及设备设施

根据《物业承接查验办法》第十六条规定："物业服务企业应当对下列物业共用部位、共用设施设备进行现场检查和验收：（一）共用部位：一般包括建筑物的基础、承重墙体、柱、梁、楼板、屋顶以及外墙、门厅、楼梯间、走廊、楼道、扶手、护栏、电梯井道、架空层及设备间等；（二）共用设备：一般包括电梯、水泵、水箱、避雷设施、消防设备、楼道灯、电视天线、发电机、变配电设备、给排水管线、电线、供暖及空调设备等；（三）共用设施：一般包括道路、绿地、人造景观、围墙、大门、信报箱、宣传栏、路灯、排水沟、渠、池、污水井、化粪池、垃圾容器、污水处理设施、机动车（非机动车）停车设施、休闲娱乐设施、消防设施、安防监控设施、人防设施、垃圾转运设施以及物业服务用房等。"

4.3.4　物业承接查验的程序

1）新建房屋的承接查验程序

①确定物业承接查验方案。物业服务企业与开发建设单位就承接查验的时间、内容、标准、进度等信息进行协商，制订物业承接查验方案，作为工作开展的指南。

②移交有关图纸资料。《物业承接查验办法》第十六条规定：现场查验20日前，建设单位应当向物业服务企业移交相关资料。

③查验共用部位、共用设施设备。现场查验应当综合运用核对、观察、使用、检测和试验等方法，重点查验物业共用部位、共用设施设备的配置标准、外观质量和使用功能。现场查验应当形成书面记录。查验记录应当包括查验时间、项目名称、查验范

围、查验方法、存在问题、修复情况以及查验结论等内容,查验记录应当由建设单位和物业服务企业参加查验的人员签字确认。

④解决查验发现的问题。现场查验中,物业服务企业应当将物业共用部位、共用设施设备的数量和质量不符合约定或者规定的情形,书面通知建设单位,建设单位应当及时解决并组织物业服务企业复验。

⑤确认现场查验结果,签订物业承接查验协议。物业承接查验协议作为前期物业服务合同的补充协议,与前期物业服务合同具有同等法律效力。建设单位应当委派专业人员参与现场查验,与物业服务企业共同确认现场查验的结果,签订物业承接查验协议。物业承接查验协议应当对物业承接查验的基本情况、存在问题、解决方法及其时限、双方权利义务、违约责任等事项作出明确约定。

⑥办理物业交接手续。建设单位应当在物业承接查验协议签订后10日内办理物业交接手续,向物业服务企业移交物业服务用房以及其他物业共用部位、共用设施设备。物业服务企业应当自物业交接后30日内,持下列文件向物业所在地的区、县(市)房地产行政主管部门办理备案手续:

a.前期物业服务合同;

b.临时管理规约;

c.物业承接查验协议;

d.建设单位移交资料清单;

e.查验记录;

f.交接记录;

g.其他承接查验有关的文件。

2) 原有房屋的承接查验程序

①成立承接查验组织,确定查验和移交方案。为保证物业查验和移交的顺利进行,使物业管理实现无缝对接,一般情况下,应当在物业的业主、业主委员会或产权单位主管部门的主持下,由原有的和新选聘的物业服务企业的人员参加,共同组成查验和交接小组,对物业共用部位、共用设施设备和物业档案资料进行全面的查验和移交。

②查验和移交物业管理资料。移交的资料主要包括物业原始资料;物业共用部位、共用设施设备维修、养护和管理以及大中修、更新改造及专业检验的资料;业主资料;财务管理资料;合同协议书;人事档案资料;其他需移交的资料等。

③物业共用部位、共用设施设备的现场查验与移交。主要包括对物业共用部位的查验;物业共用设备和配套设施的查验移交;物业服务用房的移交;室外道路、绿地、场地、雨污水井等排水设施的查验移交;产权属全体业主所有的设备、工具、材料等的移交。

4.3.5 物业承接查验时检索并应提交的资料

1)新建房屋承接查验检索并应提交的资料

新建房屋承接查验检索并应提交的资料可分为2个方面：

（1）产权资料

产权资料主要包括如下几个方面的内容：

①项目立项及批复文件；

②用地批准文件；

③建筑公司营业执照；

④拆迁安置资料或棚户改造资料等。

（2）技术资料

技术资料主要包括如下几个方面的内容：

①竣工图纸,包括总平面图,单体建筑、结构、设备竣工图,配套设施、地下管网等隐蔽性工程竣工图等竣工验收资料；

②地质勘察报告、工程合同及开、竣工报告；

③工程预决算、图纸会审记录、工程设计变更通知及技术核定单（包括质量事故处理记录）；

④隐蔽工程验收、签证及沉降观察记录；

⑤竣工验收证明及钢材、水泥等主要材料的质量保证书；

⑥新材料、购配件的鉴定合格证书；

⑦水、电、采暖、卫生器具、电梯等设备的检验合格证书；

⑧砂浆、混凝土试块试压报告及供水、供暖的试压报告；

⑨设备设施的安装、使用和维护保养等技术资料；

⑩物业质量保修文件、物业使用说明文件及物业管理所需要的其他资料。

2)原有房屋承接查验检索并应提交的资料

（1）产权资料

①房屋所有权证；

②土地使用权证；

③有关司法、公证文书和协议；

④房屋分户使用手册；

⑤房屋设备及定、附着物清册。

（2）技术资料

①房地产平面图；

②房屋分户平面图；

③房屋及设备技术资料；

④物业管理所需要的其他资料。

4.3.6　物业承接查验的具体内容

1）新建物业承接查验的内容

新建物业的承接查验，是物业服务企业和建设单位按照国家有关规定和前期物业服务合同的约定，共同对物业共用部位、共用设施设备进行检查和验收的活动。物业服务企业应当对如下内容进行现场检查和验收。

（1）质量与使用功能的检验

①主体结构。地基沉降不得超过《建筑地基基础设计规范》（GB 50007—2011）的允许变形值；不得引起上部结构的开裂或相邻房屋的损坏。房屋的主体结构无论是钢筋混凝土还是砖石、木结构，变形、裂缝都不能超过国家规定，外墙不得渗水。

②屋面。各类屋面必须符合国家建筑设计标准的规定，要求排水畅通，无积水，不渗漏；平面屋应有隔热保温措施，3 层以上房屋在公用部位应设置屋面检修孔；阳台和 3 层以上房屋的屋面应有排水系统；排水管应安装牢固，接口平密、不渗漏。

③楼地面。地面面层与基层必须黏结牢固，不空鼓，整体面层平整，不允许有裂缝、脱皮、起砂等缺陷；块料面层应表面平整，接缝均匀顺直，无缺棱掉角。

④装修。钢木门窗均应安装平正、牢固，无翘曲变形，开关灵活，零配件装配齐全，位置正确。钢门窗缝隙严密，木门窗缝隙适度。进户门不得使用胶合板制作，门锁安装牢固；门窗玻璃应安装平正，油灰饱满，粘贴牢固；油漆色泽一致，表面不应有脱皮、漏刷。

⑤电气。线路应安装平整、牢固、顺直，过墙有导管。导线连接必须紧密，铝导线连接不得采用铰接或绑接。采用管子配线时，连接点必须紧密、可靠，使管路在结构上和电器上均连成整体并有可靠的接地。各回路导线间和对地绝缘电阻值不得小于规定要求。照明器具等低压电器安装支架必须牢固，部件齐全，接触良好，位置正确。避雷装置必须符合国家标准规定。电梯应能准确启动运行、选层、停层，曳引机的噪声和震动声不得超过国家有关的规定值。安装的隐蔽工程、试运转记录、性能检测记录及完整的图纸资料均应符合要求。

⑥水、卫、消防、采暖。管道应安装牢固，控制部件启闭灵活，无滴漏。卫生间、厨房内的排污管应分设，出户管长不宜超过 8 m，并不得使用陶瓷管、塑料管；地漏、排污管接口、检查口不得渗漏，管道排水必须流畅；消防设施应符合国家规定标准，并且有消防部门检验合格签证；采暖的锅炉、箱罐等压力容器应安装平正，配件齐全，安装符合规定，运转准确、正常。

⑦附属工程及其他。如室外排水沟系统的标高、管道的坡度、管径、化粪池等都必须符合规定要求；信报箱、挂物钩、晒衣架应按规定安装。

（2）质量问题的处理

①影响房屋结构安全和设备使用安全的质量问题，必须约定期限由物业建设单位负责进行加固、返修，直至合格；影响相邻房屋的安全问题，由物业建设单位负责处理。

②对于不影响房屋结构安全和设备使用安全的质量问题，可约定期限由物业建设单位负责维修，也可采取费用补偿的办法，由承接单位处理。

2）原有房屋承接查验的内容

原有房屋承接查验的主要内容涉及物业共用部位、共用设施设备的承接验收和移交活动。

（1）质量与使用功能的检验

①以《危险房屋鉴定标准》（JGJ 125—2016）和国家有关规定作检验依据。

②从外观检查建筑物整体的变异状态。

③检查房屋结构、装修和设备的完好与损坏程度。

④检查房屋使用情况（包括建筑年代、用途变迁、拆改添建、装修和设备情况），评估房屋现有价值，建立资料档案。

（2）危险和损坏问题的处理

①属危险的房屋，应由移交人负责排险解危后，始得承接查验。

②属有损坏的房屋，由移交人和承接单位协商解决，既可约定期限由移交人负责维修，也可采用其他补偿形式。

③属法院判决没收并通知承接的房屋，按法院判决办理。

（3）物业管理资料的移交

①物业原始资料。包括物业交付使用初期物业服务企业从建设单位处承接的原始资料。

②物业共用部位、共用设施设备维修、保养和管理以及大中修、更新改造及专业检验的资料。

③业主资料。包括业主身份、产权信息，物业查验及问题解决记录、装饰装修、投诉建议等资料。

④财务管理资料。包括属全体业主所有的物业管理固定资产清单、收支账目表、债权债务移交清单、水电气抄表记录及代收代缴明细等内容。

⑤合同协议书。包括内部合同、外部合同、协议原件等。

⑥人事档案资料。指双方同意移交留用的在职人员的档案、培训、晋升等记录。

⑦其他需要移交的资料。

4.3.7　物业承接查验的法律后果

（1）建设单位应该承担的物业的质量保证责任

根据《物业承接查验办法》的规定：建设单位应当按照国家规定的保修期限和保修范围，承担物业共用部位、共用设施设备的保修责任。建设单位可以委托物业服务企业提供物业共用部位、共用设施设备的保修服务，服务内容和费用由双方约定；建设单位不得凭借关联关系滥用股东权利，在物业承接查验中免除自身责任，加重物业服务企业的责任，损害物业买受人的权益；建设单位不得以物业交付期限届满为由，要求物业服务企业承接不符合交用条件或者未经查验的物业；建设单位与物业服务企业恶意串通、弄虚作假，在物业承接查验活动中共同侵害业主利益的，双方应当共同承担赔偿责任；建设单位不移交有关承接查验资料的，由物业所在地房地产行政主管部门责令限期改正；逾期仍不移交的，对建设单位予以通报，并按照《物业管理条例》第五十九条的规定处罚。

（2）物业服务企业应当承担的物业管理人的责任

根据《物业承接查验办法》的规定：自物业交接之日起，物业服务企业应当全面履行前期物业服务合同约定的、法律法规规定的以及行业规范确定的维修、养护和管理义务，承担因管理服务不当致使物业共用部位、共用设施设备毁损或者灭失的责任；物业服务企业应当将承接查验有关的文件、资料和记录建立档案并妥善保管；物业承接查验档案属于全体业主所有。前期物业服务合同终止，业主大会选聘新的物业服务企业的，原物业服务企业应当在前期物业服务合同终止之日起 10 日内，向业主委员会移交物业承接查验档案；物业服务企业擅自承接未经查验的物业，因物业共用部位、共用设施设备缺陷给业主造成损害的，物业服务企业应当承担相应的赔偿责任。

（3）业主的责任

物业承接查验活动，业主享有知情权和监督权。房屋交付业主以后，业主负有按照规划合理使用以及"业主行使权利不得危及建筑物的安全，不得损害其他业主的合法权益"的义务。

（4）行政机关的责任

很多地方的地方法规规定了行政机关在交接查验中的责任，如《北京市物业管理条例》第二十条规定："建设单位与前期物业服务人应当在区住房和城乡建设或者房屋主管部门的指导、监督下，共同确认物业管理区域，对物业管理区域内的共用部位、共用设施设备进行查验，确认现场查验结果，形成查验记录，签订物业承接查验协议，并向业主公开查验的结果。"《重庆市物业管理条例》第五十条规定："物业服务企业应当自物业交接后三十日内，按照市住房城乡建设主管部门制定的示范文本，持下列资料向区县（自治县）住房城乡建设主管部门办理物业承接查验备案。"概括各地不同的立法例，行政机关的职责主要是监督、指导、见证、备案等非强制行政职责。

（5）当事人双方不履约的责任

根据《物业承接查验办法》的规定:物业承接查验协议生效后,当事人一方不履行协议约定的交接义务,导致前期物业服务合同无法履行的,应当承担违约责任;建设单位、物业服务企业未按本办法履行承接查验义务的,由物业所在地房地产行政主管部门责令限期改正;逾期仍不改正的,作为不良经营行为记入企业信用档案,并予以通报。《北京市物业管理条例》第二十条第二款规定:"承接查验协议应当对物业承接查验基本情况、存在问题、解决方法及其时限、双方权利义务、违约责任等事项作出约定。对于承接查验发现的问题,建设单位应当在三十日内予以整改,或者委托前期物业服务人整改。"《重庆市物业管理条例》第五十条第三款则规定:"建设单位将不符合交付条件的物业交付使用,或者物业服务企业擅自承接未经查验的物业,因房屋质量、物业共有部位、共有设施设备缺陷给业主造成损害的,应当依法承担赔偿责任。"

案例分析

案例 4.1   **物业管理早期介入**

【案情介绍】

2021 年 8 月中旬,深圳××物业服务企业与烟台××置业公司(开发商)签约,为其开发的××广场提供物业管理顾问服务。随后由管理、土建、机电、智能化等方面的 6 名专业人士组成的顾问团抵达现场,开始了物业管理早期的顾问服务工作。

当时,××广场尚处于结构施工阶段。顾问团通过分析市场、阅读图纸、勘察现场和比较测算,从满足物业管理服务需求,保证物业管理运行质量,控制物业管理经济成本的角度,提出了 30 余项优化设计建议(从独特的身份和视角,物业服务企业考虑问题更细致、更周密、更长远,因而也就更容易发现设计上的瑕疵、漏洞和缺陷)。此外,他们还发现整个小区的消火栓系统存在着设计超标的问题。

广场有 5 座高层楼宇,每幢每层平面为 800 多 m^2,有 2 道分布合理的消火栓及其立管就足以满足国家消防规范的要求。然而某设计院竟为其设计了 3 道,这意味着不仅无谓增加了 30 多万元的建筑成本,而且还无端影响了户内布局。于是,顾问团提议开发商找设计院变更设计,取消一道消火栓及其立管。

开发商认为顾问团的建议确实很有道理,便马上和设计院进行交涉。不料设计院不愿意否定自己的设计方案,坚持认定必须要有 3 道消火栓及其立管。开发商反复交涉也未获认可,"球"又被踢回顾问团。顾问团的专业人员不妥协,书面列出国家消防设计规范的有关条款,并和××广场原消火栓设计进行对比分析,指出其不合理所在。开发商据此再次找到设计院,设计院这次无法予以拒绝,只好按照顾问团的意见修改了设计。

案例评析4.1

通过消火栓系统的设计变更,开发商不仅体会到了顾问团的技术实力,而且感受到了他们的负责任的精神,随后又把整个项目的智能化工程交给了深圳××物业服务企业控股的科技公司设计施工。

案例 4.2　　建新××小区 2 号楼 103 房间的天花板出现渗漏

【案情介绍】

2021 年 6 月 1 日该楼 203 房间的业主陈先生接收了房屋。6 月 24 日,陈先生的家人去清洗地板,结果楼下 103 房间的天花板出现了渗漏。于是,103 房间的业主向物业反映上述渗漏情况。物业未经 203 房间陈先生的同意,擅自叫人进入其室内进行修补(需要说明一下,物业拥有 203 房间的钥匙,并且 203 房间的业主陈先生尚未入住),但在修补过程中却造成了 103 房间的天花板有一处脱落。就这事,物业向 103 房间的业主赔偿了 1 万多元。203 房间的陈先生认为,该房屋存在严重的质量问题,至今不敢装修,更不敢入住,并且多次找物业反映要求换房未果,之后找该项目负责总工程师反映多次,也没有答案。陈先生非常苦恼,交房快一年了,至今没有一个妥善的解决方案,他迫切希望有关方面对此事引起重视,给他们一个满意的答复。他提出了一些自己的看法:第一,物业未经他本人同意就擅自进入他的房子进行修补属于侵权行为;第二,在房屋质量保证书里未写明具体的承载吨数;第三,他认为由于他们是拆迁户,开发商不重视房屋质量,导致出现一系列问题,希望能够以换房的方式解决。

案例评析4.2

案例 4.3　　　　　　　前期物业服务合同条款效力

【案情介绍】

王某与建设单位签订房屋买卖协议的同时订立了物业服务服务合同,并就遵守开发商制订的临时管理规约作出了书面承诺。王某入住半年后,物业服务企业就将大楼的顶部出租给某电信公司安装广告牌,王某就和其他业主一同找物业服务企业。根据临时管理规约的规定:"物业的共用部位由全体业主共同享有所有权,任何业主不得擅自处分,否则将依法要求行政机关追究其行政责任,并将所得收益用于物业管理区域内共用部位、公用设施设备的维护。"据此,王某等要求物业服务企业停止侵权,并将收益用于共用部位的维护。物业服务企业根据前期物业服务合同约定:"在因业主较少,物业管理费用不足的情况下,物业服务企业可以将共用部位出租,收益用于日常的物业管理活动。"认为有权将楼顶出租。双方为此各执一词,争执不下。物业服务企业是否有权出租大楼顶部?

案例评析4.3

案例 4.4　　　　　前期物业服务合同能约束业主吗?

【案情介绍】

小王购买了一套房屋后,和其他业主一起都收到了一份物业服务合同副本,但是业主都不了解这份合同是如何签订的,便委托小王向物业服务公司和开发商询问。经询问,小王被告知是前期物业服务合同,小王和

案例评析4.4

其他业主担心该合同对自己不利,想知道前期物业服务合同能约束业主吗。有效期是多长。

【模拟判案4】物业服务公司将空置别墅出租拍摄电视剧

原告:王女士;被告:某物业公司、电视剧出品方、播放平台

【案情介绍】

在某市生活的王女士5年前在老家买了一栋豪华别墅,但一直未入住。2020年某天,王女士突然在一部热门电视剧上看到自家别墅成了剧中女主角的家。剧中人在别墅里吃饭睡觉摔打。于是,王女士将该别墅物业、电视剧出品方、播放平台等一并告上法院,要求赔偿、道歉、影视剧下线。

庭审调查:王女士购买的是样板房,并将钥匙交给了物业。剧组了解的情况是,该别墅属于开发商的样板房,为使用该样板房剧组已向物业缴纳了6万元的场地费。物业公司一边收取了王女士的物业服务费,一边收取了剧组的场地费。

模拟判案4
结果

请问模拟法官,该案该如何判决?

扫一扫,了解案件结果。

> **律师说法**(扫下方二维码观看,内容动态更新)
>
> 32.物业质量责任
>
> 33.建设工程备案制度
>
> 34.全楼及防水保修责任
>
> 35.各方责任
>
> 36.规划验收
>
> 37.消防验收
>
> 38.前期物业管理

本章小结

物业的早期介入是指在物业的规划设计阶段,开发商就邀请从事物业管理工作的相关工作人员,参与物业的可行性研究、规划、设计、施工等阶段的讨论和提出建设性意见,站在日后物业管理的长远角度为开发商在物业规划设计、设备设施选用、施工过程监管、物业竣工验收、承接查验等多方面提供建设性意见,为后期的物业管理工作打下良好的基础。

前期物业管理的招标投标,是指在业主、业主大会选聘物业服务企业之前,由物业项目的建设单位作为招标方发出招标公告或通知,由多个物业服务企业作为投标方同时投标,最后由建设单位选聘具有相应资质的物业服务企业作为中标人,并与之订立前期物业服务合同的过程。

前期物业管理招标的程序为:组建招标小组;编制招标文件;发布招标公告或寄送投标邀请书,出售招标文件;召开标前会议;开标、评标和定标;签订合同。

　　前期物业管理投标的程序为:取得招标文件;熟悉招标文件,考察物业现场;详细列出管理服务方法和工作量;确定单价并进行投标决策;编制和递送投标文件;参加开标会议及招标答辩;中标的签订合同,未中标的总结投标。

　　物业的承接查验是指物业服务企业对物业的建设单位或业主所移交的经过竣工验收合格的新建房屋或管理权转移的原有房屋是按照行业标准进行的,以物业主体结构安全和满足使用功能为主要内容的再检验。

　　通过本单元学习,要建立统筹意识,物业管理宜在规划设计阶段介入,统筹考虑物业功能设计,更利于后期管理;还要建立质量意识,通过前期介入和严谨的承接查验,促进建设单位提高物业建设质量,方便后期管理;同时也要建立竞争意识,通过招投标取得前期物业管理服务业务。

习　　题

一、单项选择题

1.物业管理早期介入,主要是充当(　　　)角色。

　　A.管家　　　　　　B.监理　　　　　　C.顾问　　　　　　D.中介

2.颁布《前期物业管理招标投标管理办法》的目的是保护(　　　)的合法权益。

　　A.业主　　　　　　B.开发商　　　　　C.物业服务企业　　D.当事人

3.前期物业管理邀请招标应该邀请(　　　)以上的物业服务企业。

　　A.2 个　　　　　　B.3 个　　　　　　C.4 个　　　　　　D.5 个

4.承接查验一定要写明承接的日期,这是划清(　　　)的界线。

　　A.阶段　　　　　　B.范围　　　　　　C.责任　　　　　　D.项目

5.违反物业服务合同约定,业主逾期不交纳物业服务费用的,(　　　)应当督促其限期交纳;逾期仍不交纳的,物业服务企业可以向人民法院起诉。

　　A.有利害关系的业主　　　　　　　　B.业主大会

　　C.业主委员会　　　　　　　　　　　D.物业服务企业

6.选聘和解聘物业服务企业应当经专有部分占建筑物总面积(　　　)以上的业主且占总人数(　　　)以上的业主同意。(　　　)

　　A.1/2;1/2　　　　B. 2/3;2/3　　　　C.3/4; 3/4　　　　D.2/3;3/4

7.前期物业服务合同可以约定期限;但是,期限未满、业主委员会与物业服务企业签订的物业服务合同生效的,前期物业服务合同(　　　)。

　　A.失效　　　　　　B.终止　　　　　　C.继续履行　　　　D.自动延期

8.物业买受人在与建设单位签订物业买卖合同时,应当对遵守临时管理规约予以(　　　)。

　　A.承诺　　　　　　B.确认　　　　　　C.书面承诺　　　　D.书面确认

9.物业服务企业应当自物业交接后(　　　)日内,持相关文件向物业所在地的区、县(市)房地产行政主管部门办理备案手续。

    A.10   B.15   C.20   D.30

10.公开招标的物业管理项目,自招标文件发出之日起至投标人提交投标文件截止之日止,最短不得少于( )。

    A.30 日   B.20 日   C. 15 日   D.10 日

二、多项选择题

1.物业管理的早期介入,一般是指新建物业竣工验收之前,建设单位在项目的( )等阶段所引入的物业服务咨询活动。

    A.可行性研究   B.规划设计   C.建设施工   D.营销策划

2.物业管理早期介入的施工阶段,介入的内容包括( )等。

    A.熟悉规划设计内容,对施工现场情况进行跟踪

    B.跟进设施设备的安装调试,并收集相关技术资料与文件

    C.配套设施的设置与选型

    D.参与项目沟通会,准确了解现场施工进度节点和各专业分项施工计划

3.( ),经物业所在地的区、县人民政府房地产行政主管部门批准,可以采取协议方式选聘具有相应资质的物业服务企业。

    A.投标人少于 5 个   B.投标人少于 3 个

    C.住宅规模较小的   D.建设单位不愿意招标的

4.物业管理招标投标的原则是( )。

    A.公开   B.公正   C.公平

    D.公示   E.诚实信用

5.前期物业管理招标方式为( )。

    A.公开招标   B.邀请招标   C.协议招标   D.定向招标

6.物业承接查验的主要内容是( )。

    A.移交物业资料   B.查验物业共用部位

    C.查验物业共用设施设备   D.物业专有部位

7.结合实际情况,关于物业服务费用的交付说法错误的有( )。

    A.物业已经竣工,费用由业主承担

    B.物业已经交付,未投入使用,费用由建设单位承担

    C.物业已经交付并投入使用,费用由业主承担

    D.业主与物业使用人约定由物业使用人交纳的,业主不负连带交纳责任

8.通过招标投标方式选择物业管理企业的,招标人对时限要求说法正确的有( )。

    A.新建现售商品房项目应当在现售前 30 日完成

    B.预售商品房项目应当在取得《商品房预售许可证》之前完成

    C.预售商品房项目应当在取得《商品房预售许可证》之后完成

    D.非出售的新建物业项目应当在交付使用前 90 日完成

9.物业承接查验应当遵循(　　)的原则。

　　A.诚实信用　　　　B.权责分明　　　　C. 客观公正　　　　D.公平公开

10.房地产开发企业应当在商品房交付使用时,向购买人提供住宅质量保证书和住宅使用说明书。住宅保证书应当列明工程质量监督单位核验的(　　)等内容。

　　A.质量等级　　　B.保修范围　　　C.保修期　　　　　D.保修说明

三、判断题

1.早期介入就是前期物业管理。　　　　　　　　　　　　　　　　　　(　　)

2.物业管理用房的所有权依法属于业主。未经业主同意,业主委员会可以改变物业管理用房的用途。　　　　　　　　　　　　　　　　　　　　　　　(　　)

3.前期管理是业主入住前实施的物业管理。　　　　　　　　　　　　　(　　)

4.招标可以由招标代理机构代为实施。　　　　　　　　　　　　　　　(　　)

5.若评标委员会的成员是 7 人,则其中的物业管理专家应该不得少于 3 人。

　　　　　　　　　　　　　　　　　　　　　　　　　　　　　　　(　　)

6.物业招标人采取邀请招标方式的,应当向 5 个以上物业管理企业发出投标邀请书,投标邀请书应当包含前款规定的事项。　　　　　　　　　　　　　(　　)

7.物业承接查验的主要内容是对物业共用部位、共用设施设备的结构、内部质量和使用功能的再检验。　　　　　　　　　　　　　　　　　　　　　　(　　)

8.建设单位应当在销售物业之前,制订临时管理规约,对有关物业的使用、维护、管理,业主的共同利益,业主应当履行的义务,违反规约应当承担的责任等事项依法作出约定。　　　　　　　　　　　　　　　　　　　　　　　　　　(　　)

9.物业服务企业应对承接查验的住宅小区质量负最终责任。　　　　　(　　)

10.前期物业服务合同可以约定期限;但是,期限未满、业主委员会与物业服务企业签订的物业服务合同生效的,前期物业服务合同履行至合同期满为止。　(　　)

四、简答题

1.什么是前期物业管理? 物业管理条例关于前期物业管理有哪些规定?

2.物业管理早期介入的规划设计阶段,应从哪几个方面提出意见或建议?

3.简述前期物业管理招标的程序。

4.什么是物业承接查验?

5.物业承接查验中的质量问题如何处理?

五、案例分析题

1.某小区建成后,先后有部分业主入住。这部分业主入住后,总觉得一切都是物业服务企业说了算,比如房屋装修不能这样、不能那样,以及收取各种名目的费用等。而物业服务企业又是由开发商聘用的。于是一些居民就开始行动,把其他居民组织起来,成立了业主委员会,声称要监督开发商和物业服务企业,并订下管理规定与计划,如果物业服务企业不能满足大家的意愿,则将炒掉该物业服务企业,另聘新的物业服务企业。

问题：

（1）开发商能否自行聘请物业服务企业？

（2）业主自行组建业主委员会有无法律依据？

（3）业主委员会是否有权炒掉物业服务企业？

2.某花园自入住以来外墙出现裂纹渗水，半年后涂料已基本褪色。对此业主意见很大，多次向物业建设单位、管理处反映，但问题始终没有得到解决。业主要求维修外墙的呼声越来越高，甚至有些业主开始相互联络，准备采取集体签名、上访等过激行为。

问题：

（1）外墙渗水的维修责任由谁承担？

（2）管理处应该如何处理？

3.业主在办理入住手续时，被告知要找物业服务企业办理。物业服务企业先让业主填表、签订物业管理规约、交物业管理费、给钥匙。顺利办下来倒也无事，但有时可能会出现问题。有些物业服务企业要求业主一次性交齐一年或更长时间的物业管理费，这一做法引起业主不满，从而拒绝交费；有些业主认为物业管理规约含有不公平、不合理的内容，拒绝签约；有些业主则是由于其他问题与物业服务企业发生矛盾或争执。在这种情况下，有些物业服务企业就会采取不给钥匙的做法。这种做法对吗？请予以评析。

第5章
物业装饰装修管理的法律规定

【本章导学】

通过本章的学习,要求了解物业装饰装修的概念及分类,熟悉装饰装修管理中的报建(或申报)程序及内容、装饰装修管理服务协议、质量及安全管理、环境管理及装饰装修企业资质审查等内容,掌握装饰装修管理中有关业主、装饰装修企业、物业服务企业的主要法律规定。了解违反装饰装修管理规定的法律责任,树立法治意识,提升运用法律思维、法律方法发现问题、分析问题、解决问题的能力。

5.1 物业装饰装修管理的主要内容

5.1.1 物业装饰装修的概念及分类

1)物业装饰装修的概念

物业装饰装修,是指为使建筑物、构筑物内外空间达到一定的环境质量要求,使用装饰装修材料,对建筑物、构筑物外部和内部进行修饰处理的工程建筑活动。建设部于2002年5月1日起施行的《住宅室内装饰装修管理办法》中,对住宅室内装饰装修进行了定义。所谓住宅室内装饰装修,是指住宅竣工验收合格后,业主或者住宅使用人(以下简称装修人)对住宅室内进行装饰装修的建筑活动。

2)物业装饰装修的分类

①按照房屋是否取得所有权证书并已投入使用进行分类,物业装饰装修可分为新建房屋装饰装修和原有房屋装饰装修两类。这里"新建房屋"(含扩建、改建工程的房屋),是指按建设部(现住房和城乡建设部)《工程建设项目报建管理办法》,向当

地建设行政主管部门或其授权机构进行报建后,正在建设过程中尚未通过竣工验收,未投入使用的房屋;而"原有房屋",是指已取得房屋所有权证书并已投入使用的各类房屋。物业管理中的装饰装修管理,是指对竣工验收合格后的房屋装饰装修管理。

②按照物业装饰装修的不同对象进行分类,可分为住宅物业装饰装修、写字楼物业装饰装修、商业物业装饰装修、酒店物业装饰装修及工业物业装饰装修等类型。

③按照物业装饰装修的内外空间进行分类,可分为室内装饰装修和室外装饰装修两种类型。

④按照物业装饰装修施工过程的先后顺序进行分类,可分为初装饰和二次装饰。如住宅工程初装饰,是指对新建住宅工程户门以内的部分项目,在施工阶段只完成初步装饰。二次装饰是指初装饰房屋竣工验收交付使用后,对房屋进行的再装饰。由于初装饰是二次装饰的基础,其质量标准不能降低,须按国家《建筑安装工程质量检验评定标准》及有关规定执行,其验收适用建设部 1994 年 6 月 6 日颁布的《住宅工程初装饰竣工验收办法》。

为确保人身和财产安全,国家对装修装饰活动的监管,主要体现在实行住宅工程初装饰管理制度、原有房屋装饰装修管理制度和建筑工程施工许可管理制度等监管制度方面。

5.1.2　物业装饰装修管理的主要内容

物业装饰装修管理,是指在物业竣工验收合格后,就装修人对物业进行二次装饰装修所进行的管理。通过物业装饰装修过程的管理、控制和服务,规范业主、物业使用人的装饰装修行为,发现、制止"危及建筑物的安全,损害其他业主的合法权益"的行为,协助政府行政主管部门对装饰装修过程中的违规行为进行处理和纠正,从而确保物业的正常运行使用,维护全体业主的人身和财产权益。其包含的主要内容有装修人装饰装修申报程序管理、装饰装修管理服务协议的签订、质量与安全管理、环境维护等内容。装修人可以是业主,也可以是取得业主书面同意的非业主。

1) 装修人装饰装修申报程序管理

装修人在房屋装饰装修工程开工前,应当根据法律规定的程序向物业服务企业或者房屋管理机构办理申报手续。

2) 装饰装修管理服务协议

为加强对装饰装修工程的管理,装修人装饰装修前应当与物业服务企业签订装饰装修管理服务协议,就双方在装饰装修活动中的权利义务进行约定。应就实施内容、实施期限、允许施工时间、废弃物的清运和处理、外立面设施及防盗窗的安全要求、禁止行为和注意事项、管理服务费用、违约责任等作出具体约定。

3) 质量与安全管理

装修人进行房屋的装饰装修,其装修范围应符合法律法规的强制性规定,同时装饰装修应当保证工程质量和安全,符合工程建设强制性标准。装修人和装饰装修企业都应该做好物业装饰装修的质量管理,物业服务企业根据《住宅室内装饰装修管理办法》的规定和《装饰装修管理服务协议》也要对物业的装饰装修质量和安全实施管理和监督。其他单位和个人对住宅室内装饰装修中出现的影响公众利益的质量事故、质量缺陷以及其他影响周围住户正常生活的行为,也都有权检举、控告、投诉。

4) 环境维护

物业装饰装修过程中可能会出现各种粉尘、废气、固体废弃物以及噪声、振动等,会对环境造成污染和危害,也可能会影响人们的正常生活。为了防治环境污染和维护人们的正常生活、工作及保障其人身安全。装饰装修企业在装饰装修过程中必须根据法律规定的要求以及《装饰装修管理服务协议》的约定,做好环境的维护工作,物业服务企业依法进行监督管理。

5.1.3　物业装饰装修管理的主要措施

(1)制订物业装饰装修管理规定

物业服务企业应该根据法律法规、《物业服务合同》或《前期物业服务合同》《管理规约》等文件,制订物业装饰装修管理规定。

(2)业主装饰装修开工申报管理

业主携带房屋所有权证(或者证明其合法权益的有效凭证)、申请人身份证、装饰装修方案、审批批复(涉及法定必须审批的内容必须事先做好审批)、装饰装修企业资质证书复印件(委托装饰装修企业进行施工的)等,到物业服务中心办理开工申报。

(3)签订装饰装修管理服务协议

业主(或者业主和装饰装修企业)应当与物业服务企业签订住宅室内装饰装修管理服务协议。该协议应当包括装饰装修工程的实施内容、实施期限、允许施工时间、废弃物的清运和处理、外立面设施及防盗窗的安全要求、禁止行为和注意事项、管理服务费用、违约责任等。

(4)监督检查

物业服务企业依据装饰装修管理服务协议的约定,对装饰装修活动进行监督检查。物业服务企业发现业主或者装饰装修企业的违规装饰装修行为,应当立即制止。已造成事实后果或者拒不改正的,应当及时报告有关部门依法处理。

(5)竣工验收

装饰装修工程竣工后,由物业服务企业协同业主按照工程设计合同的约定和相应的质量标准进行验收。物业服务企业应当按照装饰装修管理服务协议进行现场检查,对违反法律法规和装饰装修管理服务协议的,应当要求装修人和装饰装修企业纠正,并将检查记录存档。对装修人或者装饰装修企业违反装饰装修管理服务协议的,追究违约责任。

5.2 物业装饰装修管理的法律规定

5.2.1 物业装饰装修管理的法律依据

目前我国关于物业装饰装修管理方面的法律依据主要有:

①《民法典》第九百四十五条规定:"业主装饰装修房屋的,应当事先告知物业服务人,遵守物业服务人提示的合理注意事项,并配合其进行必要的现场检查。"第九百四十二条:"物业服务人应当按照约定和物业的使用性质,妥善维修、养护、清洁、绿化和经营管理物业服务区域内的业主共有部分,维护物业服务区域内的基本秩序,采取合理措施保护业主的人身、财产安全。对物业服务区域内违反有关治安、环保、消防等法律法规的行为,物业服务人应当及时采取合理措施制止、向有关行政主管部门报告并协助处理。"

《安全生产法》第四十八条:"两个以上生产经营单位在同一作业区域内进行生产经营活动,可能危及对方生产安全的,应当签订安全生产管理协议,明确各自的安全生产管理职责和应当采取的安全措施,并指定专职安全生产管理人员进行安全检查与协调。"第四十九条:"生产经营单位不得将生产经营项目、场所、设备发包或者出租给不具备安全生产条件或者相应资质的单位或者个人。生产经营项目、场所发包或者出租给其他单位的,生产经营单位应当与承包单位、承租单位签订专门的安全生产管理协议,或者在承包合同、租赁合同中约定各自的安全生产管理职责;生产经营单位对承包单位、承租单位的安全生产工作统一协调、管理,定期进行安全检查,发现安全问题的,应当及时督促整改。"

《中华人民共和国消防法》第十八条:"同一建筑物由两个以上单位管理或者使用的,应当明确各方的消防安全责任,并确定责任人对共用的疏散通道、安全出口、建筑消防设施和消防车通道进行统一管理。住宅区的物业服务企业应当对管理区域内的共用消防设施进行维护管理,提供消防安全防范服务。"第二十一条:"禁止在具有火灾、爆炸危险的场所吸烟、使用明火。因施工等特殊情况需要使用明火作业的,应当按照规定事先办理审批手续,采取相应的消防安全措施;作业人员应当遵守消防安全规定。进行电焊、气焊等具有火灾危险作业的人员和自动消防系统的操作人员,必须持证上岗,并遵守消防安全操作规程。"

《固体废物污染环境防治法》第六十三条:"工程施工单位应当编制建筑垃圾处

理方案,采取污染防治措施,并报县级以上地方人民政府环境卫生主管部门备案。工程施工单位应当及时清运工程施工过程中产生的建筑垃圾等固体废物,并按照环境卫生主管部门的规定进行利用或者处置。工程施工单位不得擅自倾倒、抛撒或者堆放工程施工过程中产生的建筑垃圾。"

②《物业管理条例》第五十二条规定:"业主需要装饰装修房屋的,应当事先告知物业服务企业。物业服务企业应当将房屋装饰装修中的禁止行为和注意事项告知业主。"第四十五条规定:"对物业管理区域内违反有关治安、环保、物业装饰装修和使用等方面法律、法规规定的行为,物业服务企业应当制止,并及时向有关行政管理部门报告。有关行政管理部门在接到物业服务企业的报告后,应当依法对违法行为予以制止或者依法处理。"

《城镇燃气管理条例》第二十八条:"燃气用户及相关单位和个人不得有下列行为:(一)擅自操作公用燃气阀门;(二)将燃气管道作为负重支架或者接地引线;(三)安装、使用不符合气源要求的燃气燃烧器具;(四)擅自安装、改装、拆除户内燃气设施和燃气计量装置;(五)在不具备安全条件的场所使用、储存燃气;(六)盗用燃气;(七)改变燃气用途或者转供燃气。"第五十一条:"违反本条例规定,侵占、毁损、擅自拆除、移动燃气设施或者擅自改动市政燃气设施的,由燃气管理部门责令限期改正,恢复原状或者采取其他补救措施,对单位处 5 万元以上 10 万元以下罚款,对个人处 5 000 元以上 5 万元以下罚款;造成损失的,依法承担赔偿责任;构成犯罪的,依法追究刑事责任。违反本条例规定,毁损、覆盖、涂改、擅自拆除或者移动燃气设施安全警示标志的,由燃气管理部门责令限期改正,恢复原状,可以处 5 000 元以下罚款。"

③《住宅室内装饰装修管理办法》(建设部,2002 年 5 月 1 日起施行)。

④地方性法规规定,如《成都市新建成品住宅装修管理规定(试行)》(成都市住房和城乡建设局,2021 年 6 月 7 日)。

⑤《前期物业服务合同》或《物业服务合同》《管理规约》《物业管理区域物业装饰装修管理规定》《物业装饰装修管理服务协议》等。

5.2.2　物业装饰装修管理的法律规定

1)装修人应当遵守的装饰装修管理的规定

物业的装修人可以是业主,也可以是取得业主书面同意的非业主。装修人在装饰装修过程中,应遵循以下法律规定:

(1)报建(申报)程序

在物业管理中,装修人装饰装修的房屋,应是通过竣工验收以后投入使用并已取得合法产权凭证的各类房屋。《住宅室内装饰装修管理办法》第十三条规定:"装修人在住宅室内装饰装修工程开工前,应当向物业管理企业或者房屋管理机构(以下简称物业管理单位)申报登记。非业主的住宅使用人对住宅室内进行装饰装修,应当取得主的书面同意。"第十四条规定:"申报登记应当提交下列材料:(一)房屋所有权证(或者证明其合法权益的有效凭证);(二)申请人身份证件;(三)装饰装修方案;(四)变动建筑主体或者承重结构的,需提交原设计单位或者具有相应资质等级的设计单位提出的设计方案;(五)涉及本办法第六条行为的,需提交有关部门的批准文件,涉及本办法第七条、第八条行为的,需提交设计方案或者施工方案;(六)委托装饰装修企业施工的,还需提供业主同意装饰装修的书面证明。"对于未申报的情形,法律也作出了明确规定,《住宅室内装饰装修管理办法》第三十五条规定:"装修人未申报登记进行住宅室内装饰装修活动的,由城市房地产行政主管部门责令改正,处5百元以上1千元以下的罚款。"

(2)禁止行为和注意事项

装修人对原有房屋的装饰装修,在遵守有关法律规定、合同约定的前提下可以自由装饰装修。但《住宅室内装饰装修管理办法》明确规定了装饰装修的禁止行为和注意事项。

①禁止行为:

a.未经原设计单位或者具有相应资质等级的设计单位提出设计方案,变动建筑主体和承重结构;

b.将没有防水要求的房间或者阳台改为卫生间、服务间;

c.扩大承重墙上原有的门窗尺寸,拆除连接阳台的砖、混凝土墙体;

d.损坏房屋原有节能设施,降低节能效果;

e.其他影响建筑结构和使用安全的行为。

这里所称的"建筑主体",是指建筑实体的结构构造,包括屋盖、楼盖、梁、柱、支撑、墙体、连接结点和基础等。

这里所称的"承重结构",是指直接将本身自重与各种外加作用力系统地传递给基础地基的主要结构构件和其连接结点,包括承重墙体、立杆、柱、框架柱、支墩、楼板、梁、屋架、悬索等。

②注意事项:

a.未经城市规划行政主管部门批准,不得搭建建筑物、构筑物。

b.未经城市规划行政主管部门批准,不得改变住宅外立面,在非承重外墙上开门、窗。装修人未经城市规划行政主管部门批准,在住宅室内装饰装修活动中搭建建筑物、构筑物的,或者擅自改变住宅外立面,在非承重外墙上开门、窗的,由城市规划行政主管部门按照《城乡规划法》及其他相关法规的规定处罚。

c.未经供暖管理单位批准,不得拆改供暖管道和设施。

d.未经燃气管理单位批准,不得拆改燃气管道和设施。装修人擅自拆改供暖、燃气管道和设施造成损失的,由装修人负责赔偿。并由城市房地产行政主管部门责令改正,对装修人处500元以上1千元以下的罚款。

e.增加楼面荷载的注意事项。住宅室内装饰装修超过设计标准或者规范增加楼面荷载的,应当经原设计单位或者具有相应资质等级的设计单位提出方案。未经原设计单位或者具有相应资质等级的设计单位提出设计方案,擅自超过设计标准或者规范增加楼面荷载的,由城市房地产行政主管部门责令改正,对装修人处 500 元以上 1 千元以下的罚款,对装饰装修企业处 1 千元以上 1 万元以下的罚款。

f.改动防水层的注意事项。改动卫生间、厨房防水层的,应当按照防水标准制订施工方案,并做闭水试验。将没有防水要求的房间或者阳台改为卫生间、厨房的,或者拆除连接阳台的砖、混凝土墙体的,由城市房地产行政主管部门责令改正,对装修人处 500 元以上 1 千元以下的罚款,对装饰装修企业处 1 千元以上 1 万元以下的罚款。

g.公共利益的注意事项。装修人和装饰装修企业从事住宅室内装饰装修活动,不得侵占公共空间,不得损害公共部位和设施。装修人因住宅室内装饰装修活动侵占公共空间,对公共部位和设施造成损害的,由城市房地产行政主管部门责令改正,造成损失的,依法承担赔偿责任。

h.业务委托的注意事项。装修人委托企业承接其装饰装修工程的,应当选择具有相应资质等级的装饰装修企业。装修人违反本办法规定,将住宅室内装饰装修工程委托给不具有相应资质等级企业的,由城市房地产行政主管部门责令改正,处 500 元以上 1 千元以下的罚款。

(3)质量管理

住宅室内装饰装修工程使用的材料和设备必须符合国家标准,有质量检验合格证明和中文的产品名称、规格、型号、生产厂厂名、厂址等。禁止使用国家明令淘汰的建筑装饰装修材料和设备。

装修人委托企业对住宅室内进行装饰装修的,装饰装修工程竣工后,空气质量应当符合国家有关标准。装修人可以委托有资格的检测单位对空气质量进行检测。检测不合格的,装饰装修企业应当返工,并由责任人承担相应损失。

装饰装修企业从事住宅室内装饰装修活动,应当严格遵守规定的装饰装修施工时间,降低施工噪声,减少环境污染。

住宅室内装饰装修过程中所形成的各种固体、可燃液体等废物,应当按照规定的位置、方式和时间堆放和清运。严禁违反规定将各种固体、可燃液体等废物堆放于住宅垃圾道、楼道或者其他地方。

装修人或者装饰装修企业违反《建设工程质量管理条例》的,由建设行政主管部门按照有关规定处罚。

(4)安全管理

建筑装饰装修设计、施工和材料使用,必须严格遵守建筑装饰装修防火规范。

对未按规定申请批准,未进行房屋安全性能鉴定,擅自拆改房屋结构或明显加大荷载,而对原有房屋进行装饰装修的,由房地产行政主管部门或有关部门责令修复或赔偿,并给予行政处罚。

房屋安全鉴定单位工作人员不如实对装饰装修方案的使用安全性能出具结论的,由其所在单位或行政主管部门给予行政处分(政务处分)。

(5)配合物业服务人的现场检查

装修人配合物业服务人的现场检查是一项基本义务。《住宅室内装饰装修管理办法》第二十条规定:装修人不得拒绝和阻碍物业管理单位依据住宅室内装饰装修管理服务协议的约定,对住宅室内装饰装修活动的监督检查。

《民法典》第九百四十五条规定:业主装饰装修房屋的,应当事先告知物业服务人,遵守物业服务人提示的合理注意事项,并配合其进行必要的现场检查。物业服务人在进行现场检查过程中,对违反治安、环保、消防等法律法规的行为,可以依据《民法典》第九百四十二条的规定:对物业服务区域内违反有关治安、环保、消防等法律法规的行为,物业服务人应当及时采取合理措施制止、向有关行政主管部门报告并协助处理。

2)装饰装修企业应当遵守的法律规定

(1)装饰装修企业的资质条件

为了确保装饰装修工程的质量,凡从事建筑装饰装修的企业,必须经建设行政主管部门进行资质审查,并取得资质证书后,方可在资质证书规定的范围内承包工程。装修人或者装饰装修企业违反《建设工程质量管理条例》的,由建设行政主管部门按照有关规定处罚。

(2)安全与环境维护

装饰装修企业从事住宅室内装饰装修活动,应当与物业服务人签订《安全生产协议》,遵守施工安全操作规程,按照规定采取必要的安全防护和消防措施,不得擅自动用明火和进行焊接作业,保证作业人员和周围住房及财产的安全。装饰装修企业违反国家有关安全生产规定和安全生产技术规程,不按照规定采取必要的安全防护和消防措施,擅自动用明火作业和进行焊接作业的,或者对建筑安全事故隐患不采取措施予以消除的,由建设行政主管部门责令改正,并处 1 千元以上 1 万元以下的罚款;情节严重的,责令停业整顿,并处 1 万元以上 3 万元以下的罚款;造成重大安全事故的,降低资质等级或者吊销资质证书。

装饰装修企业从事住宅室内装饰装修活动,应当严格遵守规定的装饰装修施工时间,降低施工噪声,减少环境污染。

住宅室内装饰装修过程中所形成的各种固体、可燃液体等废物,应当按照规定的位置、方式和时间堆放和清运。严禁违反规定将各种固体、可燃液体等废物堆放于住宅垃圾道、楼道或者其他地方。

(3)质量保证

装饰装修企业必须按照工程建设强制性标准和其他技术标准施工,不得偷工减料,确保装饰装修工程质量。

住宅室内装饰装修工程竣工后,装饰装修企业负责采购装饰装修材料及设备的,应当向业主提交说明书、保修单和环保说明书。

住宅室内装饰装修工程竣工后,装修人应当按照工程设计合同约定和相应的质量标准进行验收。验收合格后,装饰装修企业应当出具住宅室内装饰装修质量保修书。在正常使用条件下,住宅室内装饰装修工程的最低保修期限为两年,有防水要求的厨房、卫生间和外墙面的防渗漏为 5 年。保修期自住宅室内装饰装修工程竣工验收合格之日起计算。

装饰装修企业自行采购或者向装修人推荐使用不符合国家标准的装饰装修材料,造成空气污染超标的,由城市房地产行政主管部门责令改正,造成损失的,依法承担赔偿责任。

（4）物业服务人的现场检查

装饰装修企业为装修人提供服务过程中,有义务配合物业服务人的现场检查。《住宅室内装饰装修管理办法》第十六条规定:装修人,或者装修人和装饰装修企业,应当与物业管理单位签订住宅室内装饰装修管理服务协议。装饰装修管理服务协议对于实施内容、期限、允许施工时间、废弃物的清运与处置、住宅外立面设施及防盗窗的安装要求、禁止行为和注意事项、管理服务费用、违约责任、其他需要约定的事项做出规定。《住宅室内装饰装修管理办法》第二十条规定:装修人不得拒绝和阻碍物业管理单位依据住宅室内装饰装修管理服务协议的约定,对住宅室内装饰装修活动的监督检查。装饰装修企业作为服务协议的三方主体之一,也有义务配合物业服务人的现场检查。住宅室内装饰装修工程竣工后,须经过装修人验收和物业管理单位的检查。根据《住宅室内装饰装修管理办法》第三十条的规定:装修人应当按照工程设计合同约定和相应的质量标准进行验收。验收合格后,装饰装修企业应当出具住宅室内装饰装修质量保修书。物业管理单位应当按照装饰装修管理服务协议进行现场检查,对违反法律、法规和装饰装修管理服务协议的,应当要求装修人和装饰装修企业纠正,并将检查记录存档。

（5）按照物业服务企业要求改正违法、违约行为

装饰装修企业应当按照住宅室内装饰装修管理服务协议开展工作,对于违法、违约行为要按照物业服务人的要求进行整改。《住宅室内装饰装修管理办法》第十七条规定:物业管理单位应当按照住宅室内装饰装修管理服务协议实施管理,发现装修人或者装饰装修企业有本办法第五条行为的,或者未经有关部门批准实施本办法第六条所列行为的,或者有违反本办法第七条、第八条、第九条规定行为的,应当立即制止;已造成事实后果或者拒不改正的,应当及时报告有关部门依法处理。对装修人或者装饰装修企业违反住宅室内装饰装修管理服务协议的,追究违约责任。

装饰装修企业的装修行为违反治安、环保、消防等法律法规的行为,要接受物业服务人的管理。《民法典》第九百四十二条的规定:物业服务人对物业服务区域内违反有关治安、环保、消防等法律法规的行为,物业服务人应当及时采取合理措施制止、向有关行政主管部门报告并协助处理。

3) 物业服务企业应当遵守的法律规定

依法进行物业装饰装修是业主的权利,但为了保证物业装饰装修的质量、安全,

《中华人民共和国安全生产法》《中华人民共和国消防法》《住宅室内装饰装修管理办法》以及《物业服务合同》《管理规约》赋予了物业服务企业对物业装饰装修管理的权利和义务。

（1）开工申报监督

装修人在住宅室内装饰装修工程开工前，应当向物业服务企业或者房屋管理机构（以下简称物业管理单位）申报登记。物业管理单位应当将住宅室内装饰装修工程的禁止行为和注意事项告知装修人和装修人委托的装饰装修企业。

装修人，或者装修人和装饰装修企业，应当与物业管理单位签订住宅室内装饰装修管理服务协议以及相关的《安全生产协议》。就装饰装修的内容、期限、施工时间、废弃物清运与处理、外立面设施及防盗窗的安全要求、禁止行为和注意事项、管理服务费用、违约责任等进行约定。

（2）质量、安全管理

物业管理单位应当按照住宅室内装饰装修管理服务协议实施管理，发现装修人或者装饰装修企业有违反规定的行为，或者应该审批未经审批的行为，应当立即制止；已造成事实后果或者拒不改正的，应当及时报告有关部门依法处理。对装修人或者装饰装修企业违反住宅室内装饰装修管理服务协议的，追究违约责任。

物业管理单位应当按照装饰装修管理服务协议进行现场检查，对违反法律、法规和装饰装修管理服务协议的，应当要求装修人和装饰装修企业纠正，并将检查记录存档。装修人不得拒绝和阻碍物业管理单位依据住宅室内装饰装修管理服务协议的约定，对住宅室内装饰装修活动的监督检查。物业管理单位发现装修人或者装饰装修企业有违反本办法规定的行为不及时向有关部门报告的，由房地产行政主管部门给予警告，可处装饰装修管理服务协议约定的装饰装修管理服务费2~3倍的罚款。

（3）禁止行为

禁止物业管理单位向装修人指派装饰装修企业或者强行推销装饰装修材料。

4）行政主管部门应遵守的法律规定

国务院建设行政主管部门负责全国住宅室内装饰装修活动的管理工作。省、自治区人民政府建设行政主管部门负责本行政区域内的住宅室内装饰装修活动的管理工作。直辖市、市、县人民政府房地产行政主管部门负责本行政区域内的住宅室内装饰装修活动的管理工作。

有关部门的工作人员接到物业管理单位对装修人或者装饰装修企业违法行为的报告后，未及时处理，玩忽职守的，依法给予行政处分（政务处分）。

5）物业装饰装修相关费用的法律规定

（1）装修押金

国家没有明确规定装修押金的收取问题，但由于装饰装修过程中存在较大安全隐患,例如装修人擅自改变结构、损坏节能设施、乱搭乱建、装修企业野蛮施工等。除了法律手段以外,用经济手段可以起到较好的预警作用。因此,物业服务企业可以通过签订装饰装修管理服务协议向装修人或者装修企业收取一定的装修押金,具体金额双方协商。

(2)装修管理费

装饰装修过程中,物业区域内,装饰装修施工人员构成复杂、物资进入频繁、矛盾比较集中,物业服务企业在此过程中确实要投入人力物力进行管理和约束。因此,物业服务企业可以通过签订装饰装修管理服务协议向装修企业收取一定的装修管理费用,具体金额双方可以协商,地方有规定的,按照地方规定执行。如成都市物价局、成都市房产管理局关于贯彻实施《四川省物业服务收费管理细则》意见的通知第十二款中明确规定:按照《住宅室内装饰装修管理办法》签订室内装饰装修管理服务协议的装修管理,其管理服务费用按照以下标准执行,并在协议中明确:按照房屋建筑面积和装修工期向装修施工方收取管理服务费用,电梯住宅按不高于 0.03 元/(平方米·天),其他住宅不高于 0.02 元/(平方米·天)的标准计算。物业服务企业收取了装修管理服务费用,不得再收取装修工出入证工本费、电梯使用费等其他费用。造成共同部位、公共设施设备损坏等的,费用由责任人另行承担。

(3)装修垃圾清运费

装修人或者装修企业可以自行清运装修垃圾,也可以委托物业服务企业清运装修垃圾。委托物业服务企业清运垃圾的,物业服务企业可以通过签订装饰装修管理服务协议向装修人或装修企业收取一定的装修垃圾清运费,具体金额双方可以协商,地方有规定的,按照地方规定执行。如成都市物价局、成都市房产管理局关于贯彻实施《四川省物业服务收费管理细则》意见的通知第十二款中明确规定:委托物业服务企业清运装修垃圾的,清运费标准按建筑面积不高于 2 元/平方米收取,具体由装修人或装修企业与物业服务企业协商约定。

案例分析

案例 5.1 卫生间装修使地面结构层和防水层受到破坏

而引发的赔偿纠纷案

【案情介绍】

2021 年 6 月,某花园小区业主王某决定对自己的住房进行装修。他敲掉了卫生间地面的瓷砖,代之以"马赛克",结果使卫生间地面的结构层和防水层受到破坏,楼下业主陈某的卫生间因此出现了渗水问题。两家从此矛盾不断,经反复调解无效后,陈某一纸诉状将王某告上了法庭。

案例评析5.1

案例 5.2   装修时因暖气管道改线及在承重墙凿孔引发的赔偿纠纷案

【案情介绍】

2021 年 12 月,杨某决定对自己的房屋进行装修,先对原暖气管道改线以增加冬季洗澡的温度,造成供暖水流阻滞,结果使楼下 5 户居民的暖气温度一直上不去,冬季室温甚至达不到 10 ℃。杨某随后又在承重墙上打了一个高 2 米、宽 1 米的长方形空间,准备设置一个"隐形酒柜",结果使一墙之隔的业主李某家中已经贴好的壁画出现鼓泡和局部破裂的现象,同时,杨某在承重墙上的凿孔行为也给建筑物的安全造成了隐患。经反复调解无效后,众多业主将杨某和物业服务企业告上了法庭。

案例评析5.2

案例 5.3   自改变专有部分用途的,物业服务公司是否承担责任

【案情介绍】

李某和王某是邻居,李某住 5 楼,王某住 6 楼。在装修时,楼下的李某发现自己卫生间的顶部漏水。没过几天,李某家衣柜中的衣服受潮,卧室和天花板开始滴水。李某便到王某家交涉,发现王某正在将主卧室改造成一个豪华卫生间,而将原设计的卫生间改作他用。李某立即向物业服务企业投诉,物业服务企业立即向王某发出要求其整改的紧急通知,但王某只答应解决漏水问题而拒绝整改,李某便将王某和物业服务企业一并诉至法院,要求王某拆除卫生设施,恢复原状,并要求物业服务企业承担赔偿责任。

案例评析5.3

【模拟判案 5】谭某能否封窗?

原告:谭某;被告:某物业服务公司

【案情介绍】

2021 年,某小区业主谭某对其自有房屋进行装修。因谭某封窗装修不符合与物业公司签订的装饰装修管理协议,该小区物业公司予以阻拦,并扣留部分装修材料。谭某将物业公司诉至区人民法院。

谭某诉称:房屋是其私有财产,如何封窗是他的自由,物业公司不应阻拦其装修。

物业服务公司辩称:谭某的行为已经严重违反了装饰装修管理协议,阻止其违规行为是合法履职。

请问模拟法官,该案该如何判决?

扫一扫,了解案件结果。

模拟判案5
结果

【模拟判案 6】阳光房改搭土建房

原告:某物业服务公司;被告:周某

【案情介绍】

2021 年 8 月 19 日,周某向物业公司提交了《单项工程施工申报表》,申报内容为"封闭二楼半、三楼露台作为玻璃阳光房",并签署了《搭建阳光房承诺书》,承诺按照《×市某小区搭建阳光房指引》施工,搭建阳光房。但周某装修时并没有按照申报内

容搭建阳光房,而是在露台上建起了土建房。物业公司发现后,立即制止周某并下达《告知书》及《整改通知书》,要求周某立即停止施工并拆除违建物恢复原样,但是周某并未停止施工,物业公司将周某起诉至法院,要求周某立即停止施工,拆除违建物,恢复原状。

请问模拟法官,该案该如何判决?

扫一扫,了解案件结果。

律师说法(扫下方二维码观看,内容动态更新)

39.住宅室内装修概念
40.住宅室内装修法律通则
41.室内装修活动禁止行为
42.室内装修活动限制性行为
43.特定装修施工资质管理
44.装修公司的责任
45.装饰装修的管理流程
46.装饰装修的质量责任
47.装修过程中的其他法律责任

本章小结

物业装饰装修,是指为使建筑物、构筑物内外空间达到一定的环境质量要求,使用装饰装修材料,对建筑物、构筑物外表和内部进行修饰处理的工程建筑活动。物业装饰装修按不同标准有不同的分类,物业管理中涉及的装饰装修管理主要是原有房屋装饰装修。目前,国家对住宅室内装饰装修有明确的法律规定,非住宅可以参照执行。装饰装修管理措施主要有制订物业装饰装修管理规定、业主装饰装修开工申报管理规定,签订装饰装修管理服务协议,物业服务企业装饰装修过程中的监督检查,物业服务企业参与装饰装修工程的竣工验收等。

由于物业装饰装修涉及物业的整体安全和美观,国家对装修的范围、装修管理、装修质量安全都有明确规定,也对装修人、装饰装修企业、物业服务企业、行政主管部门的权利和义务作了明确规定,装修人要依法装修,装饰装修企业要依法施工,物业服务企业要依法监督,行政主管部门要依法管理,否则就要承担相应的法律责任,造成损失的,还要承担民事法律责任。因此,各方主体要树立良好的法治意识,提升法律素养,对于装饰装修过程中存在的问题能运用法律知识发现、分析和解决。物业装饰装修中还涉及了一些费用的收取,物业服务企业不得乱收费,但可以通过协议约定收取装修押金、装修管理费、装修垃圾清运费等,地方有规定的,按照地方规定执行。

习　题

一、单项选择题

1.非业主的住宅使用人对住宅室内进行装饰装修,应当取得(　　　)的书面同意。

　　A.物业服务企业　　　B.房屋管理机构　　　C.建设单位　　　D.业主

2.对物业管理区域内违反有关治安、环保、物业装饰装修和使用等方面法律、法规规定的行为,物业服务企业应当(　　　),并及时向有关行政管理部门报告。

　　A.制止　　　　　　　B.劝告　　　　　　　C.投诉　　　　　　D.阻止

3.业主装饰装修房屋的,应当事先告知(　　　),遵守物业服务人提示的合理注意事项,并配合其进行必要的现场检查。

　　A.装修施工队　　　　　　　　　　　B.装修设计团队

　　C.有相邻关系的业主　　　　　　　　D.物业服务人

4.在正常使用条件下,住宅室内装饰装修工程的最低保修期限为(　　　)年,有防水要求的厨房、卫生间和外墙面的防漏为(　　　)年,保修期自住宅室内装饰装修工程竣工验收合格之日起计算。

　　A.1;3　　　　　　　B.2;5　　　　　　　C.3;5　　　　　　D.2;3

5.将没有防水要求的房间或者阳台改为卫生间、厨房间的,或者拆除连接阳台的砖、混凝土墙体的,由城市房地产行政主管部门责令改正,对装饰装修企业处(　　　)的罚款。

　　A.500~1 000元　　　　　　　　　　B.1 000~5 000元

　　C.5 000~10 000元　　　　　　　　　D.1 000~10 000元

二、多项选择题

1.住宅室内装饰装修,是指住宅竣工验收合格后,(　　　)对住宅室内进行装饰装修的建筑活动。

　　A.业主　　　　　　　B.物业服务企业　　　C.装饰企业　　　D.住宅使用人

2.(　　　)应当与物业服务企业签订住宅室内装饰装修管理服务协议。

　　A.装修人　　　　　　　　　　　　　B.装修人和装饰装修企业

　　C.建设单位　　　　　　　　　　　　D.主管部门

3.按照物业装饰装修施工过程的先后顺序进行分类,装饰装修可分为(　　　)。

　　A.新建房屋装修　　　B.二次装饰　　　　　C.初装饰　　　　D.原有房屋装修

4.下列属于住宅室内装饰装修活动明确禁止的行为有(　　　)。

　　A.将没有防水要求的房间或者阳台改为卫生间

　　B.扩大承重墙上原有的门窗尺寸,拆除连接阳台的砖、混凝土墙体

　　C.搭建建筑物、构筑物

　　D.改变住宅外立面,在非承重墙外墙开门、窗

5.住宅室内装饰装修工程竣工后,装饰装修企业负责采购装饰装修材料及设备的,应当向业主提交(　　　)。

　　A.说明书　　　　　　B.保修单　　　　　　C.质量保证书　　D.环保说明

三、判断题

　　1.任何单位和个人对住宅室内装饰装修中出现的影响公众利益的质量事故、质量缺陷以及其他影响周围正常生活的行为,都有权检举、控告、投诉。　　　　（　　）

　　2.住宅室内装饰装修工程发生纠纷的,可以协商或者调解解决。不愿协商、调解或者协商、调解不成的,可以依法申请仲裁或向人民法院起诉。　　　　（　　）

　　3.物业管理单位发现装修人或者装饰装修企业有违反规定的行为不及时向有关部门报告的,由房地产行政主管部门给予警告,可处物业服务费 2~3 倍的罚款 。（　　）

　　4.装修人未申报登记进行住宅室内装饰装修活动的,由城市房地产行政主管部门责令改正,处 1 千元以上 5 千元以下的罚款。　　　　（　　）

　　5.装饰装修企业从事住宅室内装饰装修活动,应当遵守施工安全操作规程,按照规定采取必要的安全防护和消防措施,可以动用明火和进行焊接作业,但是需要保证作业人员和周围住房及财产的安全。　　　　（　　）

四、简答题

　　1.装修人与装饰装修企业签订的住宅室内装饰装修合同应该包含哪些内容?

　　2.住宅室内装饰装修有哪些禁止行为?

　　3.住宅室内装饰装修管理服务协议应当包含哪些方面的内容?

　　4.业主向物业服务企业进行房屋装饰装修申报登记时,应当提交哪些材料?

　　5.装饰装修企业从事住宅室内装饰装修活动,如何做好室内质量环境管理?

五、案例分析题

　　1.2021 年 3 月,张某购得现房住宅一套。2021 年 5 月,张某组织了一支装修施工队伍进行装修,并未到物业服务中心进行装修申报登记,在装修过程中,张某认为供暖管道、燃气管道的位置不妥,擅自进行了拆改。物业服务企业在巡查过程中,制止了张某的违规行为,并要求其进行装修申报。张某认为房子是他的私产,物业服务企业没有理由提出申报的要求,拒不配合。对此,物业服务企业对其装修行为进行了制止,并上报有关部门。

　　结合所学的相关知识和案情回答以下问题:

　　(1)张某的上述行为是否违反了物业管理相关法规? 为什么?

　　(2)张某拆改供暖、燃气管道应当承担什么样的法律责任? 若确需拆改,应该取得什么单位的批准?

　　(3)住宅物业进行装修申报,需要提交的材料有哪些?

　　2.巩小姐于 2022 年买入某苑一物业,前几天巩小姐接到管理处主任的电话,说巩小姐楼下邻居反映巩小姐的洗手间漏水,想请巩小姐将整个洗手间地板重新翻修一次,并说漏水的原因是该洗手间防水措施没弄好,巩小姐认为防水措施没有问题,几经磋商后,巩小姐又提出要求翻修费用应楼上、楼下各付一半,因楼下是受益者。

　　结合所学的相关知识和案情回答以下问题:

　　(1)楼上漏水的维修费用应该由谁承担? 可以要求楼下分担吗?

　　(2)物业服务企业在住宅室内装饰装修过程中,应履行什么职责?

第**6**章
物业使用和维护的法律规定

【本章导学】

通过本章的学习,要求了解物业共用部位、共用设施设备的概念、分类和组成;了解物业共用部位、共用设施设备使用和修缮的概念,熟悉物业共用部位、共用设施设备使用和修缮的内容,熟悉国家有关物业共用部位、共用设施设备使用和修缮的法律规定,掌握业主和物业服务企业常见的违反物业共用部位、共用设施设备使用和维护的行为以及应承担的法律责任,树立良好的公民意识和集体意识,运用法律的手段维护公共安全和公共利益。

6.1 物业共用部位、共用设施设备概述

6.1.1 物业共用部位、共用设施设备的概念

由于现代建筑物通常为多人所有,从而产生了十分复杂的法律关系。第一,每个所有人对专属自己的、在构造上和使用上具有独立性的专有部分,依法享有占有、使用、收益和处分权,并排除他人干涉的权利,从而产生了各个所有人对建筑物的所有关系;第二,每个所有人对建筑物的共有部分享有共同使用和收益的权利,从而在他们之间产生了对建筑物共有部分的共有关系;第三,每个所有人对整个建筑物享有和承担管理、维护和修缮的权利和义务,从而在他们之间产生了作为建筑物管理团体的共同管理关系。

这种多人共同拥有一栋建筑物时,各个所有人所享有的权利就是建筑物区分所有权。《民法典》第二百七十一条规定:"业主对建筑物内的住宅、经营性用房等专有部分享有所有权,对专有部分以外的共有部分享有共有和共同管理的权利。"共有部分由多个业主共同使用,包括建筑物的共用部位、共用设施设备。

1) 物业共用部位

这里所说的物业共用部位,是指单幢建筑物的共用部位。《住宅专项维修资金管理办法》第三条规定:"共用部位是指住宅主体承重结构部位(包括基础、内外承重墙体、柱、梁、楼板、屋顶等)、户外墙面、门厅、楼梯间、走廊通道等。"

2) 物业共用设施设备

《住宅专项维修资金管理办法》第三条还对共用设施设备进行了规定:"共用设施设备是指住宅小区或单幢住宅内,建设费用已分摊进入住房销售价格的共用的上下水管道、落水管、水箱、加压水泵、电梯、天线、供电线、照明、锅炉、暖气线路、煤气线路、消防设施、绿地、道路、路灯、沟渠、池、井、非经营性车场车库、公益性文体设施和共用设施设备使用的房屋等。"

从我国法律法规和物业管理实务上说,各业主对共有部分是拥有份额的,这种份额根据各业主对专有部分享有所有权的情况确定(一般按业主享有的专有部分的面积),但这种份额又是抽象的,不能说建筑物某个确定的部分是某一业主的份额;各业主对共有部分的份额不同,则对共有部分享有不同的收益权利和承担不同的义务。

各业主尽管对共有部分拥有不同的份额,但对共有部分的使用权是平等的。各业主对共有部分的使用权平等,是指不能因为各业主的份额不同而对业主共有部分的使用权进行区别,或者当共用设施设备不能同时使用时,则轮流使用的时间不能做比例上的区别。

同时,在建筑物存续期间,共有部分不能分割。各业主不能要求分割共有部分,不得单独转让或拆除其对共有部分所拥有的份额,否则将会使业主对共用部位、共用设施设备的使用出现问题,或者会危及建筑物的安全。《民法典》第二百七十三条规定:"业主对建筑物专有部分以外的共有部分,享有权利,承担义务;不得以放弃权利为由不履行义务。业主转让建筑物内的住宅、经营性用房,其对共有部分享有的共有和共同管理的权利一并转让。"当建筑物废弃后,实物可以在分割以后按业主份额比例取走;当实物不能分割时,可在实物整体拍卖后分割价款。

6.1.2　物业共用部位、共用设施设备分类

1) 按物业区域的不同分类

按物业区域的不同进行分类可分为建筑物共有部分中的共用部位、共用设施设备和建筑区划共有部分中的共用设施设备。

2) 按共有的性质分类

按共有的性质分类可分为按份共有和共同共有。按份共有是指共有人对共有的

不动产或者动产按照其份额享有所有权。共同共有是指共同共有人对共有的不动产或者动产共同享有所有权。在我国的物业管理实践中,业主对物业共用部位、共用设施设备一般是共同占有、使用,依专有部分比例享有收益分配和共同管理的权利。

3)按业主的多少分类

根据业主的多少分类可分为全体共有部分中的共用部位、共用设施设备和部分共有部分中的共用部位、共用设施设备。这种分类,是基于房屋的结构,考查公用部位是为全体共有还是为部分共有,要视建筑物的构造部分、附属设施设备的具体情况而定。在一般情况下,基地、屋顶、承重结构等基本的建筑物构造部分是维持建筑物存在必不可少的,属于全体共有部分,而其他部分可以是全体共有也可以是部分共有。如在连幢式大楼中各个单元的电梯、楼门、管道等就属于各个单元的业主们分别共用,不能跨单元共用。

在部分共有中,还可以根据共有人的多少再进行细分,直至达到再细分就是专有部分为止。譬如前述连幢式大楼的走廊,除了全单元共有部分,每一层的业主对所在层的走廊又是共有的。

4)法定共有部分中的共用部位、共用设施设备和约定共有部分中的共用部位、共用设施设备

(1)法定共有部分中的共用部位、共用设施设备

法定共有部分,是指基于建筑物使用性能、构造上不可分割的部分或基于法律法规规定属于业主共有的部分。

《民法典》在第二百七十四条规定:"建筑区划内的道路,属于业主共有,但是属于城镇公共道路的除外。建筑区划内的绿地,属于业主共有,但是属于城镇公共绿地或者明示属于个人的除外。建筑区划内的其他公共场所、公用设施和物业服务用房,属于业主共有。"第二百七十五条规定:"建筑区划内,规划用于停放汽车的车位、车库的归属,由当事人通过出售、附赠或者出租等方式约定。占用业主共有的道路或者其他场地用于停放汽车的车位,属于业主共有。"第二百七十六条规定:"建筑区划内,规划用于停放汽车的车位、车库应当首先满足业主的需要。"

《物业管理条例》第十一条业主共同决定事项中规定,下列事项由业主共同决定:(一)制定和修改业主大会议事规则;(二)制定和修改管理规约;(三)选举业主委员会或者更换业主委员会成员;(四)选聘和解聘物业服务企业;(五)筹集和使用专项维修资金;(六)改建、重建建筑物及其附属设施;(七)有关共有和共同管理权利及其重大事项。

另外,《民法典》第二百七十八条还增加了一项改变共有部位的用途或利用共有部分从事经营活动,也需由业主共同决定。

例如:物业管理用房的所有权依法属于业主。未经业主大会同意,物业服务企业不得改变物业管理用房的用途。

各省市的地方性法规也对物业共用部位和共用设施设备的归属做了相应的规定。

（2）约定共有部分中的共用设施设备

所谓约定共有部分，是指通过《物业服务合同》或者《前期物业服务合同》《管理规约》等约定共用部位、共用设施设备的产权归属。原则上具有利用上和构造上的独立性部分应当是专有部分，但在有共有约定的情况下，某些部分可以作为共有部分，如门卫室、共用洗手间及厨房等。

6.1.3　物业共用部位、共用设施设备管理的主要内容

1）使用管理

根据管理规约、物业服务合同对物业管理区域内共用部位、共用设施设备进行管理，使共用部分、共用设施设备正常运行，避免责任事故。

2）维修管理

根据国家标准、管理规约、物业服务合同对物业管理区域内共用部位、共用设施设备做好巡查、检查、维修、养护管理工作，使共用部分、共用设施设备运行状态良好，及时排除故障，避免安全事故。

6.1.4　物业共用部位、共用设施设备管理的主要措施

①协助拟定物业管理区域共用部位、共用设施设备使用、维护的规章制度。

②制定物业服务企业物业共用部位、共用设施设备管理流程、标准。可以参考如下：

a.主出入口设有小区平面示意图，主要路口设有路标，组团及幢、单元（门）、户门标号标志明显。

b.无擅自改变房屋用途现象。

c.维修服务承诺制，零修急修及时率 100%、返修率不高于 1%，并有回访记录。

d.共用设施设备运行、使用及维护按规定要求应有记录，无事故隐患，专业技术人员和维护人员严格遵守操作规程与保养规范。

e.室外共用管线统一入地或公共管道，无架空管线，无碍观瞻。

f.排水、排污管道通畅，无堵塞外溢现象。

g.道路通畅，路面平整；井盖无缺损、无丢失，路面井盖不影响车辆和行人通行。

h.供水设备运行正常，设施完好、无渗漏、无污染；二次生活用水有严格的保障措施，水质符合卫生标准；制订停水及事故处理方案。

i.制订供电系统管理措施并严格执行，记录完整；供电设备运行正常，配电室管理

符合规定,路灯、楼道灯等公共照明设备完好。

　　j.电梯按规定或约定时间运行,安全设施齐全,无安全事故,轿厢、井道保持清洁;电梯机房通风、照明良好;制订出现故障后的应急处理方案等。

　　③制订物业共用部位、共用设施设备管理岗位责任制。

　　④安排共用部位、共用设施设备管理人员;设施设备管理如水、暖、电等,一般都要求操作人员持证上岗。

　　⑤监督、考核共用部位、共用设施设备管理工作。

6.1.5　物业共用部位、共用设施设备管理的特点

　　物业管理中,对业主共有部分的物业管理包括对建筑物共有部分和住宅小区内共有部分的物业管理。物业管理主要是对物业共有、共用部分的管理,业主专有部分一般不是物业管理的对象。而对共有部分的物业管理具有业主共同决定和共同负责的特点。

　　(1)业主共同决定

　　对该共有部分的物业管理,由与该共有部分有关的全体业主共同决定物业管理内容、管理期间、管理深度以及委托哪家物业服务企业等。共同决定还意味着只有与该共有部分有关的业主才参加共同决定,其他人对此不得干涉。而是否有关就要看拟进行物业管理的共有部分是由哪些业主共同享有。如果与物业管理区域内的全体业主有关,就应当由业主共同决定。

　　《物业管理条例》第十一条规定:"下列事项由业主共同决定:(一)制定和修改业主大会议事规则;(二)制定和修改管理规约;(三)选举业主委员会或者更换业主委员会成员;(四)选聘和解聘物业服务企业;(五)筹集和使用专项维修资金;(六)改建、重建建筑物及其附属设施;(七)有关共有和共同管理权利及其重大事项。"另外,《民法典》第二百七十八条还增加了一项改变共有部位的用途或利用共有部分从事经营活动,也需由业主共同决定。

　　根据《业主大会和业主委员会指导规则》(建房〔2009〕274 号)第十七条:"业主大会决定以下事项:(一)制定和修改业主大会议事规则;(二)制定和修改管理规约;(三)选举业主委员会或者更换业主委员会委员;(四)制定物业服务内容、标准以及物业服务收费方案;(五)选聘和解聘物业服务企业;(六)筹集和使用专项维修资金;(七)改建、重建建筑物及其附属设施;(八)改变共有部分的用途;(九)利用共有部分进行经营以及所得收益的分配与使用;(十)法律法规或者管理规约确定应由业主共同决定的事项。"上述内容对业主大会履行的职责做出了规定。

　　业主委员会是业主大会的常设机构,因此,业主共同决定还体现在《物业管理条例》第十五条关于业主委员会职责的规定中,即"业主委员会执行业主大会的决定事项,履行下列职责:(一)召集业主大会会议,报告物业管理的实施情况;(二)代表业主与业主大会选聘的物业服务企业签订物业服务合同;(三)及时了解业主、物业使用

人的意见和建议,监督和协助物业服务企业履行物业服务合同;(四)监督管理规约的实施;(五)业主大会赋予的其他职责"。

对业主共同决定的限制只能来自更高的公共利益,譬如说在进行物业管理时不得影响市容、不得污染环境、不得非法经营、不得破坏绿化等。

(2)业主共同负责

对该共有部分进行物业管理所发生的费用及其他责任由有关的业主共同负担。如果该共有部分由全体业主享用,则物业管理的费用、责任由全体业主负担,但这时往往通过业主委员会先行负担。现行立法对费用负担的规定是较为详尽的。

在《物业管理条例》中,业主对共有部分共同负责体现在第七条规定中,即业主在物业管理活动中,履行"(一)遵守管理规约、业主大会议事规则;(二)遵守物业管理区域内物业共用部位和共用设施设备的使用、公共秩序和环境卫生的维护等方面的规章制度;(三)执行业主大会的决定和业主大会授权业主委员会作出的决定;(四)按照国家有关规定交纳专项维修资金;(五)按时交纳物业服务费用;(六)法律、法规规定的其他义务"等主要义务。

由于对共有部分的物业管理与相关业主的利益有关,因此需要一定的程序来严格约束这一活动。对于与部分业主有关的共用部分的物业管理,一般是由该部分业主协商决定,可以采取相关业主大会会议的形式。业主不得以自己不同意为借口拒绝。

6.2　物业共用部位、共用设施设备使用及法律规定

6.2.1　物业共用部位、共用设施设备使用概述

业主对物业共用部位、共用设施设备享有权利,也承担着相应的义务。

1)业主对共有部分的权利

①转让共有权和共同管理权权利。业主在转让专有部分的同时一并转让其对共有部分的共有权和共同管理权,无须其他业主同意的。

②对共有部分可以按照规划用途合理使用,不按份额区别。

③对共有部分的收益权。各业主有权按照各自对共有部分的比例获得共用部分的收益,如将共用的庭院出租获得收益,业主委员会经营共用部分所得,允许以屋顶做户外广告而取得报酬等。根据共同约定将收益先行用作物业管理费用支出、进行物业维修改良、设立物业管理维修基金的,应先扣除这些支出后再行按份额比例分割。

④对毁损和危害共有部分的行为有权制止,有权单独或与其他业主共同追究毁损人的责任,直至提起诉讼。

2)业主对共有部分的义务

①按照共有部分的正当用途使用共用部分。即指不得用作建筑物设计时规定之外的用途,如将走廊作为停车处,在楼梯拐角处堆放杂物等;如果另有共同约定的,则按该约定,如一个楼层的业主将所在楼层的水房改为洗浴室。但约定不得违反法律强制性规定,如不得将存放消防器材的地方封闭或改为存放杂物,将闲置的共用房间出租用作色情服务场所,将康乐场改为赌场。

②分摊共有部分的物业管理费用。

③维护共有部分。共有部分为各业主生活的共同需要,每位业主都应当注意维护,包括自己不毁损共有部分;制止其他业主和非业主毁损共有部分;减少自然毁损的机会和程度;在毁损发生后及时进行修缮;共同承担因毁损责任而支付的费用。

④承担与共有部分有关的法律责任。包括因共有部分造成的损害赔偿、不合法使用共有部分的法律责任、共有部分的法定税费。

6.2.2 物业共用部位、共用设施设备使用管理的法律规定

1)相关法律依据

①《民法典》《中华人民共和国城乡规划法》《城市房地产管理法》《中华人民共和国建筑法》《特种设备安全法》《消防法》《气象法》《固体废物污染环境防治法》;

②《城市房地产开发经营管理条例》《建设工程质量管理条例》《物业管理条例》《特种设备安全监察条例》《城镇排水与污水处理条例》《城市供水条例》《城镇燃气管理条例》《公共文化体育设施条例》《无障碍环境建设条例》;

③《房屋建筑工程质量保修办法》《城市危险房屋管理规定》;

④地方性法规,如《深圳经济特区物业管理条例》《四川省物业管理条例》等;

⑤《全国物业管理示范住宅小区、大厦、工业区标准及评分细则》(管理的参考依据)。

2)物业共用部位、共用设施设备使用管理的法律规定

(1)业主对共有部分既享有共有和共同管理的权利,也要承担相应的义务

业主有权对物业共有部分进行合理的使用,这是业主作为物业的所有人(或使用人)所享有的权利。对此,《民法典》做了明确规定,第二百七十一条规定:"业主对建筑物内的住宅、经营性用房等专有部分享有所有权,对专有部分以外的共有部分享有共有和共同管理的权利。"第二百七十二条规定:"业主对其建筑物专有部分享有占有、使用、收益和处分的权利。业主行使权利不得危及建筑物的安全,不得损害其他

业主的合法权益。"第二百七十三条规定:"业主对建筑物专有部分以外的共有部分,享有权利,承担义务;不得以放弃权利为由不履行义务。业主转让建筑物内的住宅、经营性用房,其对共有部分享有的共有和共同管理的权利一并转让。"

《物业管理条例》对业主就共用部分的权利和义务也进行了明确的规定,第六条第八款规定:业主在物业管理活动中,对物业共用部位、共用设施设备和相关场地使用情况享有知情权和监督权。第九款规定:业主在物业管理活动中,享有监督物业共用部位、共用设施设备专项维修资金(以下简称专项维修资金)的管理和使用。第七条第二款规定:业主在物业管理活动中,应遵守物业管理区域内物业共用部位和共用设施设备的使用、公共秩序和环境卫生的维护等方面的规章制度。

(2)应当按照共有部分的正当用途使用共有部分,不得擅自改变和占用

《民法典》第二百七十九条规定:"业主不得违反法律、法规以及管理规约,将住宅改变为经营性用房。业主将住宅改变为经营性用房的,除遵守法律、法规以及管理规约外,应当经有利害关系的业主一致同意。"

《物业管理条例》第四十九条规定:"物业管理区域内按照规划建设的公共建筑和共用设施,不得改变用途。业主依法确需改变公共建筑和共用设施用途的,应当在依法办理有关手续后告知物业服务企业;物业服务企业确需改变公共建筑和共用设施用途的,应当提请业主大会讨论决定同意后,由业主依法办理有关手续。"

《物业管理条例》第六十二条规定:"违反本条例的规定,未经业主大会同意,物业服务企业擅自改变物业管理用房的用途的,由县级以上地方人民政府房地产行政主管部门责令限期改正,给予警告,并处 1 万元以上 10 万元以下的罚款;有收益的,所得收益用于物业管理区域内物业共用部位、共用设施设备的维修、养护,剩余部分按照业主大会的决定使用。"

《物业管理条例》第六十三条规定:"违反本条例的规定,有下列行为之一的,由县级以上地方人民政府房地产行政主管部门责令限期改正,给予警告,并按照本条第二款的规定处以罚款;所得收益,用于物业管理区域内物业共用部位、共用设施设备的维修、养护,剩余部分按照业主大会的决定使用:(一)擅自改变物业管理区域内按照规划建设的公共建筑和共用设施用途的;(二)擅自占用、挖掘物业管理区域内道路、场地,损害业主共同利益的;(三)擅自利用物业共用部位、共用设施设备进行经营的。个人有前款规定行为之一的,处 1 000 元以上 1 万元以下的罚款;单位有前款规定行为之一的,处 5 万元以上 20 万元以下的罚款。"

3)利用共有部分进行经营必须依法进行

《民法典》第二百八十二条规定:"建设单位、物业服务企业或者其他管理人等利用业主的共有部分产生的收入,在扣除合理成本之后,属于业主共有。"第二百八十三条规定:"建筑物及其附属设施的费用分摊、收益分配等事项,有约定的,按照约定;没有约定或者约定不明确的,按照业主专有部分面积所占比例确定。"

《物业管理条例》第五十四条规定:"利用物业共用部位、共用设施设备进行经营

的,应当在征得相关业主、业主大会、物业服务企业的同意后,按照规定办理有关手续。业主所得收益应当主要用于补充专项维修资金,也可以按照业主大会的决定使用。"

6.3 物业共用部位修缮及法律规定

6.3.1 物业共用部位修缮概述

1) 物业修缮的概念及特点

物业修缮是指物业管理部门对所经营管理的房屋进行修复、维护和改建的活动。通过对房屋的正常维护和保养,不仅可以防止和控制房屋在使用过程中受各种因素的影响,还可以保障业主或使用人的安全和对物业的正常使用。

2) 物业修缮的特点

与新建房屋相比较,物业修缮具有以下特点:

(1)修缮条件上的限制性

物业修缮是在原有房屋建筑基础上进行的,工作上受到很大的条件限制。比如受到原作业场地条件、环境、原有建筑风格以及相邻建筑的局限,设计与施工都只能在一定范围内进行,修缮活动很难做出超越客观环境的创新。

(2)修缮范围上的复杂性

物业修缮是在旧房屋范围内进行,是对房屋的构件、部分项目定期或不定期地进行维修,或进行局部或全局的更新、修复。这是房屋随着其推移和使用过程的进行而发生的修缮管理上的广泛性和分散性决定的。但是,由于房屋修缮项目多、涉及面广、零星分散,各类房屋装修材料的品种、规格多,每一幢单体房屋差不多都是独立设计的,又几乎都有其独特的形式和结构,这也使房屋的修缮管理呈现复杂性。只有根据不同的设计、不同的结构,按照不同的技术要求,制订不同的修缮方案,实施不同的措施和管理方法,通过不断的总结、研究,才能达到业主的标准和要求。

(3)修缮管理上的经营性

物业服务企业对房屋的修缮活动实行市场化管理,即物业服务企业对各类产权的房屋修缮实行有偿服务,其费用由租赁者、使用人及委托人承担。物业服务企业的有偿服务收入即为企业的经营性收入。

3) 房屋修缮工程分类

根据房屋完损状况,修缮工程分为5类:翻修、大修、中修、小修、综合维修。

（1）翻修工程

凡需要全部拆除、另行设计、重新建造的工程为翻修工程。翻修工程主要适用于：

a.主体结构严重损坏，丧失正常使用功能，有倒塌危险的房屋；

b.因自然灾害破坏严重，不能再继续使用的房屋；

c.地处陡峭斜坡地区的房屋，或地势低洼长期积水无法排出地区的房屋；

d.无修缮价值的房屋；

e.基本建设规划范围内需要拆迁重建的房屋。

翻修工程的基本要求是：应尽量利用旧料，其费用应低于该建筑物同类结构的新建造价。翻修后的房屋必须符合完好房屋标准要求。

（2）大修工程

凡需牵动或拆换部分主体构件，但不需全部拆除的工程为大修工程。大修工程主要适用于严重损坏的房屋。大修工程的基本要求为：一次费用在该建筑物同类结构新建造价的 25% 以上。大修后的房屋必须符合基本完好或完好标准的要求。

（3）中修工程

凡需牵动或拆除少量主体构件，但保持原房的规模和结构的工程为中修工程。中修工程主要适用于一般损坏房屋。中修工程的基本要求为：一次费用在该建筑物同类结构新建造价的 20% 以下。中修后的房屋 70% 以上必须符合基本完好或完好的要求。

（4）小修工程

凡以及时修复小损小坏，保持房屋原来完损等级为目的的日常养护工程为小修工程。小修工程的基本要求为：综合年均费用为所修房屋现时造价的 1% 以下。

（5）综合维修工程

凡成片多幢（大楼为单幢）大、中、小修一次性应修尽修的工程为综合维修工程。综合维修工程的基本要求为：一次费用应在该片（幢）建筑物同类结构新建造价的 20% 以下。综合维修后的房屋必须符合基本完好或完好标准的要求。

在传统房屋管理体制中，综合维修的竣工面积数量在统计时进入大修工程。物业共用部位的日常养护由物业服务企业进行，物业服务企业可以将中修以上的维修转包给专业房屋维修公司。

6.3.2　物业共用部位修缮的法律依据

物业共用部位修缮的主要法律依据有：

a.《物业管理条例》；

b.《城市房地产开发经营管理条例》；

c.《城市危险房屋管理规定》；

d.《危险房屋鉴定标准》；

e.《建设工程质量管理条例》；

f.《房屋建筑工程质量保修办法》；

g.《商品住宅实行住宅质量保证书和住宅使用说明书制度的规定》；

h.《房屋完损等级评定标准》；

i.《房屋渗漏修缮技术规程》；

j.《住宅专项维修资金管理办法》，以及地方政府出台的相关管理办法，如《成都市住宅专项维修资金管理办法》；

k.《全国物业管理示范住宅小区、大厦、工业区标准及评分细则》（建设部，2000年5月25日起执行）（管理的参考依据）；

l.《前期物业服务合同》或《物业服务合同》、管理规约等。

物业修缮的法律规定比较多，不同的法律法规对物业修缮的责任、程序、技术要求、费用分摊、管理目标做了相应的规定。

6.3.3 物业共用部位修缮的法律规定

1）物业修缮保修期的法律规定

2000年1月10日国务院第25次常务会议通过发布施行的《建设工程质量管理条例》第四十条规定："在正常使用条件下，建设工程的最低保修期限为：（一）基础设施工程、房屋建筑的地基基础工程和主体结构工程，为设计文件规定的该工程的合理使用年限；（二）屋面防水工程，有防水要求的卫生间、房间和外墙面的防渗漏，为5年；（三）供热和供冷系统，为2个采暖、供冷期；（四）电气管线、给排水管道、设备安装和装修工程，为2年。其他项目的保修期限由发包方与承包方约定。建设工程的保修期，自竣工验收合格之日起计算。"

《商品房销售管理办法》第三十三条规定："房地产开发企业应当对所售商品房承担质量保修责任。当事人应当在合同中就保修范围、保修期限、保修责任等内容做出约定。保修期从交付之日起计算。商品住宅的保修期限不得低于建设工程承包单位向建设单位出具的质量保修书约定保修期的存续期；存续期少于《规定》中确定的最低保修期限的，保修期不得低于《规定》中确定的最低保修期限。非住宅商品房的保修期限不得低于建设工程承包单位向建设单位出具的质量保修书约定保修期的存续期。在保修期限内发生的属于保修范围的质量问题，房地产开发企业应当履行保修义务，并对造成的损失承担赔偿责任。因不可抗力或者使用不当造成的损坏，房地产开发企业不承担责任。"

《商品住宅实行质量保证书和住宅使用说明书制度的规定》第三条："房地产开发企业在向用户交付销售的新建商品住宅时，必须提供《住宅质量保证书》和《住宅使用说明书》。《住宅质量保证书》可以作为商品房购销合同的补充约定。"

《规定》第四条："《住宅质量保证书》是房地产开发企业对销售的商品住宅承担

质量责任的法律文件,房地产开发企业应当按《住宅质量保证书》的约定,承担保修责任。商品住宅售出后,委托物业管理公司等单位维修的,应在《住宅质量保证书》中明示所委托的单位。"

《规定》第六条:"住宅保修期从开发企业将竣工验收的住宅交付用户使用之日起计算,保修期限不应低于本规定第五条规定的期限。房地产开发企业可以延长保修期。国家对住宅工程质量保修期另有规定的,保修期限按照国家规定执行。"

就开发建设方与建筑施工单位的关系而言,建设工程在保修期限内发生质量问题的,施工单位应当履行保修义务,并对造成的损失承担赔偿责任。但就开发建设方与其物业购买业主、承租使用人的关系而言,开发建设方应负物业保修责任,是物业保修第一责任人。

2) 物业修缮责任划分的法律规定

物业共有部分的损坏(或质量瑕疵),可分为自然损坏和人为损坏。发生自然损坏时,若在保修期内,由以上规定可以看出,开发建设方应负物业保修责任,是物业保修第一责任人,建筑施工单位是第二责任人;若在保修期外,由业主本人负责。当物业共有部分发生人为损坏时,应由损坏当事人承担责任。

《城市房地产开发经营管理条例》第三十条规定:"房地产开发企业应当在商品房交付使用时,向购买人提供住宅质量保证书和住宅使用说明书。住宅质量保证书应当列明工程质量监督单位核验的质量等级、保修范围、保修期和保修单位等内容。房地产开发企业应当按照住宅质量保证书的约定,承担商品房保修责任。保修期内,因房地产开发企业对商品房进行维修,致使房屋原使用功能受到影响,给购买人造成损失的,应当依法承担赔偿责任。"

《城市房地产开发经营管理条例》第三十一条规定:"商品房交付使用后,购买人认为主体结构质量不合格的,可以向工程质量监督单位申请重新核验。经核验,确属主体结构质量不合格的,购买人有权退房;给购买人造成损失的,房地产开发企业应当依法承担赔偿责任。"

《物业管理条例》第三十一条规定:"建设单位应当按照国家规定的保修期限和保修范围,承担物业的保修责任。"第五十一条规定:"供水、供电、供气、供热、通信、有线电视等单位,应当依法承担物业管理区域内相关管线和设施设备维修、养护的责任。"第五十五条规定:"物业存在安全隐患,危及公共利益及他人合法权益时,责任人应当及时维修养护,有关业主应当给予配合。责任人不履行维修养护义务的,经业主大会同意,可以由物业服务企业维修养护,费用由责任人承担。"

3) 物业修缮费用的法律规定

修缮费用应该由修缮责任人承担,需要动用维修资金的,按照法定程序进行。
(1)住宅专项维修资金的交存
《住宅专项维修资金管理办法》第一条指出:"为了加强对住宅专项维修资金的管

理,保障住宅共用部位、共用设施设备的维修和正常使用,维护住宅专项维修资金所有者的合法权益,根据《物权法》《物业管理条例》等法律、行政法规,制定本办法。"第六条规定:"下列物业的业主应当按照本办法的规定交存住宅专项维修资金:(一)住宅,但一个业主所有且与其他物业不具有共用部位、共用设施设备的除外;(二)住宅小区内的非住宅或者住宅小区外与单幢住宅结构相连的非住宅。前款所列物业属于出售公有住房的,售房单位应当按照本办法的规定交存住宅专项维修资金。"

《住宅专项维修资金管理办法》第七条规定:"商品住宅的业主、非住宅的业主按照所拥有物业的建筑面积交存住宅专项维修资金,每平方米建筑面积交存首期住宅专项维修资金的数额为当地住宅建筑安装工程每平方米造价的5%至8%。直辖市、市、县人民政府建设(房地产)主管部门应当根据本地区情况,合理确定、公布每平方米建筑面积交存首期住宅专项维修资金的数额,并适时调整。"

《住宅专项维修资金管理办法》第八条规定:"出售公有住房的,按照下列规定交存住宅专项维修资金:(一)业主按照所拥有物业的建筑面积交存住宅专项维修资金,每平方米建筑面积交存首期住宅专项维修资金的数额为当地房改成本价的2%;(二)售房单位按照多层住宅不低于售房款的20%、高层住宅不低于售房款的30%,从售房款中一次性提取住宅专项维修资金。"

《住宅专项维修资金管理办法》第九条规定:"业主交存的住宅专项维修资金属于业主所有。从公有住房售房款中提取的住宅专项维修资金属于公有住房售房单位所有。"

(2)住宅专项维修资金的使用流程

《住宅专项维修资金管理办法》第二十二条规定:"住宅专项维修资金划转业主大会管理前,需要使用住宅专项维修资金的,按照以下程序办理:(一)物业服务企业根据维修和更新、改造项目提出使用建议;没有物业服务企业的,由相关业主提出使用建议。(二)住宅专项维修资金列支范围内专有部分占建筑物总面积2/3以上的业主且占总人数2/3以上的业主讨论通过使用建议。(三)物业服务企业或者相关业主组织实施使用方案。(四)物业服务企业或者相关业主持有关材料,向所在地直辖市、市、县人民政府建设(房地产)主管部门申请列支;其中,动用公有住房住宅专项维修资金的,向负责管理公有住房住宅专项维修资金的部门申请列支。(五)直辖市、市、县人民政府建设(房地产)主管部门或者负责管理公有住房住宅专项维修资金的部门审核同意后,向专户管理银行发出划转住宅专项维修资金的通知。(六)专户管理银行将所需住宅专项维修资金划转至维修单位。"

《住宅专项维修资金管理办法》第二十三条规定:"住宅专项维修资金划转业主大会管理后,需要使用住宅专项维修资金的,按照以下程序办理:(一)物业服务企业提出使用方案,使用方案应当包括拟维修和更新、改造的项目、费用预算、列支范围、发生危及房屋安全等紧急情况以及其他需临时使用住宅专项维修资金的情况的处置办法等。(二)业主大会依法通过使用方案。(三)物业服务企业组织实施使用方案。(四)物业服务企业持有关材料向业主委员会提出列支住宅专项维修资金;其中,动用公有住房住宅专项维修资金的,向负责管理公有住房住宅专项维修资金的部门申请列支。(五)业主委员会依据使用方案审核同意,并报直辖市、市、县人民政府建设(房地产)主管部门备案;动用公有住房住宅专项维修资金的,经负责管理公有住房住宅专项维修资金的部门审核同意;直辖市、市、县人民政府建设(房地产)主管部门或者负责管理公有住房住宅专项维修资金的部门发现不符合有关法律、法规、规章和使用方案的,应当责令改正。(六)业主委员会、负责管理公有住房住宅专项维修资金的部门向专户管理银行发出划转住宅专项维修资金的通知。(七)专户管理银行将所需住宅专项维修资金划转至维修单位。"

《住宅专项维修资金管理办法》第二十四条规定:"发生危及房屋安全等紧急情况,需要立即对住宅共用部位、共用设施设备进行维修和更新、改造的,按照以下规定列支住宅专项维修资金:(一)住宅专项维修资金划转业主大会管理前,按照本办法第二十二条第四项、第五项、第六项的规定办理;(二)住宅专项维修资金划转业主大会管理后,按照本办法第二十三条第四项、第五项、第六项和第七项的规定办理。发生前款情况后,未按规定实施维修和更新、改造的,直辖市、市、县人民政府建设(房地产)主管部门可以组织代修,维修费用从相关业主住宅专项维修资金分户账中列支;其中,涉及已售公有住房的,还应当从公有住房住宅专项维修资金中列支。"

(3)不得使用住宅专项维修资金的情况

《住宅专项维修资金管理办法》第二十五条规定:"下列费用不得从住宅专项维修资金中列支:(一)依法应当由建设单位或者施工单位承担的住宅共用部位、共用设施设备维修、更新和改造费用;(二)依法应当由相关单位承担的供水、供电、供气、供热、通讯、有线电视等管线和设施设备的维修、养护费用;(三)应当由当事人承担的因人为损坏住宅共用部位、共用设施设备所需的修复费用;(四)根据物业服务合同约定,应当由物业服务企业承担的住宅共用部位、共用设施设备的维修和养护费用。"

4)物业修缮标准及质量管理

(1)物业修缮标准

房屋按照不同的结构、装修、设备条件,将房屋修缮分成"一等"和"二等以下"两类,具体参见《房屋修缮范围和标准》、各项房屋修缮的技术规程以及《全国物业管理示范住宅小区、大厦、工业区标准及评分细则》的有关内容。

(2)房屋修缮质量管理

根据有关规定,城市房屋在中修以上的,房屋所有人或者修缮责任人必须到房屋所在地的有关质量监督机构办理质量监督手续,未办理质量监督手续的,不得施工,并且应先进行勘察设计,严格按照设计组织施工。竣工后由房屋管理部门或者房屋所在地的县级以上地方房地产行政主管部门按照国家建设部颁发的有关房屋修缮工程质量检验标准和工程技术规定,组织质量检验评定。凡检验评定不合格的工程,不得交付使用。

房屋工程实行保修制度,工程保修质量的内容和期限应当在工程合同中载明。在修缮过程中发生重大事故的,应由县级以上地方房地产行政主管部门会同有关部门调查处理。

6.4 物业共用设施设备修缮及法律规定

6.4.1 物业共用设施设备修缮概述

1)物业设施设备的概念及分类

物业设施设备是指附属于建筑物的各类设施设备的总称,它是构成房屋建筑实物不可分割的有机组成部分,是发挥物业功能和实现物业价值的物业基础和必要条件。现代化城市的发展,使人们对房屋建筑及附属设施设备的功能要求提高,同时也对房屋设施设备的维修与管理提出了更高的要求。从物业管理的角度看,物业设施设备配套的完备性、合理性与先进性,为人们改善房屋建筑住用环境提供了物质基础和条件。我国城市常用的物业设备主要有以下4大类:

(1)房屋建筑卫生设备

①供水设备。它是指房屋设备中用来提供水源,以提供适当的工作或生活条件的部分。从整个供水系统看,可以划分为供水箱、供水泵、水表、供水管网等4个方面的内容。按用途分,可分为生产给水系统、生活给水系统和消防给水系统3大类。

②排水设备。它是指房屋设备中用来排除生活污水和雨雪水的部分。它包括排水管道系统、通风管、清通设备、抽升设备、室外排水管、污水局部处理构筑物等。根据所接纳污(废)水的性质,建筑物内部装置的排水管可分为生活污水管道、工业废水管道、室内雨水管道等3类。

③卫生设备。它是指房屋设备中的卫生部分,主要包括浴缸、水盆、浴盆、小便池、抽水马桶、冲洗盆等。

④房屋的热水供应设备。它是指房屋设备中的热水供应部分,包括沐浴器、热水表、加热器、循环管、供热水管道、冷水箱、自动温度调节器、减压阀等。

⑤消防设备。它是指房屋中的消防安全装置部分,包括供水箱、灭火器、灭火瓶、消防箱、喷头等。

(2)燃气设备

①厨房设备。它是指房屋设备中用来做饭菜的部分,包括烤炉、烘箱、灶台、洗菜盆、工作台、冰箱、冰柜等。

②燃气设备。它是指房屋设备中的燃气供应部分,包括煤气灶、煤气管、煤气表、

天然气管网等。

（3）供暖、供冷、通风设备

①供暖设备。它是指房屋设备中用于供暖的部分，包括锅炉、壁炉、水汀片、回龙泵、鼓风机等。

②供冷设备。它是指房屋设备中可使空气流动、冷却的部分，主要有冷气机、空调机、深井泵、冷却塔、电扇、回龙泵等。

③通风设备。它是指房屋设备中的通风部分，包括通风机、排气口及一些净化除尘设备。

（4）电气工程设备

①供电设备。它是指房屋设备中的供电部分，主要有电表、总开关、供电线路、户外型负荷开关、户内型漏电保护自动开关、插座、照明器等。此外，在大型商业大厦、住宅区等规模较大的场合，供电设备还包括变压器房内设备、配电房设备及楼层配电箱等。

②弱电设备。它是指房屋设备中的弱电部分，包括公用天线电视系统设备、通信设备、广播设备、电脑设备等。

③运输设备。它是指房屋设备中的运输部分，主要有电梯和自动扶梯等两类。电梯按用途分为客梯、货梯、客货梯、消防梯及各种专用电梯，其组成一般包括：传动设备、升降设备、安全设备、控制设备等部分。自动扶梯在构造上同电梯相似，但比电梯简单，主要由驱动装置、运动装置、支承装置 3 个部分组成。

④防雷装置。建筑物防雷设施有针式和栅式两大类，其中避雷针又可分为单支、双支及多支保护等几种形式。避雷设施一般由接闪器、引下线和接地极 3 个部分组成。

随着经济的发展和科技的进步，新型的物业设施设备种类日益增多，随着一些现代化高科技设施设备以及综合化智能房屋的出现，使房屋建筑及附属设施设备向多样化、综合化的设施设备系统方向发展。这些不同种类的房屋设施设备装置不仅要求与建筑结构、设计与施工等相协调，而且要求科学的管理与维修，才能使房屋建筑物达到适用、经济、舒适的要求，高效地为人们的生产和生活服务。

2）物业设施设备管理及修缮的重要性

物业设施设备管理是指物业服务企业对物业中主体构造以外的附属于建筑物的各类设施设备的管理活动。物业设施设备管理水平的好坏，直接关系到人们能否正常生活、工作或从事其他活动。物业设备的完整程度、合理程度、先进程度，标志着物业管理水平的高低，同时也决定了物业的使用价值。例如，某些住宅小区装有电梯，由于物业服务企业维护不及时，导致电梯在使用时出现事故。事故的发生不仅给小区居民正常的生活和工作带来极大不便，而且还造成了重大人身伤害，物业服务企业也因损害赔偿责任而在经济上付出高昂的代价。因此，物业设施设备管理及修缮是物业管理的重要

工作,物业服务企业要极其重视,在进行物业设施设备管理及修缮时应注意:

①预防为主,坚持日常保养与按计划维修并重,使设备经常处于良好状态。

②对房屋设备做到"三好""四会"和"五定"。"三好"是指用好、修好和管理好重要的房屋设备。"四会"是指物业维修人员对房屋设备要会使用、会保养、会检查、会排除故障。"五定"是指房屋主要设备的清洁、润滑、检修要做到定量、定人、定点、定时和定质。

③实行专业人员修理与使用操作人员修理相结合,以专业修理为主。重要或特种设备修理应依法持证上岗,同时提倡设备的使用操作人员参加日常的维护保养和进行部分的小型维修。

④完善设备管理和定期维修制度。制订科学的保养规程,完善设备资料和维修登记管理,合理制订订期维修计划。

⑤修旧利废,合理更新,降低设备维修费用,提高经济效益。

3)物业设备维修类型

物业设备维修是指通过修复或更换磨损部件,调整精度,排除故障,恢复设备原有功能所进行的技术活动。房屋设备维修根据设备的完好状况,分为以下 4 种:

(1)零星维修工程

零星维修工程是指对设备进行日常的保养、检修及为排除运行故障而进行的局部维修。通常只需修复、更换少量易损零件,调整小部分机件和精度。

(2)中修工程

中修工程是指对设备进行正常的和定期的全面检修。通常只对设备进行部分解体和更换少量磨损零件,以保证设备能恢复和达到应有的标准和技术要求,使设备能正常运转到下一次修理。更换率一般为 10%~30%。

(3)大修工程

大修工程是指对设备进行定期的全面检修,对设备要全部解体以更换主要部件或修理不合格的零部件,使设备基本恢复原有性能。更换率一般超过 30%。

(4)设备更新和技术改造

设备更新和技术改造是指设备使用到一定年限后,技术性能落后、效率低、能耗大或污染(腐蚀、排气、粉尘、噪声等)问题日益严重,须更新设备以提高和改善技术性能。

6.4.2 物业共用设施设备修缮的法律依据

物业共用设施设备修缮的主要法律依据有:

①《物业管理条例》。

②国家相关技术规范《建筑工程施工质量统一验收标准》《民用建筑节能条例》等。

③地方性的技术规范,如《上海市住宅小区智能化应用技术规程》等。

④《前期物业服务合同》或《物业服务合同》、管理规约等。

⑤《全国物业管理示范住宅小区、大厦、工业区标准及评分细则》(建设部,2000年 5 月 25 日起执行),作为管理的参考依据。

案例分析

案例 6.1　　　物业共用部位发生损坏时的修缮责任如何划分

【案情介绍】

某市海湾区一住宅小区内有一幢楼,该楼共有 30 户业主。其中一顶层业主张某因经营需要在该楼屋面长期堆放物品,造成该楼屋面渗雨,落水管道堵塞,致使其他顶层业主屋内渗水,天棚及部分墙面面层装饰污损、剥落。某日大雨过后,因渗水使某业主电器短路被烧毁。众业主要求张某对渗水屋面进行修理,疏通落水管道,并对屋内被毁面层装饰及被毁电器予以赔偿。张某则以屋面属大家共有人人都可以使用为由,拒绝修缮和赔偿。经房屋质量管理部门鉴定,该楼屋面渗雨,确属张某在屋面长期堆放重物,造成屋面产生裂缝和落水管道堵塞所致。于是,众业主将张某告到人民法院,请求法院保护被害人的合法权益。

试问:人民法院应如何处理此案?

案例 6.2　　　写字楼大厦发生电梯伤人事故,谁应承担责任

【案情介绍】

2022 年的一天上午,某市一写字楼大厦发生了一起电梯伤人事故。出事当天承租该幢大厦 5 楼设立公司的李家两兄弟,因进货需要使用电梯,而电梯的楼层显示装置又坏了,因而无法判明电梯的位置。两人只好在各楼层找,找到该幢大厦的 4 楼,走在前面的李弟看见电梯门正开着,于是便一脚迈了进去,不料坠入电梯井中,后经抢救无效死亡。

事发后,物业服务企业检查了电梯,发现 4 楼的电梯门锁有"外力破坏"的新鲜痕迹,怀疑是事主急于使用电梯强行推开电梯门,因用力过猛失去重心而导致事故发生。而事主方则宣称,他们从今年上半年开始在此办公,迄今为止没有看到过一份物业管理单位关于电梯使用说明或乘梯注意事项的文件或通知。出事时,他们并不知道电梯停在哪里,怎么可能无故地去 4 楼强行推开电梯门呢? 李家诉至法院,要求物业服务企业赔偿。

案例 6.3　　　　　　　　　**江某擅自将空地改成车棚案**

【案情介绍】

原告：某物业服务企业

被告：业主江某

2022 年 5 月，江某新买了一辆汽车，由于小区车位较少，而江某回家时间较晚，因此常常无处停放自己的汽车。江某经了解得知楼下有一片空地，物业服务企业没有搞绿化或其他设施计划，就打算平整一下做个车棚。施工时，物业服务企业发现此事，并予以制止，告诉江某个人不可随意占用小区内的场地。江某认为小区内的场地属于业主大家所有，业主有权使用。为此江某与物业服务企业发生了纠纷，诉诸法院。

法院经审理认为，未经业主大会和物业服务企业的同意，业主不得擅自占用共用场地，损害业主的共同利益。物业管理区域内的空地是物业管理区域的有机组成部分，其所有权属于全体业主，江某不能将其擅自占用，改为车棚。因此判决江某败诉，江某应当停止施工、恢复原状。

案例评析6.3

案例 6.4　　　　　　**物业服务公司对物业使用人是否有处罚权**

【案情介绍】

某写字楼开发商下属的某物业服务公司告知该楼的所有租户，将对租户的房屋装修活动进行统一监督管理，任何租户装修，必须提前提出申请，由物业服务公司审批。物业服务公司规定了很多"不得"的禁止字样条款，并且还规定，对违反者处以 500~1 000 元不等的罚款。当物业服务企业对一家装修时没有及时清运垃圾的租户罚款 500 元时，该租户坚决反对，开发商就从租户租金中扣除 500 元作为罚款，该租户遂将某物业服务企业告到法院，请求法院判令某物业服务企业退还 500 元罚款。

案例评析6.4

案例 6.5　房屋渗水使业主受损，开发商和物业服务公司是否都有责任

【案情介绍】

2021 年 1 月，郑某、张某先后在某小区购买了某开发公司开发的位于 3 楼的住房各一套。随后，郑某、张某对房屋进行装修并入住。2021 年 5 月，开发公司与某物业服务企业签订了小区前期物业管理委托合同，约定由该物业服务企业对该小区提供物业管理服务，委托管理期限为合同签订之日起至小区业委会成立时止。

案例评析6.5

2022 年初，房地产公司将已经通过验收的小区移交给小区所在的社区居民委员会。因该小区尚未成立业主委员会，物业服务企业在未与小区业主签订物业服务合同的情况下继续提供物业管理服务，物业管理费一直由某房地产公司支付至 2022 年 6 月 14 日止。同年 6 月 5 日下午下暴雨,该小区数名业主的房屋均出现了渗漏现象,导致地板、平顶、墙体等不同程度受损。张某和郑某分别损失 2.5 万元和 3.5 万元。两名业主要求房产公司和物业服务企业共同赔偿损失。

【模拟判案 7】物业拒绝业主安装充电桩

原告:赵先生;被告:某物业服务公司

【案情介绍】

业主赵先生购买了新能源汽车,他想在所住小区自家车位上安装充电桩以方便日常使用。根据国家电网相关规定,申请个人充电桩需提交小区物业公司允许施工的证明,但曾某向物业公司申请开具证明时却遭到拒绝。多番沟通协商未果,曾某将该物业公司诉至法院。

原告赵先生诉称,开发商在出售车位时并没有明确车位不能安装充电桩,车位买卖合同上也未提及车位上不允许安装充电桩,自己曾向国家电网就小区的配电容量申请检测和现场勘查,勘查结果显示开发商预留的电量充足,满足安装充电桩的要求,不存在物业所说的"配电容量不足"的情况。现购买的新能源汽车无法在自有车位利用夜晚时间进行充电,而需到商场、公共充电站等地寻求公共充电设备,价格远高于家用充电桩的费用,不仅耗费了大量时间和精力,也不利于节约资源,保护生态环境。

被告物业公司辩称,公司曾对小区业主在地下车库内加装充电桩一事向开发商发函咨询,开发商回函明确答复:"小区地下车库的配电容量设计及电缆负载没有预留安装汽车充电桩的容量及用电负载。"政府部门出台的相关文件是鼓励有条件的新建小区从规划、设计、施工就开始预留加装新能源汽车充电桩,而案涉小区建设较早,不存在预留电容余量问题。案涉小区有 2 000 多个停车位,如果有车位的业主都要加装充电桩,整个地下车库的线缆会凌乱不堪,安全难以保证。此外,停车位加装充电桩也必然侵占公共空间。

请问模拟法官,该案该如何判决?

扫一扫,了解案件结果。

模拟判案7
结果

【模拟判案 8】监控损坏住户丢车

原告:梁某;被告:某物业服务公司

【案情介绍】

业主梁某于 2021 年 3 月 6 日将电动摩托车停放于自家楼下,次日早 6 点 50 分左右,梁某发现电动摩托车丢失并报警。民警到梁某家所在小区的物业公司处调取监控录像,因监控设备损坏,无法确定盗窃嫌疑人,案件至今未破。梁某便将自家所在小区的物业公司告上法庭,要求赔偿丢失电动摩托车的损失 4 200 元。

物业服务公司辩称,梁某未按指定位置停放电动摩托车,应当由业主自行承担损失。

请问模拟法官,该案该如何判决?

扫一扫,了解案件结果。

模拟判案8
结果

律师说法(扫下方二维码观看,内容动态更新)

（一）电梯管理

48.电梯管理概况

49.电梯生产者责任

50.开发建设单位的责任

51.小区电梯安全责任

52.电梯维保及费用

53.电梯责任保险

（二）小区车位和地下人防车位

54.车位所有权

55.车位使用权

56.车位车库管理

57.车位车库使用1

58.车库车位使用2

59.车位车库权利关系如何确定

60.车位车库相关的安全问题

61.车位车库使用纠纷处理

62.车库车位的费用问题

（三）违法搭建的治理

63.治理参与方

64.违法建设的认定

65.小区违章搭建管理

66.违法搭建能向法院起诉吗?

67.违法建设行为谁制止?

68.违法建设、搭建谁拆除?

本章小结

一般而言,建筑物中除去专有部分之外的其余部分都属于共有部分,共有部分由物业的共用部位、共用设施设备组成,并由全体业主共同拥有和共同使用。根据《民法典》《物业管理条例》及相关规定,业主对共有部分享有法定权利,同时也应承担相应的法定义务。

通过对房屋及设施设备的正常维护、维修和保养,不仅可以防止和控制房屋及设施设备在使用过程中受各种因素的影响,还可以保障业主或使用人的安全和正常使用。为此,国家和地方有关部门制定了一系列的法律法规,规范有关主体在实施房屋、设施设备维护、维修中的行为。

通过本章学习,树立良好的公民意识和集体意识,当业主和物业服务企业在物业共用部位和共用设施设备的使用和修缮中出现违法行为时,应当运用法律的手段维护公共安全和公共利益,违法行为必须承担相应的法律责任。一般包括:由业主委员会和物业服务企业予以制止,批评教育,责令限期改正,限期修缮,排除危险,提请有关部门处理;构成犯罪的,还应承担相应的刑事责任。

习　题

一、单项选择题

1.下列选项中不属于《住宅专项维修资金管理办法》中第三条规定的"共用部位"的是(　　)。

A.电梯　　　　　　B.楼板　　　　　　C.屋顶　　　　　　D.户外墙面

2.下列选项中,不属于业主对共有部分的权利是(　　)。

A.业主在转让专有部分的同时有权转让其所持有的共有部分的份额,无需其他业主同意

B.业主有权按照各自对共有部分的份额获得共用部分的收益

C.业主对共有部分可以单独进行简单修缮,而无需其他业主的同意

D.业主需要分摊共有部分的物业管理费用

3.《物业管理条例》规定:未经业主大会同意,物业服务企业擅自改变物业管理用房的用途的,由县级以上地方人民政府房地产行政主管部门责令限期改正,给予警告,并处(　　)的罚款。

A.5 000元以上1万元以下　　　　　B.1万元以上5万元以下

C.1万元以上10万元以下　　　　　D.5万元以上20万元以下

4.凡需牵动或拆换房屋部分主体构件,但不需全部拆除的工程为(　　)。

A.中修工程　　　B.综合维修工程　　　C.大修工程　　　D.翻修工程

5.中修工程一次费用在该建筑物同类结构新建造价的(　　)。

A.10%以下　　　B.20%以下　　　C.25%以下　　　D.50%以下

6.物业存在安全隐患,危及公共利益及他人合法权益时,(　　)应当及时维修养护,有关业主应当给予配合。

A.责任人　　　　　B.业主　　　　　C.使用人　　　　D.物业服务企业

7.《住宅专项维修资金管理办法》规定:商品住宅的业主、非住宅的业主按照所拥有物业的建筑面积交存住宅专项维修资金,每平方米建筑面积交存首期住宅专项维修资金的数额为当地住宅建筑安装工程每平方米造价的(　　)。

A.5%　　　　　B.5%～8%　　　　C.8%　　　　　　D.8%～10%

8.物业设施设备的大修工程是指对设备进行定期的全面检修,对设备要全部解体以更换主要部件或修理不合格的零部件,使设备基本恢复原有性能,其零部件更换率一般在(　　)。

A.50%以上　　　B.40%以上　　　C.30%以上　　　D.20%以上

9.《物业管理条例》规定:业主依法确需改变公共建筑和共用设施用途的,应当在

依法办理有关手续后(　　)。

    A.让物业服务企业审批　　　　　　B.无须告知物业服务企业

    C.告知物业服务企业　　　　　　　D.与物业服务企业协商

二、多项选择题

1.《商品房销售管理办法》规定:房地产开发企业在向用户交付销售的新建商品住宅时,必须提供(　　)和(　　)。

    A.《商品房使用说明书》　　　　　　B.《建筑物使用说明书》

    C.《住宅使用说明书》　　　　　　　D.《住宅质量保证书》

    E.《工程质量保证书》

2.我国城市常用的物业设备主要有4大类,其中下列选项属于"电气工程设备"的是(　　)。

    A.消防设备　　　B.燃气设备　　　C.供冷设备　　　D.运输设备

    E.防雷装置

3.我国城市常用的物业设备主要有4大类,其中下列选项属于"房屋建筑卫生设备"的是(　　)。

    A.消防设备　　　　B.房屋的热水供应设备

    C.供冷设备　　　　D.供水设备　　　E.排水设备

4.按物业区域来划分,可分为(　　)共有部分中的物业共用部位、共用设施设备。

    A.建筑物内　　　B.全体业主　　　C.住宅区内　　　D.部分业主

    E.房地产开发商

5.建筑区划内,规划用于停放汽车的车位、车库的归属,由当事人通过(　　)等方式约定。

    A.出售　　　　B.附赠　　　　C.出租　　　　D.告示

    E.竞拍

6.《物业管理条例》规定:(　　)不得擅自占用、挖掘物业管理区域内的道路、场地,损害业主的共同利益。

    A.业主　　　　B.建设单位　　　C.物业服务企业　　D.使用人

    E.房地产开发商

7.利用物业共用部位、共用设施设备进行经营的,应当在征得相关业主、业主大会、物业服务企业的同意后,按照规定办理有关手续。业主所得收益应当(　　)。

    A.用于补充专项维修资金　　　　　B.按照业主大会的决定使用

    C.按照业主委员会的决定使用　　　D.相关业主平均分配

    E.冲抵物业费

三、判断题

1.业主对建筑物专有部分以外的共有部分享有权利,承担义务,也可以放弃权利,不承担义务。　　　　　　　　　　　　　　　　　　　　　　　　　　(　　)

2.目前,我国对物业共用部位、共用设施设备一般是采取"共同共有",即业主对共用部分是依专有部分比例享有所有权。　　　　　　　　　　　　（　　）

3.《民法典》规定:业主不得违反法律、法规以及管理规约,将住宅改变为经营性用房。业主将住宅改变为经营性用房的,除遵守法律、法规以及管理规约外,应当经有利害关系的业主同意。　　　　　　　　　　　　　　　　　　（　　）

4.屋面防水工程,有防水要求的卫生间、房间和外墙防渗漏工程的最低保修期限是 3 年。　　　　　　　　　　　　　　　　　　　　　　　　　（　　）

5.物业服务企业违反合同义务时,物业自治组织有权单方终止物业服务合同,并要求物业服务企业承担违约责任。　　　　　　　　　　　　　　　（　　）

四、简答题

1.简述《物业管理条例》对业主共同决定事项有哪些?

2.简述翻修工程主要适用范围。

3.简述住宅专项维修资金划转业主大会管理前,需要使用住宅专项维修资金时办理程序。

4.物业设施设备管理及修缮时应做到"三好""四会"和"五定"。请简述"三好""四会"和"五定"含义。

五、案例分析题

1.甲物业服务企业与某住宅小区的业主们订立了物业服务合同,负责该小区的物业管理。后来,甲物业服务企业与乙电信公司订立协议,约定甲物业服务企业将其所管理的小区住宅的楼顶租给乙电信公司供搭设电信设备之用,乙电信公司向甲物业服务企业支付租金。协议订立后,乙电信公司在该小区住宅楼顶层铺设了电信设备。不久,小区的居民均反映身体不适,有头疼、头晕、恶心、失眠等症状。此时,业主们才发现,自己的楼顶上铺设了电信设备,是电波给居民们造成上述危害。业主们遂起诉甲物业服务企业和乙电信公司,要求他们停止侵害,恢复原状,并赔偿损失。

请问:物业服务企业与电信公司签订的协议是否有效?

2.某小区 A 楼的公用水箱出现渗漏,该楼的业主向物业服务企业反映了情况,要求其及时予以维修,但物业服务企业一直未采取措施。有一天,住在该楼的业主王某回家经过楼道时,因地面积水而不幸摔倒,导致右腿骨折,被送往医院治疗。王某要求物业服务企业赔偿其医药费、营养费及误工补贴等相关费用未果,起诉物业服务企业。

请问:物业服务企业不及时维修设施造成业主损伤应如何处理?

第 *7* 章
物业管理服务的法律规定

【本章导学】

了解物业管理服务的含义、目标;了解物业管理区域内开展多种经营的主要内容;熟悉物业管理服务所包含的内容;熟悉国家、地方政府关于物业环境清洁卫生管理、绿化养护管理及安全管理方面的有关规定;掌握我国物业管理服务方面的法律规定以及有关主体违反物业管理服务法律规定的相关法律责任。将相关法律法规运用到实际工作中,学法、懂法、用法,培养爱岗敬业、勇于担当的精神。

7.1 物业管理服务概述

7.1.1 物业管理服务的含义

物业管理服务是一项范围相当广泛的,多功能、全方位的管理服务工作,它与传统的房产管理有着本质上的区别。其日常的管理服务内容包括对房屋及配套的设施设备和相关场地进行维修、养护、管理,维护物业管理区域内的环境卫生和相关秩序的活动。为了使物业更好地发挥其使用价值,保证物业保值增值,使业主或使用人享受到一种方便、优质的服务,物业服务企业在为业主或使用人提供日常的基本的管理与服务的同时,还应尽可能地为方便业主而提供多种经营服务,以完善物业管理区域的服务设施、服务功能,使物业管理区域业主或使用人足不出户即可享受一种多功能、全方位的服务。

7.1.2　物业管理服务的目标

1）创造良好的工作、学习、生活环境

人们日常要进行生产、发明创造、科学实验、学习等各种活动,首先必须有一个良好的环境,才能没有后顾之忧;离开工作岗位的离退休人员,更需要一个舒适的环境以安度晚年,而物业管理正是围绕创造良好的工作、学习、生活环境为目的而开展各项工作的企业行为。具体地说,物业服务企业的全部工作就是要为业主和使用人创造"整洁、文明、安全、方便"的生活和工作环境,确保业主或使用人能在宁静、舒适、温馨、安全、文明的生活和工作环境中生存、享受和发展各项事业。

2）促使物业保值和增值

物业服务企业需根据业主的委托,对物业进行经营管理、维修、保养,保护业主和使用人的合法权益,使所承接的物业保值增值。

3）促进房地产业的健康完善发展

物业管理是房地产业在消费领域的延伸和发展,有了完善的物业管理,有利于房地产市场的拓展,有利于推动房地产开发建设朝更健康、更完善的方向发展。

物业管理服务具体包括房屋维修保养、物业设施设备的日常运行维修保养、物业的环境管理、物业的安全管理、物业的多种经营等 5 方面的内容。其中前两方面在前面章节中已叙及,在此不再赘述,下面仅就后 3 方面的内容展开介绍。

7.2　物业环境管理及法律规定

物业环境管理是指物业服务企业通过检查、监督、制度建设和宣传教育等工作,防止和控制可能发生或已经发生的对物业环境的损害,并从制度上、管理上和文化上等多方面去影响业主或使用人,使业主和使用人树立起较高的环境保护意识。

物业环境管理的内容主要包括 3 个方面,即物业环境的清洁卫生管理、物业环境的绿化养护管理及物业环境的污染防治管理。

7.2.1　物业环境的清洁卫生管理及法律规定

物业环境的清洁卫生管理,是指对物业管理区域内场地环境的清洁卫生管理与公共区域的清洁卫生管理。针对不同的清洁卫生项目,可对其实行每日管理、每周管理或每月管理,以便在管理中进行定量、定期检查考核。

1) 物业环境清洁卫生管理的内容

①物业管理区域内所有公共场地的清洁,具体包括物业管理区域内楼宇、住宅从顶楼到底层共用场地的清洁,物业管理区域内垃圾的收集和清运,物业管理区域内共用雨、污水管道的疏通,雨、污水井的检查,化粪池的检查、清掏,二次供水箱的检查、清洗等。

②物业管理区域内垃圾的收集和清运,即对垃圾的收集、归类、袋装和清运。实行专人负责,定时收集,定时清运,分类清倒,以保持环境的清洁卫生。

③强化环境卫生管理,具体包括对乱丢垃圾,从楼上往下乱丢废物、杂物,废旧物品侵占共用场地,乱涂、乱画、乱张贴,污水、烟尘产生,垃圾堵塞下水道等现象,应大力劝阻、制止等。

④清理物业内违章搭建建筑。

⑤加强对业主或使用人的清洁卫生方面知识的宣传,使人人参与清洁卫生管理与防范,提高他们的环境清洁卫生意识,养成良好的卫生习惯。

⑥加强对管辖范围内的市政公用设施的管理。

⑦完成物业区域内的防疫消毒工作。

⑧其他有关环境清洁卫生管理的内容。

2) 物业环境清洁卫生管理的主要措施

(1)协助拟定物业管理区域卫生管理规定

根据《物业管理条例》第六条的规定,业主在物业管理活动中,享有就物业管理的有关事项提出建议的权利。也就是说,业主可以对物业共用部位、共用设施设备、公共秩序和环境秩序如何管理、管理的措施和标准等提出自己的观点与看法。在前期物业管理阶段,业主大会尚未召开,一般由物业建设单位来制定这些规章制度,而物业建设单位一般会通过《前期物业服务合同》授权物业服务企业来协助拟定这些制度。物业服务企业应该根据相关的法律法规,合同约定的服务内容和标准,协助物业建设单位拟定物业管理区域卫生管理规定。

(2)制订工作标准

物业服务企业物业环境清洁卫生管理标准可以参考如下:

①要求做到"五定",即清洁卫生工作要做到:定人、定地点、定时间、定任务、定质量。

②要求做到"六不""七净"。住房和城乡建设部发布的《城市道路清扫保洁与质量评价标准》(CJJ/T 126—2022),也可作为物业管理区域内公共、共用地方清洁卫生质量的参考标准。例如道路每天打扫两遍,每日保洁,达到"六不""七净"标准。"六不",即不见积水、不见积土、不见杂物、不漏收堆、不乱倒垃圾和不见人畜粪;"七净",即路面净、路沿净、人行道净、雨水净、树坑净、墙根净和废物箱净。

③要求做到"五无",即无裸露垃圾、无卫生死角、无明显积尘污渍、无蚊蝇滋生

地、无脏乱差。

④垃圾清运及时。要采用设立垃圾桶,实行袋装垃圾的办法集中收集垃圾,当日垃圾当日清除。

除以上措施,还须制订卫生管理岗位责任制、安排清洁卫生管理人员、监督、考核卫生管理工作。另外,物业管理可以将物业环境清洁卫生管理工作委托给专业化的保洁公司。

3) 清洁卫生管理的主要法律依据

目前,我国关于物业环境清洁卫生管理还没有专门的法律法规,相关的法律规定主要有:

(1)《中华人民共和国环境保护法》

《中华人民共和国环境保护法》(2014 年 4 月 24 日修订)。

第六条:"一切单位和个人都有保护环境的义务。"

第二十二条:"企业事业单位和其他生产经营者,在污染物排放符合法定要求的基础上,进一步减少污染物排放的,人民政府应当依法采取财政、税收、价格、政府采购等方面的政策和措施予以鼓励和支持。"

第二十五条:"企业事业单位和其他生产经营者违反法律法规规定排放污染物,造成或者可能造成严重污染的,县级以上人民政府环境保护主管部门和其他负有环境保护监督管理职责的部门,可以查封、扣押造成污染物排放的设施、设备。"

第三十八条:"公民应当遵守环境保护法律法规,配合实施环境保护措施,按照规定对生活废弃物进行分类放置,减少日常生活对环境造成的损害。"

第四十二条:"排放污染物的企业事业单位和其他生产经营者,应当采取措施,防治在生产建设或者其他活动中产生的废气、废水、废渣、医疗废物、粉尘、恶臭气体、放射性物质以及噪声、振动、光辐射、电磁辐射等对环境的污染和危害。"

第四十七条:"各级人民政府及其有关部门和企业事业单位,应当依照《中华人民共和国突发事件应对法》的规定,做好突发环境事件的风险控制、应急准备、应急处置和事后恢复等工作。"

(2)《城市市容和环境卫生管理条例》

《城市市容和环境卫生管理条例》(2017 年 3 月 1 日第二次修订)。

第二条:"在中华人民共和国城市内,一切单位和个人都必须遵守本条例。"

第十条:"一切单位和个人都应当保持建筑物的整洁、美观。在城市人民政府规定的街道的临街建筑物的阳台和窗外,不得堆放、吊挂有碍市容的物品。搭建或者封闭阳台必须符合城市人民政府市容环境卫生行政主管部门的有关规定。"

第十一条:"在城市中设置户外广告、标语牌、画廊、橱窗等,应当内容健康、外形美观,并定期维修、油饰或者拆除。大型户外广告的设置必须征得城市人民政府市容环境卫生行政主管部门同意后,按照有关规定办理审批手续。"

第十三条:"主要街道两侧的建筑物前,应当根据需要与可能,选用透景、半透景的围墙、栅栏或者绿篱、花坛(池)、草坪等作为分界。临街树木、绿篱、花坛(池)、草坪等,应当保持整洁、美观。栽培、整修或者其他作业留下的渣土、枝叶等,管理单位、个人或者作业者应当及时清除。"

第十四条:"任何单位和个人都不得在街道两侧和公共场地堆放物料,搭建建筑物、构筑物或者其他设施。因建设等特殊需要,在街道两侧和公共场地临时堆放物料,搭建非永久性建筑物、构筑物或者其他设施的,必须征得城市人民政府市容环境卫生行政主管部门同意后,按照有关规定办理审批手续。"

第十七条:"一切单位和个人,都不得在城市建筑物、设施以及树木上涂写、刻画。单位和个人在城市建筑物、设施上张挂、张贴宣传品等,须经城市人民政府市容环境卫生行政主管部门或者其他有关部门批准。"

第二十八条:"城市人民政府市容环境卫生行政主管部门对城市生活废弃物的收集、运输和处理实施监督管理。一切单位和个人,都应当依照城市人民政府市容环境卫生行政主管部门规定的时间、地点、方式,倾倒垃圾、粪便。对垃圾、粪便应当及时清运,并逐步做到垃圾、粪便的无害化处理和综合利用。对城市生活废弃物应当逐步做到分类收集、运输和处理。"

第三十三条:"按国家行政建制设立的市的市区内,禁止饲养鸡、鸭、鹅、兔、羊、猪等家畜家禽;因教学、科研以及其他特殊需要饲养的除外。"

第三十四条:"下列行为之一者,城市人民政府市容环境卫生行政主管部门或者其委托的单位除责令其纠正违法行为、采取补救措施外,可以并处警告、罚款:(一)随地吐痰、便溺,乱扔果皮、纸屑和烟头等废弃物的;(二)在城市建筑物、设施以及树木上涂写、刻画或者未经批准张挂、张贴宣传品等的;(三)在城市人民政府规定的街道的临街建筑物的阳台和窗外,堆放、吊挂有碍市容的物品的;(四)不按规定的时间、地点、方式,倾倒垃圾、粪便的;(五)不履行卫生责任区清扫保洁义务或者不按规定清运、处理垃圾和粪便的;(六)运输液体、散装货物不作密封、包扎、覆盖,造成泄漏、遗撒的;(七)临街工地不设置护栏或者不作遮挡、停工场地不及时整理并作必要覆盖或者竣工后不及时清理和平整场地,影响市容和环境卫生的。"

第三十五条:"饲养家畜家禽影响市容和环境卫生的,由城市人民政府市容环境卫生行政主管部门或者其委托的单位,责令其限期或者予以没收,并可处以罚款。"

第三十六条:"有下列行为之一者,由城市人民政府市容环境卫生行政主管部门或者其委托的单位责令其停止违法行为,限期清理、拆除或者采取其他补救措施,并可处以罚款:(一)未经城市人民政府市容环境卫生行政主管部门同意,擅自设置大型户外广告,影响市容的;(二)未经城市人民政府市容环境卫生行政主管部门批准,擅自在街道两侧和公共场地堆放物料,搭建建筑物、构筑物或者其他设施,影响市容的;(三)未经批准擅自拆除环境卫生设施或者未按批准的拆迁方案进行拆迁的。"

第三十七条:"凡不符合城市容貌标准、环境卫生标准的建筑物或者设施,由城市人民政府市容环境卫生行政主管部门会同城市规划行政主管部门,责令有关单位和个人限期改造或者拆除;逾期未改造或者未拆除的,经县级以上人民政府批准,由城市人民政府市容环境卫生行政主管部门或者城市规划行政主管部门组织强制拆除,并可处以罚款。"

(3)《城市生活垃圾管理办法》

《城市生活垃圾管理办法》(建设部,2007 年 7 月 1 日起施行,2015 年 5 月 4 日修正)。

第十条:"从事新区开发、旧区改建和住宅小区开发建设的单位,以及机场、码头、车站、公园、商店等公共设施、场所的经营管理单位,应当按照城市生活垃圾治理规划和环境卫生设施的设置标准,配套建设城市生活垃圾收集设施。"

第十三条:"任何单位和个人不得擅自关闭、闲置或者拆除城市生活垃圾处置设施、场所;确有必要关闭、闲置或者拆除的,必须经所在地县级以上地方人民政府建设(环境卫生)主管部门和环境保护主管部门核准,并采取措施,防止污染环境。"

第十六条:"单位和个人应当按照规定的地点、时间等要求,将生活垃圾投放到指定的垃圾容器或者收集场所。废旧家具等大件垃圾应当按规定时间投放在指定的收集场所。城市生活垃圾实行分类收集的地区,单位和个人应当按照规定的分类要求,将生活垃圾装入相应的垃圾袋内,投入指定的垃圾容器或者收集场所。宾馆、饭店、餐馆以及机关、院校等单位应当按照规定单独收集、存放本单位产生的餐厨垃圾,并交符合本办法要求的城市生活垃圾收集、运输企业运至规定的城市生活垃圾处理场所。禁止随意倾倒、抛洒或者堆放城市生活垃圾。"

(4)《全国物业管理示范住宅小区、大厦、工业区标准及评分细则》(管理的参考依据)

《全国物业管理示范住宅小区、大厦、工业区标准及评分细则》第五部分,关于"环境卫生管理"的评分细则如下:

①环卫设备完备,设有垃圾箱、果皮箱、垃圾中转站,符合 1.0,每发现一处不符合扣 0.2。

②清洁卫生实行责任制,有专职的清洁人员和明确的责任范围,实行标准化保洁,未实行责任制的扣 1.0,无专职清洁人员和责任范围的扣 0.5,未实行标准化保洁的扣 0.5。

③垃圾日产日清,定期进行卫生消毒灭杀,每发现一处垃圾扣 0.2,未达到垃圾日产日清的扣 0.5,未定期进行卫生消毒灭杀扣 0.5。

④房屋共用部位共用设施设备无蚁害,符合 1.0,每发现一处不符合扣 0.2。

⑤小区内道路等共用场地无纸屑、烟头等废弃物,符合 2.0,每发现一处不符合扣 0.2。

⑥房屋共用部位保持清洁,无乱贴、乱画,无擅自占用和堆放杂物现象;楼梯扶栏、天台公共玻璃窗等保持洁净,符合 2.0,每发现一处不符合扣 0.2。

⑦商业网点管理有序,符合卫生标准;无乱设摊点、广告牌和乱贴、乱画现象,符合 2.0,每发现一处不符合扣 0.2。

⑧无违反规定饲养宠物、家禽、家畜,符合1.0,不符合0。

(5)其他有关文件

其他文件例如:《前期物业服务合同》或《物业服务合同》、管理规约、物业管理区域环境卫生管理规定。

4)清洁卫生中的法律纠纷

在现实工作中,业主与物业服务企业可能会因为物业管理区域公共环境卫生的质量问题发生纠纷,物业服务企业应按照合同约定的质量标准认真做好环境卫生管理,这是物业管理的"面子功夫"。

物业服务企业还应重视特殊情况下清洁工作的安全问题,如积水导致地面滑,可能造成安全隐患,对此,物业公司应该尽量清除积水,并应该做好必要的提示。

7.2.2 物业环境的绿化养护管理及法律规定

物业环境的绿化养护管理是治理环境和改善环境的重要内容之一。作为物业服务企业可设置专门的绿化养护部门,也可从实际出发,与清洁部门合并。若专门设置绿化养护部门,则一般至少设一个绿化养护组兼带管理职责。如果有必要,也可设花圃组和服务组。

1)物业环境绿化养护管理的内容

物业环境绿化养护管理是针对物业公共区域的绿化进行的管理,其内容一般包括以下几个方面:

①对草坪、花卉、绿篱、树木定期进行修剪、养护。

②定期清除绿地杂草、杂物,以保持观赏效果。

③对绿化组织浇灌、施肥,做好防旱、防涝和防冻工作。

④定期喷洒药物,预防花草、树木病虫害。

2)物业环境绿化管理的主要措施

物业环境绿化管理的主要措施与物业环境清洁卫生管理的主要措施基本雷同,主要是:

①协助拟订物业管理区域绿化管理规定。

②制订工作标准。物业服务企业物业环境绿化管理标准可以参考如下:

a.新种树苗:本地苗成活率大于95%,外地苗成活率大于90%;

b.新种树木:高度1米处倾斜超过10厘米的树木不超过树木总数的2%,栽植1年以上的树木保存率大于98%;

c.树木生长茂盛无枯枝,树形美观完整无倾斜;

d.绿化围栏设施无缺损,绿化建筑小品无损坏;

e.草坪平整清洁,无高大杂草;

f.花坛土壤疏松不板结;

g.绿化档案齐全、完整,有动态记录。

③制订卫生管理岗位责任制。

④安排绿化管理人员。绿化管理人员根据管理规模和需要可以是专职管理人员,也可以是兼职管理人员。

⑤监督、考核绿化管理工作。

另外,物业管理可以将物业环境绿化管理工作委托给专业化的园林公司。

3) 物业环境绿化养护管理的法律依据

目前,我国关于物业环境绿化养护管理还没有专门的法律法规,相关的法律规定主要有:

(1)《城市绿化条例》

《城市绿化条例》(国务院,1992 年 8 月 1 日起施行,2017 年 3 月 1 日第二次修订)

第十四条:"单位附属绿地的绿化规划和建设,由该单位自行负责,城市人民政府城市绿化行政主管部门应当监督检查,并给予技术指导。"

第十六条:"城市新建、扩建、改建工程项目和开发住宅区项目,需要绿化的,其基本建设投资中应当包括配套的绿化建设投资,并统一安排绿化工程施工,在规定的期限内完成绿化任务。"

第二十六条:"违反本条例规定,有下列行为之一的,由城市人民政府城市绿化行政主管部门或者其授权的单位责令停止侵害,可以并处罚款;造成损失的,应当负赔偿责任;应当给予治安管理处罚的,依照《中华人民共和国治安管理处罚法》的有关规定处罚;构成犯罪的,依法追究刑事责任:(一)损坏城市树木花草的;(二)擅自砍伐城市树木的;(三)砍伐、擅自迁移古树名木或者因养护不善致使古树名木受到损伤或者死亡的;(四)损坏城市绿化设施的。"

(2)《全国物业管理示范住宅小区、大厦、工业区标准及评分细则》(管理的参考依据)

《全国物业管理示范住宅小区、大厦、工业区标准及评分细则》第六部分,关于"绿化管理"的评分细则如下:

①小区内绿地布局合理,花草树木与建筑小品配置得当,符合 1.0,基本符合 0.5,不符合 0;

②绿地无改变使用用途和破坏、践踏、占用现象,符合 2.0,基本符合 1.0,不符合 0;

③花草树木长势良好,修剪整齐美观,无病虫害,无折损现象,无斑秃,长势不好扣 1.0,其他每发现一处不符合扣 0.2;

④绿地无纸屑、烟头、石块等杂物,符合 2.0,每发现一处不符合扣 0.2。

（3）其他相关文件

例如《前期物业服务合同》或《物业服务合同》、管理规约、物业管理区域环境绿化管理规定。

4）环境绿化管理中的法律纠纷

在现实工作中,围绕物业区域绿化管理的法律纠纷常见以下几种情况:

①物业区域绿地因物业建设单位或物业服务企业擅自改变用途或占用而引起的纠纷。《民法典》第二百七十四条规定:"建筑区划内的道路,属于业主共有,但是属于城镇公共道路的除外。建筑区划内的绿地,属于业主共有,但是属于城镇公共绿地或者明示属于个人的除外。建筑区划内的其他公共场所、公用设施和物业服务用房,属于业主共有。"属于业主共有的绿化,物业建设单位或者物业服务企业均不得擅自改变用途或者占用,若根据实际需要确实要改变或者占用的,应该按照《物业管理条例》规定的程序进行,详细内容见第6.2节"物业共用部位、共有设施设备使用及法律规定"。

②绿地所用权或者使用权归属的纠纷。现在,许多物业建设单位为了促进底楼的销售,采取"赠送底楼私家花园"的销售策略,的确增加了底楼的卖点。但需要注意的是"赠送的底楼私家花园"地价已经分摊到了所有楼层的房价中,换言之,产权应该是属于全体业主的。为了避免产权纠纷,物业建设单位应当考虑在《商品房买卖合同》中与底楼买房人约定,底楼私家花园,底楼业主只拥有优先使用权,而非是拥有所有权,并须与其他非底楼业主约定,放弃底楼私家花园部分的优先使用权。

③植物特别是乔木可能引发的安全纠纷等。《民法典》第一千二百五十七条规定:"因林木折断、倾倒或者果实坠落等造成他人损害,林木的所有人或者管理人不能证明自己没有过错的,应当承担侵权责任。"物业服务企业在物业环境绿化管理中也要具有安全意识,包括在植物的选择上,如草坪中不能种植带刺的、有毒的植物,窗台上的花盆放置是否安全牢固,同时一定要按照合同约定的质量标准认真进行管理,避免植物对业主的人身财产造成伤害,如枯枝被风刮断砸伤业主等安全事故。

7.2.3 物业环境污染管理及法律规定

物业环境污染管理主要包括大气污染管理、水体污染管理、固体废弃物污染管理和噪声污染管理4个方面。

1）大气污染管理

人类活动向大气中排放各种气体,其中难免有有害、有毒的气体及尘烟等污染物。这些有毒、有害气体及尘烟等污染物超过了一定界限,则会造成大气污染,影响人们的身体健康。

（1）造成大气污染的原因

①直接以煤炭作为能源燃烧,导致烟尘、二氧化硫、二氧化碳等污染,甚至引起酸雨污染。

②使用燃油型机动车辆,超量排放尾气。

③基建工地扬尘以及物业维修和装修造成的粉尘污染。

④不当燃烧及燃放烟花爆竹等。

（2）物业服务企业对大气污染的管理措施

①预防为主,防治结合,加强管理,控制污染源,防止新污染,并对已经发生的污染采取有效措施进行治理。

②专业管理与业主和使用人参与管理相结合。

③污染者要承担相应责任。例如有关治理责任、损害补偿责任、法律责任等。

④禁止在物业区域内焚烧沥青、油毡、橡胶、塑料、皮革、落叶和绿化修剪物等能产生有毒、有害气体和恶臭气体的物质。确需焚烧,必须报请相关部门批准。

⑤严格控制所管区域内工业生产向大气排放含有毒物质的废气和粉尘。对于确需排放的,必须经过净化处理后达标排放。

⑥加强车辆管理,限制机动车辆驶入管区,这样既能减少尾气排放量,又能减少噪声。

⑦在物业维修、装修时,尽量采取防止扬尘的措施。

⑧平整和硬化地面,减少扬尘。

⑨开墙造绿、立体建绿、屋顶植绿、阳台种绿、见缝插绿、严格管理。

（3）物业服务企业大气污染防治的法律依据

目前,我国关于物业大气污染防治还没有专门的法律法规,相关的法律规定主要有:

①《中华人民共和国大气污染防治法》。《中华人民共和国大气污染防治法》(全国人大常委,2018 年 10 月 26 日第二次修正)。

第七条:"企业事业单位和其他生产经营者应当采取有效措施,防止、减少大气污染,对所造成的损害依法承担责任。公民应当增强大气环境保护意识,采取低碳、节俭的生活方式,自觉履行大气环境保护义务。"

第十八条:"企业事业单位和其他生产经营者建设对大气环境有影响的项目,应当依法进行环境影响评价、公开环境影响评价文件;向大气排放污染物的,应当符合大气污染物排放标准,遵守重点大气污染物排放总量控制要求。"

第七十条:"运输煤炭、垃圾、渣土、砂石、土方、灰浆等散装、流体物料的车辆应当采取密闭或者其他措施防止物料遗撒造成扬尘污染,并按照规定路线行驶。装卸物料应当采取密闭或者喷淋等方式防治扬尘污染。城市人民政府应当加强道路、广场、停车场和其他公共场所的清扫保洁管理,推行清洁动力机械化清扫等低尘作业方式,防治扬尘污染。"

第七十五条:"畜禽养殖场、养殖小区应当及时对污水、畜禽粪便和尸体等进行收集、贮存、清运和无害化处理,防止排放恶臭气体。"

第八十一条:"排放油烟的餐饮服务业经营者应当安装油烟净化设施并保持正常使用,或者采取其他油烟净化措施,使油烟达标排放,并防止对附近居民的正常生活环境造成污染。禁止在居民住宅楼、未配套设立专用烟道的商住综合楼以及商住综合楼内与居住层相邻的商业楼层内新建、改建、扩建产生油烟、异味、废气的餐饮服务项目。任何单位和个人不得在当地人民政府禁止的区域内露天烧烤食品或者为露天烧烤食品提供场地。"

第八十二条:"禁止在人口集中地区和其他依法需要特殊保护的区域内焚烧沥青、油毡、橡胶、塑料、皮革、垃圾以及其他产生有毒有害烟尘和恶臭气体的物质。禁止生产、销售和燃放不符合质量标准的烟花爆竹。任何单位和个人不得在城市人民政府禁止的时段和区域内燃放烟花爆竹。"

②《中华人民共和国大气污染防治法实施细则》。《中华人民共和国大气污染防治法实施细则》(国家环境保护局,1991年7月1日施行,2015年8月29日修订)。

第三十五条:"国家禁止进口、销售和燃用不符合质量标准的煤炭,鼓励燃用优质煤炭。单位存放煤炭、煤矸石、煤渣、煤灰等物料,应当采取防燃措施,防止大气污染。"

第三十六条:"地方各级人民政府应当采取措施,加强民用散煤的管理,禁止销售不符合民用散煤质量标准的煤炭,鼓励居民燃用优质煤炭和洁净型煤,推广节能环保型炉灶。"

③地方性法规。地方性法规如《四川省〈中华人民共和国大气污染防治法〉实施办法》《浙江省大气污染防治条例》《合肥市大气污染防治条例》等。

④《前期物业服务合同》或《物业服务合同》、管理规约等。

2)水体污染管理

水体是指河流、湖泊、池塘、沼泽、海洋、地下水及水库等水的积聚体。城市中的生活饮用水供水设备,即储水设备和加压、净化设施,如水塔、水箱等,属于经过净化处理符合人体饮用标准的人工水体。

(1)造成水体污染的原因

①人类自身的活动使大量污染物质直接或间接地排入水体。

②水体中大量孳生对人体有害的微生物。

(2)物业服务企业对水体污染的防治措施

①地下水的防治管理:

a.要严格遵守国家或地方规定的水污染物的排放标准;

b.禁止在规定的水体保护区内新建排污口;

c.如果因塌方事故而造成水体污染,应采取紧急措施,并报告当地环保部门;

d.排放含病原体的污水,必须经过消毒处理,达到国家有关标准后方可排放;

e.要完善水污染防治的综合治理措施。

②地表水的防治管理:

a.禁止使用无防治渗漏措施的沟渠、坑塘等输送或存储含有毒污染物、病原体污染物的废水、污水及其他废弃物；

b.在开采多层地下水时，如果各含水层的水质差异大，应当分层开采；

c.兴建地下水工程设施时，应采取防护措施，防止地下水污染；

d.采用人工回灌补给地下水，不得恶化地下水质等；

e.禁止用渗井、渗坑、裂缝和溶洞排放、倾倒污水及其他废水。

（3）物业服务企业水体污染防治的法律依据

在我国关于物业管理区域水体污染管理还没有专门的法规规定，相关的法律规定主要有：

①《中华人民共和国水污染防治法》。《中华人民共和国水污染防治法》（全国人大常委，2017年6月27日第二次修正）。

第十一条："任何单位和个人都有义务保护水环境，并有权对污染损害水环境的行为进行检举。县级以上人民政府及其有关主管部门对在水污染防治工作中做出显著成绩的单位和个人给予表彰和奖励。"

第三十三条："禁止向水体排放油类、酸液、碱液或者剧毒废液。禁止在水体清洗装贮过油类或者有毒污染物的车辆和容器。"

第三十四条："禁止向水体排放、倾倒放射性固体废物或者含有高放射性和中放射性物质的废水。向水体排放含低放射性物质的废水，应当符合国家有关放射性污染防治的规定和标准。"

第三十八条："禁止在江河、湖泊、运河、渠道、水库最高水位线以下的滩地和岸坡堆放、存贮固体废弃物和其他污染物。"

②《前期物业服务合同》或《物业服务合同》、管理规约等。

3) 固体废弃物污染管理

（1）造成固体废弃物污染的原因

造成固体废弃物污染的原因是固体污染物的违法违规扔弃。固体废弃物是指生产、生活或其他活动中所产生的，在一定时间和地点不再需要而丢弃的固态、半固态或泥态物质。固体废弃物按其来源和管理要求分为工业型和生活型两大类。生活型固体废弃物是指居民生活、商业活动、市政维护、机关办公等产生的生活废弃物，例如废纸、织物、家用杂具、装修垃圾、脏土、粪便等。

（2）物业服务企业对固体污染的防治措施

①任何单位和个人，应当按规定排放、倾倒生活垃圾和粪便，不得擅自乱倒或裸露堆放。

②垃圾箱（桶）等设施的设置，应与生活垃圾产生量相适应，有密封、防蝇、防污水外流等防污染措施。

③生活垃圾应及时清扫收集，统一运输和处理，做到日产日清，防止再污染。

④生活垃圾应实行分类收集。

⑤医疗垃圾、放射性垃圾、传染病人垃圾、动物尸体等有害垃圾,以及单位和个人在翻建、改建或装修房屋时产生的渣土垃圾,应按有关规定处理,不得混入生活垃圾中。

（3）物业服务企业固体污染防治的法律依据

在我国关于物业管理区域固体废弃物污染管理还没有专门的法规规定,相关的法律法规主要有:

①《中华人民共和国固体废物污染环境防治法》（2020年4月29日第二次修订）:

第十七条:"建设产生、贮存、利用、处置固体废物的项目,应当依法进行环境影响评价,并遵守国家有关建设项目环境保护管理的规定。"

第十九条:"收集、贮存、运输、利用、处置固体废物的单位和其他生产经营者,应当加强对相关设施、设备和场所的管理和维护,保证其正常运行和使用。"

第二十条:"产生、收集、贮存、运输、利用、处置固体废物的单位和其他生产经营者,应当采取防扬散、防流失、防渗漏或者其他防止污染环境的措施,不得擅自倾倒、堆放、丢弃、遗撒固体废物。禁止任何单位或者个人向江河、湖泊、运河、渠道、水库及其最高水位线以下的滩地和岸坡以及法律法规规定的其他地点倾倒、堆放、贮存固体废物。"

第四十九条:"产生生活垃圾的单位、家庭和个人应当依法履行生活垃圾源头减量和分类投放义务,承担生活垃圾产生者责任。任何单位和个人都应当依法在指定的地点分类投放生活垃圾。禁止随意倾倒、抛撒、堆放或者焚烧生活垃圾。机关、事业单位等应当在生活垃圾分类工作中起示范带头作用。已经分类投放的生活垃圾,应当按照规定分类收集、分类运输、分类处理。"

第六十五条:"产生秸秆、废弃农用薄膜、农药包装废弃物等农业固体废物的单位和其他生产经营者,应当采取回收利用和其他防止污染环境的措施。从事畜禽规模养殖应当及时收集、贮存、利用或者处置养殖过程中产生的畜禽粪污等固体废物,避免造成环境污染。禁止在人口集中地区、机场周围、交通干线附近以及当地人民政府划定的其他区域露天焚烧秸秆。国家鼓励研究开发、生产、销售、使用在环境中可降解且无害的农用薄膜。"

第六十八条:"产品和包装物的设计、制造,应当遵守国家有关清洁生产的规定。国务院标准化主管部门应当根据国家经济和技术条件、固体废物污染环境防治状况以及产品的技术要求,组织制定有关标准,防止过度包装造成环境污染。生产经营者应当遵守限制商品过度包装的强制性标准,避免过度包装。县级以上地方人民政府市场监督管理部门和有关部门应当按照各自职责,加强对过度包装的监督管理。生产、销售、进口依法被列入强制回收目录的产品和包装物的企业,应当按照国家有关规定对该产品和包装物进行回收。电子商务、快递、外卖等行业应当优先采用可重复使用、易回收利用的包装物,优化物品包装,减少包装物的使用,并积极回收利用包装物。县级以上地方人民政府商务、邮政等主管部门应当加强监督管理。国家鼓励和引导消费者使用绿色包装和减量包装。"

②地方性法规:如《四川省固体废物污染环境防治条例》《浙江省固体废物污染环境防治条例》。

③《前期物业服务合同》或《物业服务合同》、管理规约等。

4)噪声污染管理

噪声超过一定的标准会影响人们正常的工作、学习和生活,成为噪声污染。噪声污染是指人类活动所排放的环境噪声超过国家规定的分贝标准,妨碍人们正常工作、学习、生活和其他正常活动的现象。

(1)造成噪声污染的原因

造成噪声污染的原因主要有车辆交通噪声、建筑施工噪声、社会生活噪声等。

(2)物业服务企业对噪声污染的主要防治措施

①禁止外来机动车辆进入物业管理区域。确有必要进入物业管理区域的,应减速行驶并禁鸣喇叭。

②业主或使用人需对房屋进行装修,规定可以作业的时间。

③对物业管理区域内业主或使用人做好宣传教育工作,避免噪声扰民。

④对物业管理区域外的噪声扰民情况应注意联合物业所在地的相关部门共同予以防治和管理。

(3)物业服务企业噪声污染管理的法律依据

在我国关于物业管理区域环境噪声污染管理还没有专门的法律法规,相关的法律法规主要有:

①《中华人民共和国噪声污染防治法》(2022年6月5日施行):

第九条:"任何单位和个人都有保护声环境的义务,同时依法享有获取声环境信息、参与和监督噪声污染防治的权利。排放噪声的单位和个人应当采取有效措施,防止、减轻噪声污染。"

第二十二条:"排放噪声、产生振动,应当符合噪声排放标准以及相关的环境振动控制标准和有关法律、法规、规章的要求。排放噪声的单位和公共场所管理者,应当建立噪声污染防治责任制度,明确负责人和相关人员的责任。"

第三十一条:"任何单位和个人都有权向生态环境主管部门或者其他负有噪声污染防治监督管理职责的部门举报造成噪声污染的行为。"

第三十六条:"排放工业噪声的企业事业单位和其他生产经营者,应当采取有效措施,减少振动、降低噪声,依法取得排污许可证或者填报排污登记表。实行排污许可管理的单位,不得无排污许可证排放工业噪声,并应当按照排污许可证的要求进行噪声污染防治。"

第四十三条:"在噪声敏感建筑物集中区域,禁止夜间进行产生噪声的建筑施工作业,但抢修、抢险施工作业,因生产工艺要求或者其他特殊需要必须连续施工作业的除外。因特殊需要必须连续施工作业的,应当取得地方人民政府住房和城乡建设、生态环境主管部门或者地方人民政府指定的部门的证明,并在施工现场显著位置公示或者以其他方式公告附近居民。"

第四十八条:"机动车、铁路机车车辆、城市轨道交通车辆、机动船舶等交通运输工具运行时,应当按照规定使用喇叭等声响装置。"

第六十条:"全社会应当增强噪声污染防治意识,自觉减少社会生活噪声排放,积极开展噪声污染防治活动,形成人人有责、人人参与、人人受益的良好噪声污染防治氛围,共同维护生活环境和谐安宁。"

第六十二条:"使用空调器、冷却塔、水泵、油烟净化器、风机、发电机、变压器、锅炉、装卸设备等可能产生社会生活噪声污染的设备、设施的企业事业单位和其他经营管理者等,应当采取优化布局、集中排放等措施,防止、减轻噪声污染。"

第六十六条:"对已竣工交付使用的住宅楼、商铺、办公楼等建筑物进行室内装修活动,应当按照规定限定作业时间,采取有效措施,防止、减轻噪声污染。"

第六十八条:"居民住宅区安装电梯、水泵、变压器等共用设施设备的,建设单位应当合理设置,采取减少振动、降低噪声的措施,符合民用建筑隔声设计相关标准要求。已建成使用的居民住宅区电梯、水泵、变压器等共用设施设备由专业运营单位负责维护管理,符合民用建筑隔声设计相关标准要求。"

第六十九条:"基层群众性自治组织指导业主委员会、物业服务人、业主通过制定管理规约或者其他形式,约定本物业管理区域噪声污染防治要求,由业主共同遵守。"

第七十条:"对噪声敏感建筑物集中区域的社会生活噪声扰民行为,基层群众性自治组织、业主委员会、物业服务人应当及时劝阻、调解;劝阻、调解无效的,可以向负有社会生活噪声污染防治监督管理职责的部门或者地方人民政府指定的部门报告或者投诉,接到报告或者投诉的部门应当依法处理。"

②《声环境质量标准》(GB 3096—2008):

1 类声环境功能区:指以居民住宅、医疗卫生、文化教育、科研设计、行政办公为主要功能,需要保持安静的区域,昼间噪声限值55dB,夜间噪声限值45dB。

2 类声环境功能区:指以商业金融、集市贸易为主要功能,或者居住、商业、工业混杂,需要维护住宅安静的区域,昼间噪声限值60dB,夜间噪声限值50dB。

3 类声环境功能区:指以工业生产、仓储物流为主要功能,需要防止工业噪声对周围环境产生严重影响的区域,昼间噪声限值65dB,夜间噪声限值55dB。

③地方性法规:如《郑州市环境噪声污染防治办法》、《天津市环境噪声污染防治管理办法》、成都市《城市区域环境噪声标准》适用区域划分规定、青岛市《城市区域环境噪声标准》适用区域划分规定等。

④《前期物业服务合同》或《物业服务合同》、管理规约等。

7.3　物业安全管理及法律规定

物业安全管理工作包括对物业管理区域内的治安管理、消防管理和车辆管理 3 个方面。具体工作责任的落实和实施一般由物业服务企业设立的保安部（秩序维护部）负责。

7.3.1　物业治安管理及法律规定

物业治安管理的目的是保障物业服务企业所管辖的物业区域内的财物不受损失，人身不受伤害，以维持正常的工作、生活秩序。在实际工作中贯彻"群防群治、综合管理"的原则。国家公安机关要加强社会治安的管理，许多城市已经在社区设置了社区警务，加强了治安管理的力度，效果很好。业主也应该加强社会治安的自我管理。《物业管理条例》第二十条明确了业主大会、业主委员会应当配合公安机关，与居民委员会相互协作，共同做好维护物业区域内的社会治安等相关工作。而社会治安管理难度大，业主可以通过《物业服务合同》委托物业服务企业做好物业管理区域内的安全防范工作。这里，重点介绍物业服务企业接受委托进行的治安防范管理。

1）物业治安管理的特点

（1）综合性强，管理难度大

物业管理单位所承接的物业类型多种多样，不同类型的物业，其治安管理难度不一样。对于一些商业性规模较大的物业，例如娱乐场所、购物中心、电影院等，由于人员的流动量大，人员素质参差不齐等，给治安管理工作带来了很大的难度。为了做好治安管理工作，物业服务企业应注意与有关单位做好关系。

（2）服务性强

物业管理单位所提供的治安管理实际上是一种服务，是为了保障居民或住用户人身和生命财产的安全而提供的安全保卫服务。这就要求保安人员办事既要有原则性和纪律性，又要能文明礼貌、乐于助人。

2）物业治安管理的主要内容

物业公共区域的秩序维护，安全防范。

3）物业治安管理的主要措施

①安全保卫机构的设置。安全保卫机构的设置应与所管物业的类型、规模紧密相结合，物业面积越大，配套的设备设施先进而复杂，相对而言班组设置也越多、越复杂。

②制订各项安全管理制度和工作程序。物业服务企业应根据物业及企业自身的实际情况,制订治安管理方面的制度及相应的工作程序。例如各部门的岗位责任制度、人员进出管理制度、保安员交接班制度、巡逻制度等。

③负责维护物业管理区域内的治安秩序,预防和协助处理治安事故。

④打击违法犯罪活动。物业服务企业应积极配合公安部门或派出所打击物业管理区域内及周边的违法犯罪活动。

⑤制订巡逻和值班制度。物业服务企业应安排安保24小时巡逻值班,具体可分为门卫班组、电视监控班组和巡逻班组3个方面来实现。

⑥做好物业管理区域内的车辆管理工作。物业服务企业应做好物业管理区域内车辆的安全管理,做好车辆停放和保管工作,保证物业管理区域内道路畅通、路面平整,保证物业管理区域内无交通事故发生、无车辆乱停乱放等现象。

⑦完善物业管理区域内的安全防范措施。

⑧定期对保安员开展各项培训工作和相应的演习训练工作。

⑨密切联系物业管理区域内的用户,做好群防群治工作。

⑩与物业所在地的相关单位建立良好的关系。

4)物业安全管理的法律依据

物业安全管理的主要法律依据有:

①《物业管理条例》:

第二十条:"业主大会、业主委员会应当配合公安机关,与居民委员会相互协作,共同做好维护物业管理区域内的社会治安等相关工作。"

第四十五条:"对物业管理区域内违反有关治安、环保、物业装饰装修和使用等方面法律、法规规定的行为,物业服务企业应当制止,并及时向有关行政管理部门报告。有关行政管理部门在接到物业服务企业的报告后,应当依法对违法行为予以制止或者依法处理。"

第四十六条:"物业服务企业应当协助做好物业管理区域内的安全防范工作。发生安全事故时,物业服务企业在采取应急措施的同时,应当及时向有关行政管理部门报告,协助做好救助工作。物业服务企业雇请保安人员的,应当遵守国家有关规定。保安人员在维护物业管理区域内的公共秩序时,应当履行职责,不得侵害公民的合法权益。"

第四十七条:"物业使用人在物业管理活动中的权利义务由业主和物业使用人约定,但不得违反法律、法规和管理规约的有关规定。物业使用人违反本条例和管理规约的规定,有关业主应当承担连带责任。"

第五十五条:"物业存在安全隐患,危及公共利益及他人合法权益时,责任人应当及时维修养护,有关业主应当给予配合。责任人不履行维修养护义务的,经业主大会同意,可以由物业服务企业维修养护,费用由责任人承担。"

②《城市居民住宅安全防范设施建设管理规定》(建设部、公安部,1996年2月1日起实施):

第二条:"在中华人民共和国境内从事城市居民住宅安全防范设施的建设和管理,应当遵守本规定。"

第三条:"本规定所称城市,是指国家按行政建制设立的直辖市、市、镇。本规定所称居民住宅安全防范设施,是指附属于住宅建筑主体并具有安全防范功能的防盗门、防盗锁、防踹板、防护墙、监控和报警装置,以及居民住宅或住宅区内附设的治安值班室。"

第四条:"城市居民住宅安全防范设施,必须具备防撬、防踹、防攀缘、防跨越、防爬入等安全防范功能。"

第六条:"城市居民住宅安全防范设施的建设,应当纳入住宅建设规划,并同时设计、同时施工、同时投入使用。"

第十一条:"城市居民住宅竣工后,工程质量监督部门和住宅管理单位必须按规定对安全防范设施进行验收,不合格的不得交付使用。"

第十二条:"城市居民住宅安全防范设施建设所需费用,由产权人或使用人承担。"

第十三条:"城市居民住宅安全防范设施的管理,由具体管理住宅的单位实施。公安机关负责城市居民住宅安全防范设施管理的监督检查。"

第十四条:"居民住宅区的防护墙、治安值班室等公共安全防范设施应由产权人和使用人妥善使用与保护,不得破坏或挪作他用。"

第十五条:"公民和单位有责任保护居民住宅安全防范设施,对破坏居民住宅安全防范设施的行为有权向公安机关举报。"

第十七条:"违反本规定,破坏居民住宅安全防范设施,由公安机关责令其改正、恢复原状,并可依据《治安管理处罚条例》的规定予以处罚;构成犯罪的,依法追究刑事责任。"

③《保安服务管理条例》(2022 年 3 月 29 日第二次修订)。

④地方性法规,如《成都市房屋租赁管理办法》《哈尔滨市城市居民住宅安全防范设施建设管理规定》《北京市外地来京人员租赁房屋治安管理规定》等。

⑤前期物业服务合同或物业服务合同、管理规约、物业管理区域安全管理规定等。

7.3.2　物业消防管理及法律规定

物业服务企业要严格依照《中华人民共和国消防法》和《高层民用建筑消防安全管理规定》(中华人民共和国应急管理部令第 5 号)在企业内部做好消防管理工作,对物业管理区域内的居民或住用户做好宣传教育动员工作,在实际生活中应贯彻"预防为主,防消结合"的方针。

物业服务企业依照《消防法》第十八条第二款"住宅区的物业服务企业应当对管理区域内的共用消防设施进行维护管理,提供消防安全防范服务。"之规定,对住宅区消防管理承担法定信托责任。物业消防人员根据管理项目不同,有专职消防管理人员和义务消防人员。物业服务企业应建立专职消防班组,制定完善的消防制度和规定,管理好消防设备。

1)物业消防管理的主要内容

①消防器材的维护。
②消防隐患的排除。
③消防意识的宣传教育。

2)物业消防管理的主要措施

(1)建立专职消防班组
专职消防班组管理人员应认真履行以下职责:
①对本部门和物业经理负责,负责管理、指导、监督检查、整改物业管理区域内的消防工作。
②落实各项防火安全责任制度和措施,严格贯彻执行消防法规。
③组织消防宣传教育,加强业主(用户)的消防意识。
④负责物业管理区域内动用明火作业的签批和现场监督工作。
⑤熟悉并能正确使用各种消防设施和器材;管理好小区内各种消防设施设备和器材。
⑥定期巡视、试验、检查、大修、更新各种消防设施和器材,指定专人管好设施设备。对于产生的故障和不足,应及时报告给主管领导,并做出维修计划。
⑦定期检查所管小区内的要害部位,及时发现和消除火险隐患。
⑧抓好义务消防队的培训和演习。
⑨负责消防监控报警中心,24小时日夜值班,做好值班记录和定期汇报工作,发现火警火灾时,立即投入现场指挥和实施抢救。
(2)制订完善的消防制度和规定
①消防中心值班制度。消防中心值班室是火警预报、信息通信中心。消防值班人员必须遵守纪律,发现火灾隐患应及时处理。
②防火档案制度。防火档案主要包括对火灾隐患、消防设备状况(位置、功能、状态等)、重点消防部位、前期消防工作概况等的记录,以备随时查阅,定期研究。
③防火岗位责任制度。上自领导,下至消防班的消防员,建立逐级防火岗位责任制度。
④其他消防规定。
(3)管理好消防设备
现代小区内都设有基本的消防设备,例如灭火器、消火栓、火灾自动报警系统等。物业服务企业应管理好这些消防设备,并定期进行检查,使消防设备随时处于完好状态。

3）物业消防管理的法律依据

物业消防管理的主要法律依据有：

①《消防法》（全国人大常委，1998 年 9 月 1 日起实施，2021 年 4 月 29 日第二次修正）。

第二条："消防工作贯彻预防为主、防消结合的方针，按照政府统一领导、部门依法监管、单位全面负责、公民积极参与的原则，实行消防安全责任制，建立健全社会化的消防工作网络。"

第五条："任何单位和个人都有维护消防安全、保护消防设施、预防火灾、报告火警的义务。任何单位和成年人都有参加有组织的灭火工作的义务。"

第十六条："机关、团体、企业、事业等单位应当履行下列消防安全职责：（一）落实消防安全责任制，制定本单位的消防安全制度、消防安全操作规程，制定灭火和应急疏散预案；（二）按照国家标准、行业标准配置消防设施、器材，设置消防安全标志，并定期组织检验、维修，确保完好有效；（三）对建筑消防设施每年至少进行一次全面检测，确保完好有效，检测记录应当完整准确，存档备查；（四）保障疏散通道、安全出口、消防车通道畅通，保证防火防烟分区、防火间距符合消防技术标准；（五）组织防火检查，及时消除火灾隐患；（六）组织进行有针对性的消防演练；（七）法律、法规规定的其他消防安全职责。单位的主要负责人是本单位的消防安全责任人。"

第十八条："同一建筑物由两个以上单位管理或者使用的，应当明确各方的消防安全责任，并确定责任人对共用的疏散通道、安全出口、建筑消防设施和消防车通道进行统一管理。住宅区的物业服务企业应当对管理区域内的共用消防设施进行维护管理，提供消防安全防范服务。"

第二十八条："任何单位、个人不得损坏、挪用或者擅自拆除、停用消防设施、器材，不得埋压、圈占、遮挡消火栓或者占用防火间距，不得占用、堵塞、封闭疏散通道、安全出口、消防车通道。人员密集场所的门窗不得设置影响逃生和灭火救援的障碍物。"

第三十二条："乡镇人民政府、城市街道办事处应当指导、支持和帮助村民委员会、居民委员会开展群众性的消防工作。村民委员会、居民委员会应当确定消防安全管理人，组织制定防火安全公约，进行防火安全检查。"

②《高层民用建筑消防安全管理规定》（2020 年 12 月 28 日应急管理部第 39 次部务会议审议通过，现予公布，自 2021 年 8 月 1 日起施行）。

《机关、团体、企业、事业单位消防安全管理规定》（公安部，2002 年 5 月 1 日起施行）。

第十条："居民住宅区的物业管理单位应当在管理范围内履行下列消防安全职责：（一）制定消防安全制度，落实消防安全责任，开展消防安全宣传教育；（二）开展防火检查，消除火灾隐患；（三）保障疏散通道、安全出口、消防车通道畅通；（四）保障公共消防设施、器材以及消防安全标志完好有效。其他物业管理单位应当对受委托管理范围内的公共消防安全管理工作负责。"

第十九条:"单位应当将容易发生火灾、一旦发生火灾可能严重危及人身和财产安全以及对消防安全有重大影响的部位确定为消防安全重点部位,设置明显的防火标志,实行严格管理。"

第二十五条:"消防安全重点单位应当进行每日防火巡查,并确定巡查的人员、内容、部位和频次。其他单位可以根据需要组织防火巡查。巡查的内容应当包括:(一)用火、用电有无违章情况;(二)安全出口、疏散通道是否畅通,安全疏散指示标志、应急照明是否完好;(三)消防设施、器材和消防安全标志是否在位、完整;(四)常闭式防火门是否处于关闭状态,防火卷帘下是否堆放物品影响使用;(五)消防安全重点部位的人员在岗情况;(六)其他消防安全情况。公众聚集场所在营业期间的防火巡查应当至少每二小时一次;营业结束时应当对营业现场进行检查,消除遗留火种。医院、养老院、寄宿制的学校、托儿所、幼儿园应当加强夜间防火巡查,其他消防安全重点单位可以结合实际组织夜间防火巡查。防火巡查人员应当及时纠正违章行为,妥善处置火灾危险,无法当场处置的,应当立即报告。发现初起火灾应当立即报警并及时扑救。防火巡查应当填写巡查记录,巡查人员及其主管人员应当在巡查记录上签名。"

第二十七条:"单位应当按照建筑消防设施检查维修保养有关规定的要求,对建筑消防设施的完好有效情况进行检查和维修保养。"

第二十九条:"单位应当按照有关规定定期对灭火器进行维护保养和维修检查。对灭火器应当建立档案资料,记明配置类型、数量、设置位置、检查维修单位(人员)、更换药剂的时间等有关情况。"

第三十条:"单位对存在的火灾隐患,应当及时予以消除。"

③《消防监督检查规定》(公安部,2012年7月17日修订)。

第三十一条:"公安派出所对单位进行日常消防监督检查,应当检查下列内容:(一)建筑物或者场所是否依法通过消防验收或者进行竣工验收消防备案,公众聚集场所是否依法通过投入使用、营业前的消防安全检查;(二)是否制定消防安全制度;(三)是否组织防火检查、消防安全宣传教育培训、灭火和应急疏散演练;(四)消防车通道、疏散通道、安全出口是否畅通,室内消火栓、疏散指示标志、应急照明、灭火器是否完好有效;(五)生产、储存、经营易燃易爆危险品的场所是否与居住场所设置在同一建筑物内。对设有建筑消防设施的单位,公安派出所还应当检查单位是否对建筑消防设施定期组织维修保养。对居民住宅区的物业服务企业进行日常消防监督检查,公安派出所除检查本条第一款第(二)至(四)项内容外,还应当检查物业服务企业对管理区域内共用消防设施是否进行维护管理。"

第三十二条:"公安派出所对居民委员会、村民委员会进行日常消防监督检查,应当检查下列内容:(一)消防安全管理人是否确定;(二)消防安全工作制度、村(居)民防火安全公约是否制定;(三)是否开展消防宣传教育、防火安全检查;(四)是否对社区、村庄消防水源(消火栓)、消防车通道、消防器材进行维护管理;(五)是否建立志愿消防队等多种形式消防组织。"

④《建筑内部装修设计防火规范》(GB 50222—2017,住房和城乡建设部发布的国家标准)。

⑤《建设工程消防监督管理规定》(公安部,2009 年 5 月 1 日起施行,2012 年 7 月 17 日修订)

第九条:"设计单位应当承担下列消防设计的质量责任:(一)根据消防法规和国家工程建设消防技术标准进行消防设计,编制符合要求的消防设计文件,不得违反国家工程建设消防技术标准强制性要求进行设计;(二)在设计中选用的消防产品和具有防火性能要求的建筑构件、建筑材料、装修材料,应当注明规格、性能等技术指标,其质量要求必须符合国家标准或者行业标准;(三)参加建设单位组织的建设工程竣工验收,对建设工程消防设计实施情况签字确认。"

第十条:"施工单位应当承担下列消防施工的质量和安全责任:(一)按照国家工程建设消防技术标准和经消防设计审核合格或者备案的消防设计文件组织施工,不得擅自改变消防设计进行施工,降低消防施工质量;(二)查验消防产品和具有防火性能要求的建筑构件、建筑材料及装修材料的质量,使用合格产品,保证消防施工质量;(三)建立施工现场消防安全责任制度,确定消防安全负责人。加强对施工人员的消防教育培训,落实动火、用电、易燃可燃材料等消防管理制度和操作规程。保证在建工程竣工验收前消防通道、消防水源、消防设施和器材、消防安全标志等完好有效。"

第十一条:"工程监理单位应当承担下列消防施工的质量监理责任:(一)按照国家工程建设消防技术标准和经消防设计审核合格或者备案的消防设计文件实施工程监理;(二)在消防产品和具有防火性能要求的建筑构件、建筑材料、装修材料施工、安装前,核查产品质量证明文件,不得同意使用或者安装不合格的消防产品和防火性能不符合要求的建筑构件、建筑材料、装修材料;(三)参加建设单位组织的建设工程竣工验收,对建设工程消防施工质量签字确认。"

⑥地方性法律规定。各省(自治区、直辖市)、市的消防管理条例、消防管理办法等,如《四川省消防管理条例》(四川省人大常委,2011 年 8 月 1 日施行)、《四川省高层公共建筑消防安全管理规定》(四川省人民政府,1994 年 10 月 28 日起施行)、《四川省建筑装饰装修消防管理规定》(四川省人民政府,1996 年 7 月 1 日起施行)、《成都市住宅物业管理区域消防安全管理暂行办法》(成都市公安局,2005 年 12 月 31 日起施行)、《四川省物业管理条例》(四川省常委会,2012 年 7 月 1 日起施行,2021 年 9 月 29 日修订)。

⑦《物业服务合同》、《管理规约》、物业管理区域消防管理规定等。

7.3.3　物业车辆管理及法律规定

物业车辆管理是防止车辆乱停乱放,防止车辆丢失和损坏。这就要求物业管理区域内要有足够的停车位,还需有健全、完善的管理制度予以跟进。

1)物业车辆管理的主要内容

①维护正常的区域交通秩序。
②防止车辆乱停放。
③防止车辆丢失、损坏。

2)物业车辆管理的主要措施

①协助拟订物业管理区域车辆管理规定。
②制订车辆管理岗位责任制。
③落实人员。
④车辆进入管理,车库(车场)管理。

3)物业车辆管理的法律依据

物业车辆管理的法律依据主要有:

①《中华人民共和国道路交通安全法》(人大常委会,2004 年 5 月 1 日起施行, 2021 年 4 月 29 第三次修正)。

第二十九条:"道路、停车场和道路配套设施的规划、设计、建设,应当符合道路交通安全、畅通的要求,并根据交通需求及时调整。"

第三十三条:"新建、改建、扩建的公共建筑、商业街区、居住区、大(中)型建筑等,应当配建、增建停车场;停车泊位不足的,应当及时改建或者扩建;投入使用的停车场不得擅自停止使用或者改作他用。"

②地方性法律规定,如《上海市住宅物业管理区域机动车停放管理规定》(上海市房屋管理局,2021 年 10 月 1 日起施行)、《成都市住宅物业管理区域车辆停放管理暂行办法》(成都市房管局,2005 年 7 月 1 日起施行)。

③《物业服务合同》、《管理规约》、物业管理区域车辆管理规定等。

4)车辆管理的法律纠纷

(1)车辆丢失、损坏纠纷

车辆管理是物业管理中安全管理的重要组成部分,其中车辆管理中最主要的问题在于车辆的损坏和遗失。对此,物业服务企业的保安员应对停放的车辆做详细检查,发现车辆有划伤、损失等问题,要请驾驶员在车辆检查表上签名确认;同时,应该按照法律法规、物业服务合同、物业管理区域管理规定做好如巡查、录像监控等管理工作。对离开停车场的车辆,应与驾驶员核实车辆状况并加以确认,有异常情况及时提醒业主,并作好书面记录,避免纠纷的产生。如车辆离开停车场后车主才发现车身损伤或物品丢失,物业服务企业可以不承认或不赔偿。

（2）车辆管理收费纠纷

对小区内车辆停放到底是保管行为还是场地租赁行为,小区车辆管理收费是"车辆保管费"还是"车辆场地使用费",目前意见还没有完全统一。业主普遍认为,车辆管理收费是车辆保管收费,物业服务公司应该对车辆的安全完全负责,出现损伤应该由物业服务公司赔偿。而物业服务公司认为车辆管理收费应该是车辆场地使用费,物业服务企业没有能力对业主的车辆施行保管,但应该按照合同、规约认真防范车辆损伤。目前对这个问题还没有全国统一性的法律规定,但在一些地方规定,如《成都市物业管理条例》已经明确将"停车费"改为"场地使用费",其原因是由于全体业主经业主大会共同决定,将停车位交给单个业主使用,是单个业主与全体业主之间的场地租赁法律关系;业主大会或者业主委员会委托物业服务企业向单个业主收取场地使用费是全体业主与物业服务企业之间的委托合同法律关系。对此,物业服务企业应该从场地使用费中提取合同约定的管理费,剩余部分发返还给全体业主(一般是补充维修资金或者按照业主大会约定的用途使用)。至于车辆是否需要保管,应该由业主和物业服务企业另行签订保管合同。

但现实工作中,一些地方的法律规定还不够明确,业主和物业服务企业对这个问题也认识不清,导致物业服务企业车辆收费中出现乱收费或者收费不返给业主等纠纷。

7.3.4　物业安全管理的注意事项

1)物业服务企业应当协助做好物业管理区域内的安全防范工作

安全管理是业主最关心的内容,许多业主因为聘请了物业服务企业进行安全防范管理,对物业服务企业给予了高度的依赖,若发生了安全事故,就会把责任归咎于物业服务企业。但是,关于物业管理区域发生安全事故的法律责任是一个复杂的问题,往往需要针对具体案件具体分析。

需要明确的是,物业服务企业不可能完全负担物业管理区域内的安全管理责任。物业管理区域的安全管理是城市安全管理的一部分,是由国家公安机关负责、居民自治、物业服务企业协助的安全管理体系。《民法典》第九百四十二条规定:"物业服务人应当按照约定和物业的使用性质,妥善维修、养护、清洁、绿化和经营管理物业服务区域内的业主共有部分,维护物业服务区域内的基本秩序,采取合理措施保护业主的人身、财产安全。"《物业管理条例》第四十六条明确:"物业服务企业应当协助做好物业管理区域内的安全防范工作。"发生安全事故时,不能简单地判断是否该由物业服务企业负责,关键是物业服务企业是否按照合同保质保量提供服务,发现问题是否采取了恰当的措施,是否能够提供证明等。

明确物业管理区域安全管理,物业服务企业的职责是进行安全防范,不等于物业服务企业以此推卸安全管理的责任和压力。物业服务企业应当自觉接受公安机关的指导、监督,贯彻"预防为主,人防、物防、技防三者相结合"的原则,提高安全防范服务能力和水平。同时,要建立一套科学的安全防范管理制度,按照工作标准化、操作程序化、管理制度化、服务规范化的要求,明确细化职责,建立考核奖惩机制,提高安全防范服务的效率和质量。物业服务企业要根据物业区域的特点,合理布岗,加强巡逻检查,发现有犯罪嫌疑人员和易燃、易爆、剧毒、放射性等危险物品,或者发现刑事、治安案件和各类灾害事故,应当及时报告公安机关及有关部门,并协助做好调查和救助工作。物业服务企业要定期巡视、试验、修理和更新安全防范设施和消防设施设备,由专人进行保养维修,检查情况要有记录,发现安全隐患要及时反映,配合有关部门认真整改,确保设施设备的完好。物业服务企业在平时应开展消防教育,宣传消防知识,提高业主和使用人的消防安全意识和防范能力;在火灾发生时,应采取应急措施,配合公安消防机关进行救灾,疏散居民,抢救伤员。经开发建设单位或业主同意,物业服务企业还可以建设并完善物业区域的安全防范设施,如远红外周边报警系统、电视摄像监控系统、电子巡逻系统等,以实现技防、物防和人防紧密结合、相互促进。在日常管理服务中,对住用户装饰装修房屋的,物业服务企业要事先告知房屋装饰装修的禁止行为和注意事项,协助有关部门进行监督检查。对在楼梯间、走廊通道等共用部位堆放杂物的,物业服务企业要根据物业管理区域管理制度及时处理;对违章搭建的,物业服务企业要配合有关部门予以拆除。此外,物业服务企业要主动配合公安派出所对物业区域的不安定因素进行重点防范,配合居民委员会开展精神文明建设和治安宣传、教育、动员、服务等活动。

值得注意的是,物业服务企业未能履行法律法规规定的义务以及物业服务合同的约定,导致业主人身、财产受到损害的,"依法"承担的是"相应"的法律责任。所谓"依法",主要是指依照《民法典》《刑法》以及《物业管理条例》等法律、法规的规定。

2)物业服务企业雇请保安人员应当遵守国家有关规定

物业服务企业雇请保安人员时,往往从专业的保安公司聘请。对保安服务公司和保安人员的管理,公安机关是有专门规定的。根据《保安服务管理条例》,申请设立保安服务公司,应当向所在地设区的市级人民政府公安机关提交申请书以及能够证明其符合本条例第八条规定条件的材料。保安服务公司在招聘保安人员时,必须经过严格政审,即由当地公安机关出具证明材料,证明被录用人员没有前科和劣迹,并统一正规培训,方可上岗。在实践中,一些单位和个人,受经济利益的驱使,违反国家有关规定,擅自组建保安组织,非法经营保安业务。这些非法保安组织往往对招收的人员不政审,不培训,不进行教育管理,甚至招聘一些有劣迹的人员,造成人员素质低下,偷盗问题屡屡发生。因此,物业服务企业在聘用物业保安人员时,应当遵守国家的有关规定,从依法成立的保安服务公司中聘用。

物业保安人员的主要职责是维护物业管理区域内的公共秩序,为业主提供安全的生活环境。保安人员在维护物业管理区域内的公共秩序时,应当履行职责,不得侵害业主的合法权益。在实践中,物业保安人员执行任务时,必须着统一的保安制服并佩戴统一的保安专用标志(包括帽徽、胸牌、肩章、级别标识等)。保安人员在值勤巡逻中,遇到正在实施的不法行为时,应迅速制止,及时将不法分子扭送公安机关;在门卫勤务中,当发生群体性事件,干扰、破坏客户单位正常的生产、生活、工作秩序时,应将有关情况及时报告客户单位或当地公安机关。

要特别指出的是,保安人员不是公安人员,不得剥夺、限制公民的人身自由;不得搜查他人的身体或者扣押他人的合法证件。根据《保安服务条例》第二十九条第一款第一项规定:在保安服务中,为履行保安服务职责,保安员可以查验出入服务区域的人员的证件,登记出入的车辆和物品。但是在实践中,保安人员如果发现有可疑人员,可向对方提出确定身份的要求,但不一定要出示身份证。如果保安人员提出了出示身份证的要求,对方可予以拒绝。保安人员应该通过对讲机或电话等方式与住户取得联系,以此来确定来访者的身份;不得擅自使用警械(使用警棍、手铐等警械应当经过公安机关授权);不得辱骂、殴打他人或者教唆殴打他人。总之,物业服务企业要加强保安队伍的管理,以"政治合格、素质过硬、纪律严明、作风优良"为标准,提高保安人员素质。

《物业管理条例》并没有规定物业服务企业必须聘请保安人员,因而物业服务企业可以聘请保安人员,也可以自行招用保安员。物业服务企业招用保安人员的,应当自开始保安服务之日起30日内向所在地设区的市级人民政府公安机关备案。

值得注意的是,物业安全管理具有一定的风险,物业服务企业应该具有风险防范意识,应该给保安人员或者是秩序维护人员购买意外伤害险等。

3)物业服务企业对管理区域内发生的安全事故恰当采取应急措施

物业管理区域内发生安全事故时,物业服务企业在采取应急措施的同时,应当及时向有关行政管理部门(公安部门、应急管理部门、建设管理部门等)报告,协助做好救援工作。"应急措施"主要包括:及时赶赴现场,进行救助,抢救伤员,及时制止安全事故的发生和损失的扩大,并及时报警。对于一些可能属于刑事案件的安全事故,还要注意保护现场。在向有关部门报告时,一定要实事求是。

若发生了安全事故,物业保安人员不采取应急措施,就存在过错,应当承担相应的民事责任。但采取哪些应急措施,特别是在接到报警后可否破门而入,直接强行闯入业主家是许多物业服务企业困惑的问题。因为《宪法》第三十九条规定:"中华人民共和国公民的住宅不受侵犯。禁止非法搜查或者非法侵入公民的住宅。"《民法典》第一千零三十三条规定,住宅等私密空间,涉及个人隐私权。《刑法》第二百四十五条规定:"非法搜查他人身体、住宅,或者非法侵入他人住宅的,处三年以下有期徒刑或者拘役。司法工作人员滥用职权,犯前款罪的,从重处罚。"非法侵入住宅罪,是指非法强行侵入他人住宅,或者经住宅主人要求退出仍拒不退出,影响他人居住安全和正常生活的行为。显然,任何人包括物业服务企业在内都不能非法侵入公民住宅。因此,物业服务企业接到报警后破门而入的问题实质就转化为此行为是"合法"还是"非法"的问题。按《民法典》有关规定,权利人明确同意外,物业服务人不得进入、拍摄、窥视业主住宅,只有正当防卫行为和紧急避险行为以及经受害人许可的不违反法律和社会公序良俗的行为具有合法性。对此,物业服务企业应该具备以下的法律常识:

①由于物业服务企业不具备法定的职务授权条件,故不能直接强行破门而入,但在职务授权部门的合理授权下可以。当不能确定能否破门而入时向公安机关请示,得到许可后可以采取行动。或者,当住户家中有火警时,在消防部门的同意后也可采取相应措施。

②紧急情况下,破门而入的损害问题。《民法典》第一百八十二条规定:"因紧急避险造成损害的,由引起险情发生的人承担民事责任。危险由自然原因引起的,紧急避险人不承担民事责任,可以给予适当补偿。紧急避险采取措施不当或者超过必要的限度,造成不应有的损害的,紧急避险人应当承担适当的民事责任。"第一百八十一条规定:"因正当防卫造成损害的,不承担民事责任。正当防卫超过必要的限度,造成不应有的损害的,正当防卫人应当承担适当的民事责任。"《刑法》第二十条规定:"为了使国家、公共利益、本人或者他人的人身、财产和其他权利免受正在进行的不法侵害,而采取的制止不法侵害的行为,对不法侵害人造成损害的,属于正当防卫,不负刑事责任。"第二十一条规定:"为了使国家、公共利益、本人或者他人的人身、财产和其他权利免受正在发生的危险,不得已采取的紧急避险行为,造成损害的,不负刑事责任。"由此可见,物业服务企业在采取正当防卫或紧急避险的情况下可以破门而入。这就要求物业服务企业能够判断出是否住户室内有正在进行的不法侵害或正在发生的危险,如有,破门而入就属合法行为,反之就值得商榷,因为很难有客观证据佐证,故报警器发生误报,并不能构成物业服务企业破门而入的合法理由。当然,因破门而入造成业主的损失,可由物业服务企业与事故相关当事人进行协商处理。

③紧急救助。《物业管理条例》第四十六条规定:"物业服务企业应当协助做好物业管理区域内的安全防范工作。发生安全事故时,物业服务企业在采取应急措施的同时,应当及时向有关行政管理部门报告,协助做好救助工作。"《民法典》第一千零五条规定:"自然人的生命权、身体权、健康权受到侵害或者处于其他危难情形的,负有法定救助义务的组织或者个人应当及时施救。"第一百八十四条规定:"因自愿实施紧急救助行为造成受助人损害的,救助人不承担民事责任。"

物业服务企业对紧急救助事件的处理方法:

a.住户发生紧急求助情况,保安首先应判断正确并在第一时间报警,以取得社会和政府救助。

b.平时加强对业主和周围环境的了解,扩大员工知识面,增强判断突发事件性质的能力。

c.在正确判断业主家正在发生火灾、煤气泄漏、刑事案件等特别严重的情况下,依据法律上紧急避险或正当防卫的规定,可果断破门而入实施救助。

d.在判断没有严重事件发生时,要及时设法与业主取得联系,以便业主采取必要措施。

e.当判断困难又恐业主家发生严重事件时,要有除物管公司以外的第三人在场见证方可进入。第三人可拟请派出所、居委会、业主委员会、业主的亲戚朋友或者邻居。

f.在实施正当防卫及紧急避险行为时,应采取效果最好、损失最少、业主最能接受的方式进行。

g.有关物管服务中需要紧急进入业主家的情况,最好能够通过书面形式(比如《物业服务合同》《管理规约》等)进行约定。

4)物业服务企业应正确处理和街道办事处、公安派出所的关系

街道办事处、公安派出所履行职能是一种宏观的管理职能,是一种政府行为;而物业服务企业依据物业服务合同提供的是具体的、微观的服务,是一种企业行为,在性质上是完全不同的。因此,物业管理活动中的安全防范工作,实质是物业服务企业在物业管理区域内从事协助公安部门安全防范、维持公共秩序等的活动。街道办事处、公安派出所对物业服务企业是指导与被指导和监督与被监督的关系,物业服务企业应当增强责任意识,主动配合有关部门建立、完善物业区域的安全防范体系,推动安全防范综合措施的落实。

综合上述,物业区域安全管理的性质属于一种群防群治的综合管理。要正确认识国家公安机关、业主、物业服务企业在物业区域安全管理中的地位和责任。一方面,业主不能将物业管理区域的安全管理责任完全压在物业服务企业身上;另一方面,物业服务企业应该按照物业服务合同的要求认真履行物业区域安全防范管理,保护业主的人身和财产不受损害。如发生了安全事故,物业服务企业是否承担法律责任,关键是看物业服务企业的保安防范工作是否到位,是否履行了法律法规的相关规定和合同的约定。如果保安防范工作没有疏忽,不存在管理上的缺陷,则物业服务企业就不应当承担责任;相反,如果物业服务企业未能履行相关法律法规的规定和物业服务合同的约定,存在明显的过错,则应当承担未履行合同或履行合同存在疏漏的赔偿责任。

7.4　物业的多种经营及法律规定

对于物业服务企业来说,若仅靠向业主(住用户)收取的物业管理服务费用来寻求企业的壮大和发展,可以说是步履维艰,因为物业管理服务费"取之于民,用之于民"。随着经济的发展和人们生活水平的提高,业主(住用户)的需求呈现多样化,发现需求、开拓市场是物业服务企业更好地服务业主(住用户)的契机,同时也更是物业服务企业获得利润、创造收入的重要途径。

7.4.1　物业多种经营的原则

物业的多种经营是物业服务企业在抓好基本业务的前提下,为满足业主的要求,按市场经济运行的规律而开展的有关服务项目。物业服务企业在多种经营运作的过程中应遵循以下两个原则:

1)有偿服务原则

物业的多种经营主要是针对业主的特殊需求而开设的,并非物业管理的基本业务范畴。作为物业服务企业,之所以开展这类服务,主要是为增加收入;对于业主来说,因自己的特殊需求而享受到了特殊的服务,就应该按"谁享受、谁交费"的原则履行交费的义务。多种服务中的双方遵循价值规律,实行等价交换,物业服务企业可区别对待,按优质优价收取相应的费用。

2)竞争上岗原则

对物业管理区域内的多种服务项目,部分可以通过引入竞争机制,采取招投标,择优录用,承包上岗。即所开设的综合经营项目,实行企业内部或公开竞争招投标,以选择优秀的承包者,更好地开展物业管理区域内的多种经营服务项目,为业主提供一种方便、周到的服务。

7.4.2　物业多种经营的主要内容

物业的多种经营主要包括以下几个方面的主要内容:

①衣食方面,例如有关的洗衣服务、餐饮服务及音乐茶座等。

②居住方面,是指房屋修缮、房屋装修、房屋看管、房屋清洁及房屋代理租赁等。

③购物方面,例如日用百货的供应、蔬菜水果的供应等。

④娱乐方面,如开设美容美发场所、影视歌舞场所、球类、健身运动场所以及阅读休闲场所等。

⑤其他方面,例如开展有关代订牛奶,代订书刊、报纸、杂志,代订飞机、车、船票,代接送小孩等服务。

《住房和城乡建设部等部门关于加强和改进住宅物业管理工作的通知》建房规〔2020〕10号(十五)规定:"促进线上线下服务融合发展。鼓励有条件的物业服务企业向养老、托幼、家政、文化、健康、房屋经纪、快递收发等领域延伸,探索'物业服务+生活服务'模式,满足居民多样化多层次居住生活需求。引导物业服务企业通过智慧物业管理服务平台,提供定制化产品和个性化服务,实现一键预约、服务上门。物业服务企业开展养老、家政等生活性服务业务,可依规申请相应优惠扶持政策。"

7.4.3　开展物业多种经营应注意的问题

1) 做好市场预测

开展物业多种经营的市场预测,是指借助于市场调查和多种经营服务项目的专业知识,通过一定的市场预测手段,对其中服务项目开设之后的未来市场供求关系的变化和发展所做出的一个大概的分析和预测。

针对物业管理区域内可能提供的多种经营服务项目,可从以下几个方面展开市场预测:

①对经营服务项目的市场需求量的预测。

②对经营服务项目的技术发展进行预测。比如搞房屋装饰装修服务项目,就需要对新技术、新材料、新工艺、新产品的发展和未来影响及时了解和掌握。

③对经营服务项目的供给数量也要进行预测。比如开设餐厅,要对物业管理区域的人流量进行统计和分析,以正确确定营业规模。

2) 协调好各方面的关系

物业服务企业在开设多种经营服务项目时,一方面与街道等有时会产生竞争,难免会产生一些矛盾,要注意协调好与它们之间的关系;另一方面还会与煤气公司、市政公司、供电局、环卫部门和食品卫生部门等发生一定关系,也要注意处理好与它们之间的关系,这样才能更好地做好物业的多种经营服务。

3) 提高多种经营服务的质量

物业服务企业一方面要注意产品质量的提高,坚决杜绝经营假冒伪劣产品;另一方面要提高服务质量,规范服务,树立良好的服务形象,为消费者提供优质服务。

4) 追求效益的综合评价

开展多种经营服务项目,物业服务企业应注意社会效益、环境效益、经济效益和心理效益的综合平衡,不能为追求经济效益,而在社会效益、环境效益和心理效益等方面大打折扣。有的物业服务企业在开展多种经营服务项目时将噪声、废气、烟尘、污水等带给了住用户,更有甚者乱占用绿地、公共用地进行违章搭建,以牺牲住用户的利益为代价,这些都是不可取的。物业服务企业应在兼顾"四效益"平衡的基础上,更好地为住用户提供良好的服务,在住用户心目中树立企业的良好形象,创建自己特色的服务品牌。

5) 符合法律法规的规定

物业服务企业开展的多种经营服务项目,不论在内容、程序,还是服务价格确定方面,都必须按照法律法规的规定。具体而言,就是经营范围要经过工商部门的核准,取得经营许可证;物业服务价格要经过物价部门的核准,不能乱收费;服务人员也要符合有关规定,按规定需要取得资格证的,就必须按照要求取得资格证才能上岗。

7.5 物业管理服务的其他法律规定

7.5.1 一个物业管理区域由一个物业服务企业实施物业管理

《物业管理条例》第三十三条:"一个物业管理区域由一个物业服务企业实施物业管理。"在物业管理实践中,存在多家物业服务企业共同管理一个物业管理区域的现象。多家管理主要有3种情况:一是建设单位选聘的物业服务企业和业主委员会选聘的物业服务企业同时为同一物业管理区域内的业主提供物业管理服务;二是同一物业管理区域内,成立了2个或者2个以上的业主委员会,这些业主委员会分别选聘物业服务企业进行管理;三是业主委员会将物业管理区域自行划分为若干小的区域,分别委托几家物业服务企业实施物业管理。

多家管理的弊端是显而易见的。首先,在一个特定的物业管理区域内,各个业主的所有权并不是完全独立存在的,各业主除了享有专有建筑的专有所有权外,对小区的共用部位、共用设施设备享有共同所有权,因此不能将一个特定的物业管理区域分割,由2个或者2个以上的物业服务企业进行管理。否则,会造成管理上的疏漏或冲突,使管理和服务责任难以到位,产生混乱,不利于物业管理。其次,多家物业服务企业之间往往存在严重利益冲突,业主利益可能成为多家物业服务企业追求自身利益最大化的牺牲品。再次,多家物业服务企业在物业管理区域内进行重复管理将造成资源的浪费。所以,《物业管理条例》明确规定了一个物业管理区域由一个物业服务企业实施物业管理。当然,一家物业服务企业可以同时对不同的物业管理区域实施物业管理。

一个物业管理区域一般是指一个由原设计构成的自然街坊和封闭小区。考虑到不动产的不可移动性和属地性、物业管理的特殊性与复杂性以及各地经济发展的不平衡等特点,国家不宜制定全国统一的物业管理区域划分办法。因此,《物业管理条例》第九条指出,物业管理区域划分的具体办法,由省、自治区、直辖市人民政府制定。如《重庆市物业管理条例》规定:物业管理区域,指具有相对独立性、订立有同一管理规约的物业。《杭州市物业管理条例》规定:拥有相对独立的共用设施设备的物业,应当划归于一个物业管理区域。《〈上海市居住物业管理条例〉有关条文的应用解释》规定:物业管理区域划分,原则上以自然街坊或者一个封闭小区予以确定。一个物业管理区域的房屋总建筑面积一般不超过 10 万平方米。

总之,物业管理区域的划分,应当考虑物业的共用设施设备、建筑物规模、社区建设等因素。原则上,应当按照城市规划以及房屋与公共设施的相关情况划分,即按照城市规划的要求,方便人们生活、生产,合理利用和充分发挥房屋与市政共用设施设备效益和便于管理的原则进行。

7.5.2　物业服务企业可以将物业管理区域内的专项服务业务委托给专业性服务企业

《民法典》第九百四十一条:"物业服务人将物业服务区域内的部分专项服务事项委托给专业性服务组织或者其他第三人的,应当就该部分专项服务事项向业主负责。物业服务人不得将其应当提供的全部物业服务转委托给第三人,或者将全部物业服务支解后分别转委托给第三人。"《物业管理条例》第三十九条:"物业服务企业可以将物业管理区域内的专项服务业务委托给专业性服务企业,但不得将该区域内的全部物业管理一并委托给他人。"第五十九条:"违反本条例的规定,物业服务企业将一个物业管理区域内的全部物业管理一并委托给他人的,由县级以上地方人民政府房地产行政主管部门责令限期改正,处委托合同价款 30% 以上 50% 以下的罚款。委托所得收益,用于物业管理区域内物业共用部位、共用设施设备的维修、养护,剩余部分按照业主大会的决定使用;给业主造成损失的,依法承担赔偿责任。"

物业管理事务项目较多,有些事务如绿化养护等并不是物业服务企业的专业擅长,另聘请有关专业企业来经营管理,如将保安、保洁、绿化、电梯等共用设施设备的维护等服务业务委托给相应的保安公司、保洁公司、绿化公司、设备维修公司等,既有利于降低物业管理成本,规避风险,也有利于保证物业管理的服务质量。但物业服务企业在将专项服务另行委托时,是否需要征得委托人的同意,物业管理条例并没有规定。

需要注意的是,在专项服务业务委托后,物业服务企业和业主之间,仍然是物业服务合同关系;物业服务企业和专业服务企业之间,属于委托服务合同关系。委托服务合同的内容不得与物业服务合同的内容相抵触。专业服务企业与业主之间不存在合同关系,但是,专业服务企业在履行委托服务合同时,应当遵守物业管理区域内的规章制度,不得侵害业主的合法权利。物业服务企业就专业服务企业提供的服务向业主负责。同时,接受委托的专业服务企业不得将所接受的项目再委托给他人,只有专业服务企业才能接受委托承担相应的物业管理服务,个人和非专业性的企业不得接受委托承担物业管理服务业务。物业服务企业选聘专业服务企业,可以在物业服务合同中做出约定。

根据《民法典》规定,物业服务企业不得将物业管理区域的全部业务一并委托给他人。物业服务企业将区域内的全部物业管理一并委托给他人,实际上就是物业服务企业在接受业主的委托后,不履行合同约定的责任和义务,违背了忠实履行合同的基本原则,损害了业主的利益。因为,物业服务企业是业主经过招标或者其他方式选聘的,是建立在对该企业信誉、资金、管理水平等了解的基础上的,如果受托物业服务企业再将全部物业管理一并委托给其他企业,即使是具有相应资质的企业,业主实际上也丧失了按照自己意愿选择物业服务企业的权利。而且,物业服务企业将整体服务业务委托给他人时,一般带有一定的经济目的,而这一经济目的的实现往往是建立在损害业主权益的基础上的。因此,《民法典》《物业管理条例》明确规定了物业服务企业不得将物业管理区域的全部物业管理一并委托给他人。

7.5.3 按照物业服务合同约定的服务内容和标准保质保量提供服务

《民法典》第九百三十八条规定:"物业服务合同的内容一般包括服务事项、服务质量、服务费用的标准和收取办法、维修资金的使用、服务用房的管理和使用、服务期限、服务交接等条款。"《物业管理条例》第三十四条:"业主委员会应当与业主大会选聘的物业服务企业订立书面的物业服务合同。物业服务合同应当对物业管理事项、服务质量、服务费用、双方的权利义务、专项维修资金的管理与使用、物业管理用房、合同期限、违约责任等内容进行约定。"

《民法典》第九百四十二条:"物业服务人应当按照约定和物业的使用性质,妥善维修、养护、清洁、绿化和经营管理物业服务区域内的业主共有部分,维护物业服务区域内的基本秩序,采取合理措施保护业主的人身、财产安全。对物业服务区域内违反有关治安、环保、消防等法律法规的行为,物业服务人应当及时采取合理措施制止、向有关行政主管部门报告并协助处理。"《物业管理条例》第三十五条:"物业服务企业应当按照物业服务合同的约定,提供相应的服务。物业服务企业未能履行物业服务合同的约定,导致业主人身、财产安全受到损害的,应当依法承担相应的法律责任。"

物业服务企业提供哪些服务、什么标准的服务,都要通过合同明确。为了促进物业服务的标准化、规范化,中国物业管理协会颁布了《普通住宅小区物业管理服务等级标准(试行)》(中物协〔2004〕1号)(2004年1月6日起施行),各省区市也陆续制订了本地的物业管理服务等级标准,这些服务标准为业主与物业服务企业签订合同,约定服务内容和标准提供了更好的依据。

案例分析

案例 7.1　　　　　　　　业主因被盗而拒付物业服务费

【案情介绍】

原告:海南某物业服务企业

被告:海南某广告公司

2021 年 3 月,海南某广告公司(简称广告公司)入住海口市某小区 A1 栋别墅,海南某物业公司(简称"物业公司")是该小区的物业管理者。依照物业服务合同的规定,物业公司应收取业主的物业管理费,代扣代缴水电费及逾期的滞纳金。2021 年 3—7 月,广告公司应缴纳水电费 1 543.20 元、物业管理费 2 296.00 元、滞纳金 115.10 元。然而 2021 年 5 月 4 日,广告公司发现有人进入公司窃取了价值 1 万余元的财物,并报了案。当物业公司向广告公司收取物业管理等费用时,广告公司以物业公司单方面违约,未履行好治安管理职责为由,拒绝交纳水电费、物业管理费。双方为此发生纠纷,物业公司以广告公司拒付所欠费用为由诉至法院。

原告认为,原告是小区的物业管理者,被告是该小区的住用户,双方形成物业管理法律关系。原告依据《海南省行政事业性收费许可证》及相关规定向被告收取水电费和有关的物业管理费用,合理合法,应予以支持。被告广告公司无任何证据证明原告没有正常履行包括保安值勤在内的物业管理义务,即不能证明其财产被窃时,原告在履行保安值勤活动中存在过错行为,故广告公司以原告未履行治安管理职责致使其财产被盗为由,拒不交纳水电费、物业管理费,没有法律依据。因此,请求法院判令广告公司支付原告物业水电费、物业管理费、滞纳金共 3 954.30 元。

被告辩称,其一,有人入室偷窃并报案、3 名少年在小区偷狗等已发事件,可以作为证据证明物业公司并没有正常履行包括报案在内的物业管理义务;其二,依据《海南省物业管理办法》的规定,因物业公司没有建立健全治安管理制度或保安人员违反保安岗位责任制度,造成业主或使用人损失的,物业公司应当承担相应法律责任,因此业主拒交物业管理费于法有据;其三,物业公司管理严重失职及小区治安状况混乱是造成业主被盗的直接原因。物业公司的上诉行为已构成单方违约,应当承担由此产生的相应责任。

法院审理认为,收取物业管理费是物业公司的合法权利,业主理应支付相关费用。原告应按《海南省物业管理办法》规定的服务项目,提供符合质量标准的物业管理服务,其中保安服务对住户的人身和财产的安全尤其重要。被告广告公司被偷窃事件,与原告履行保安值勤的物业管理义务不当有直接关系,物业管理服务质量有瑕疵。被告以此为由拒交相关费用,属于行使合同履行中抗辩权的行为,但该抗辩权行使范围应当与原告违约程度相对应。据此,法院判决,原告应酌情减收物业管理费 10%,以承担部分违约责任,诉讼费用由二者共同承担。

案例评析7.1

案例7.2 **保安半夜进民宅**

【案情介绍】

北京朝阳区某住宅区张先生夫妇在凌晨被室内的响动惊醒,立即起床打开卧室门,发现有人已走到连接客厅卧室的过道处,此人自称是小区物业服务企业的保安。张先生夫妇把物业服务企业告上法庭,要求物业服务企业就保安深夜入室事件及在解决该事件中的消极、不负责任的行为向他们当面道歉,并赔偿精神损失费每人各5万元。

法院认为,张先生夫妇身为业主(用户),与物业服务企业间形成了委托管理关系。保护业主的安全,维护业主的利益是物业服务企业的职责。但在履行职责时应注意采取适当、合理的方式,如果措施不当侵害了业主的权利,应承担相应的法律责任。物业服务企业保安员在值班时进入张先生夫妇房间,其自称因为房门虚掩,为张先生夫妇的安全和利益而入室检查。而按照《住户手册》的规定,遇此紧急情况保安员既不与业主家电话联系,又未请公安人员见证,该行为是不符合有关规定的,侵害了公民住宅不受侵犯的权利。而且保安员是在张先生夫妇深夜熟睡之机闯入,给张先生夫妇带来了一定的精神刺激,影响了生活,应该就此不当行为承担责任。因该保安员是在履行职务中侵害了张先生夫妇的权利,因此应由物业服务企业承担责任。

关于赔礼道歉的方式,因该事实仅发生在原、被告之间,口头方式已经足够消除影响,因此法院对张先生夫妇要求书面致歉的请求不予支持,对物业服务企业的口头致歉行为予以认可。

关于赔偿损失问题,因为被告工作人员深夜入室给熟睡中的张先生夫妇带来了一定的精神恐惧,因此应给予适当的精神赔偿。最后法院判决,物业服务企业除向张先生夫妇口头道歉外,还应一次性向张先生夫妇赔偿精神抚慰金1 500元。

案例评析7.2

案例7.3 **物业服务公司对业主人身财产安全保障义务的承担**

【案情介绍】

2021年8月21日,周某停放在小区楼梯口处的一辆摩托车被人偷走。周某发现摩托车被盗后,立即向物业公司的小区保安及派出所报案。派出所工作人员到达小区后要求小区保安调取监控录像,因保安没有权限而未能立即调取。该案至今未破。周某与物业公司存在物业服务合同关系,双方签订的物业服务合同约定,物业公司承担的保安义务包括配合协助公安部门做好工作,以及安排门卫负责区内门卫值班等。物业公司收取的物业费为每月每平方米0.2元,本案发生时周某已支付物业费。原告周某起诉称:由于物业公司未采取有效的巡逻等安全管理措施,在其摩托车被盗过程中未及时发现,并且延误了破案时间,导致其摩托车被盗,至今无法追回,从而造成了财产损失,物业公司存在过错,应负全部责任。请求判令物业公司赔偿摩托车款8 730元。

被告物业公司答辩称:双方之间存在的是物业服务合同关系,公司在履行物业服务合同过程中,并不存在违约行为;且周某摩托车被盗的事实并非物业公司造成,其以物业公司违反合同义务为由要求赔偿损失缺乏事实依据。请求法院驳回周某的诉讼请求。

【审判】

县人民法院经审理认为:物业公司并非周某摩托车被盗的直接侵权方,其承担的安全责任大小应与其收取的物业服务费标准相适应。根据所在县物价局和建设局联合印发的《××县物业服务收费管理实施办法(试行)》的规定,物业公司收取的每月每平方米0.2元的物业服务费属于四级,即最低的物业管理服务等级标准。该通知对四级物业管理服务等级标准的物业服务公司,在协助维护公共秩序方面的基本要求,是确保小区24小时值勤。物业公司作为四级物业管理服务等级标准的物业服务公司,根据其提供的门卫值班记录、小区巡逻记录、外来车辆登记簿以及外来人员登记簿的记载,该小区每天安排有人值班、巡逻,并对外来车辆和人员进行登记,在周某摩托车被盗时门卫处也有门卫值班,应认为物业公司已经采取了相应的安全管理措施。其次,虽然因小区保安没有权限未能立即调取监控录像,但该事实发生在周某摩托车被盗之后,与被盗并不存在因果关系。而且小区与物业公司签订的物业服务合同约定,物业服务公司对物业买受人(业主)的家庭财产及其他自用财物不负保管、看管等责任。综上,周某要求物业公司赔偿其摩托车丢失全部损失的主张,于法无据,无法支持。据此判决:驳回周某的诉讼请求。

案例评析7.3

案例7.4　　　物业服务企业出租小区围墙做广告是否合法

【案情介绍】

某小区业主王某看到一家广告公司的员工在小区围墙上布置广告牌。经打听得知,原来是小区物业服务企业将小区的围墙外墙面出租给广告公司,王某就来到物业企业办公室,要求物业服务企业终止与广告公司的出租合同关系。物业服务企业认为自己没有在小区内的共用部位出租,没有侵害业主的权利,因而拒绝了王某的要求。王某遂向小区业委会反映,业委会向物业企业提出同样的要求后也被以同样的理由拒绝。业委会遂将物业服务企业告到法院,要求法院判令物业企业停止侵权行为。

案例评析7.4

【模拟判案9】小孩之死,谁之过?

原告:韩某;被告:某物业服务公司

【案情介绍】

2021年8月19日,原告4岁的儿子小韩趁家人不备,独自一人骑童车到离家两千米的亲戚家做客,在进入亲戚家小区楼栋后从6楼楼道窗户坠落,后因颅内损伤死亡。原告认为,小韩进入涉案小区时,物业工作人员没有履行盘查、登记等职责,也未履行管理救助义务;被告物业公司应当对该小区楼层的窗户进行管理,但实际却未设置明显的警示标志,其行为构成了侵权,应承担50%的赔偿责任,遂一纸诉状将某物业公司告上法庭,要求赔偿原告儿子小韩的死亡赔偿金、丧葬费、精神抚慰金等共计395 643.7元。

法院经审理查明,涉案建筑已经竣工验收备案,消防验收合格,国家行政主管机关对涉案建筑已颁发了建设工程消防验收意见书和竣工验收备案证书。2017年8月13日,本市房地产管理局商品房预售科为该小区4号楼颁发了商品房预售许可证。

从事发小区的监控视频上看,小韩在进入小区时,小区物业员工刘某曾对其进行简单问话,因误认为是本小区的孩子便没有过多盘问。小韩进入4号楼的电梯后,在电梯里来回进出几次,并有跺脚哭叫的画面存在,随后从楼上坠地身亡。从现场勘查的图片上看,受害者小韩坠落的窗台高度约98厘米,该窗户窗扇开合度有限制螺钉,窗扇能开启18厘米。该窗户窗扇玻璃上贴有红黄白三色警示标志——"温馨提示,高空危险,严禁攀爬,严禁高空抛物,违者承担法律责任"。

请问模拟法官,该案该如何判决?

扫一扫,了解案件结果。

【模拟判案10】物业服务公司是否该承担赔偿责任?

原告:马某;被告:某物业服务公司

【案情介绍】

原告马某诉称,其爱人为方便收拾家务,将其保存多年的书籍放至整理箱内,并暂放到门口楼道内,但其爱人不知书籍内夹有收藏的多张第四版面值100元人民币。此后,其与爱人外出购物,回家时发现整理箱丢失,遂报警处理,经派出所民警现场询问得知系物业公司工作人员将整理箱进行清理,并当作废品变卖,物业公司拒绝对损失进行赔偿。马某认为,物业公司未尽到告知义务,将暂放至门口楼道内的整理箱进行清理,严重侵害了其合法权益,故诉至法院,要求赔偿财产损失3 000元。

被告物业公司辩称,不同意马某的诉讼请求。首先,马某办理入住手续时曾签订《入住协议》,协议明确约定住户不得占用楼梯间、通道等公用设施而影响其他人正常使用。马某应当遵守协议内容,其如因违反协议堆放私人物品而造成损失,应自行承担后果。其次,此前小区一住户失火,物业通报此次火情,并在小区单元门张贴通知,告知大家将开始对小区楼宇内公共楼道等公用空间内违法堆放物品进行全方面清理。物业公司人员发现马某门口楼道内有人堆放双开门衣柜,因根本无法搬动,于是进行了拍照,但并未清理此楼道任何物品。之后,马某找到公司经理反映丢失财物,但物业公司并未拉走和变卖所述物品。综上,马某提出的诉求与事实不符,且没有法律依据,其所述损失系自身原因造成,与公司无关。

请问模拟法官,该案该如何判决?

扫一扫,了解案件结果。

【模拟判案11】物业服务企业拒绝提供物业服务资料

原告:王某;被告:某物业服务公司

【案情介绍】

王某是某小区的业主,后补选为小区业主委员会主任。为该小区提供物业服务的×市某物业服务公司,是由开发商签约的前期物业服务企业,前期物业服务合同约定"每六个月向全体业主和物业使用人公布一次管理费用收支账目"。王某自2018

年入住小区以来,认为为小区提供服务的物业公司过度追求经济利润和额外收入,在收取业主物业服务费后,消极怠慢服务,减少配备人员,降低服务和维护保养成本开支,致使电梯多次停止运转和消防设施瘫痪,停车秩序混乱,小区环境脏乱差,偷盗现象频繁发生,极大地影响了业主的生活环境。同时,物业公司未经业主同意,利用小区内的电梯、道闸等共有设施设备和共有场地部位收取广告费用和场地收入并据为己有,无视业主安全和居住环境舒适美观,且拒绝业主监督物业服务合同的履行情况。

王某多次要求前期物业公司提供财务明细账簿、水电费发票、物业人员明细等相关的资料及电梯、消防器材维保资料等,遭到物业公司拒绝后,遂将物业公司起诉至法院,要求物业服务公司提供 2018 年 12 月至 2022 年 12 月的上述资料。

物业公司辩称,自己已在日常工作中将从业人员的信息进行公示,物业管理水平经政府的第三方测评得分靠前,小区属于"包干式"一费制收取,王某无权要求查阅、复制经营账目。

请问模拟法官,该案该如何判决?

扫一扫,了解案件结果。

模拟判案11 结果

律师说法(扫下方二维码观看,内容动态更新)

69.理性沟通是物业服务的基本准则
70.理性看待物业费
71.正确认知抗辩权
72.物业服务合同解除
73.业主共同管理权
74.法定终止
75.物业服务合同终止之后

本章小结

物业管理服务与传统的房产管理有着本质的区别。其基本的管理服务内容包括共用设备设施及房屋的日常运行、维修和保养,物业的环境清洁,物业的环境绿化,物业的安全保卫,进出物业管理区域的车辆管理等。

物业环境管理是指物业服务企业通过检查、履行监督、制定建设和宣传教育等工作,防止和控制可能发生或已经发生的对物业环境的损害,并从制度上、管理上和文化上等多方面去影响业主或使用人,使业主和使用人树立起高度民主的环境保护意识。

物业的安全防范管理工作包括对物业管理区域内的治安管理、消防管理和车辆管理以及高空抛物管理等方面。

物业的多种经营是物业服务企业在抓好基本业务的前提下,为满足业主的要求,按市场经济运行的规律而开展的有关服务项目。

物业管理法律法规、物业服务合同都对物业管理服务有明确的规定,物业服务企业和业主都应该自觉遵守,否则将要承担相应的法律责任。对违反国家、地方政府有关法律法规的规定或违背物业管理服务合同约定的行为,经业主共同决定有权终止物业服务合同,并有权要求物业服务企业承担相应的违约责任。物业服务人因不履行合同义务,造成业主或者其他使用人损害的,受侵害的业主或者使用人可以要求物业服务企业承担侵权赔偿责任。

通过本章学习,熟悉国家、地方政府关于物业环境清洁卫生管理、绿化养护管理及安全管理方面以及有关主体违反物业管理服务法律规定的相关法律责任,明晰具体工作中的法律责任,进一步强化爱岗敬业、勇于担当的精神。

习　题

一、单项选择题

1.物业区域治安日常管理应以(　　　)为主。

　　A.公安部门　　　　　B.物业服务企业　　　　C.联防队　　　　D.门卫

2.车辆进入停车场,时速应限制在每小时(　　　)千米以下。

　　A.3　　　　　　　　B.5　　　　　　　　　C.8　　　　　　　D.10

3.(　　　)的素质代表着保安队伍的整体素质,在某种程度上代表管理公司全体员工的服务素质。

　　A.保安部经理　　　B.保安领班　　　　　C.巡逻员　　　　D.门卫

4.下列(　　　)说法是不适当的。

　　A.物业安全管理也包括消防、车辆管理

　　B.发现偷盗人员保安员应马上扣押审讯

　　C.物业治安管理不能代替社会治安管理

　　D.物业区域治安管理应以预防为主

5.门禁管理系统的实质是(　　　)。

　　A.电子巡更系统　　　　　　　　　B.电子防进系统

　　C.电子门锁系统　　　　　　　　　D.可视对讲系统

二、多项选择题

1.关于物业治安管理,要坚持(　　　)的原则。

　　A.预防为主、防治结合　　　　　　B.与社会治安相结合

　　C.服务第一、用户至上　　　　　　D.硬件、软件一起抓

2.下列属于治安工作范畴的是(　　　)。

　　A.防火　　　　　B.防盗　　　　　　　C.防破坏　　　　D.防爆

3.(　　　)组成物业治安管理较为完善的系统。

　　A.门卫　　　　　B.巡逻　　　　　　　C.保安制度　　　　D.监控

4.监控室是物业管理区域治安工作的(　　　)。

　　A.决策中心　　　B.观察中心　　　　　C.指挥中心　　　　D.自动控制中心

5.电视监控系统主要由（　　　）几部分组成。

    A.电子摄像头　　　　B. 电视屏幕　　　　　　C.录像机　　　　D.电子巡更器

三、判断题

1.物业服务企业可以采取合伙制形式。　　　　　　　　　　　　　　（　　　）

2.物业服务企业可以将物业管理区域内的全部物业管理业务一并委托给他人。

                                 （　　　）

3.物业服务企业资质等级分为一、二、三级和临时资质。　　　　　（　　　）

4.直辖市人民政府主管部门负责二级和三级物业服务企业资质证书的颁发和管理。　　　　　　　　　　　　　　　　　　　　　　　　　　　　（　　　）

5.一级资质物业服务企业可以承接各种物业管理项目。　　　　　（　　　）

四、简答题

1.物业管理服务的内容包括哪些方面？

2.物业环境管理、安全管理的主要内容包括哪些方面？

3.物业服务企业违反物业管理服务法律规定的行为主要有哪些表现？

五、案例分析题

某小区的绿地虽然经过多次整修、清理，但因为资金困难及部分居民时常往楼下扔垃圾，致使绿地内垃圾成片。为了更好地管理好此处的卫生和绿化，物业服务企业召开了全体业主代表大会，业代表们一致同意把这片绿地租给一楼的业户，由一楼业户负责管理和绿化，租金每年300元（租期为10年），所收租金全部用于小区的维护费用及建设封闭式自行车棚等。同时，允许一楼的业户用花墙围起他们所租用的绿地，让他们栽植各种绿化植物，但部分业主不满，向媒体投诉。

试问：该物业服务企业的行为是否合法？

第 **8** 章
物业服务收费的法律规定

【本章导学】

通过本章的学习,要求了解我国物业服务收费的现状、特征,理解物业服务收费的本质和原则,掌握物业服务收费的定价方式以及物业服务费用的确定方法;清楚物业服务费用的交纳主体,熟悉特约服务、公用事业服务项目收费的法律规定;熟悉物业服务收费监督的主体及主要方式,掌握物业服务欠费处理的法律规定;掌握专项维修资金的定义、用途、权属、管理、使用等规定,熟悉违反专项维修资金管理规定的法律责任。深刻体会平等、诚信的社会主义核心价值观,树立诚信经营、诚信履约的价值观,不断提升服务质量,满足人民对美好生活的向往。

8.1　物业服务收费概述

8.1.1　物业服务收费的概念及重要性

1)物业服务收费的概念

《物业服务收费管理办法》第二条指出:物业服务收费,是指物业服务企业按照物业服务合同的约定,对房屋及配套的设施设备和相关场地进行维修、养护、管理,维护相关区域内的环境卫生和秩序,向业主所收取的费用。

2)物业服务收费的重要性

物业服务收费既是物业服务企业的重要权利之一,也是业主的主要义务之一,是容易引发纠纷的热点问题,因此,做好物业服务收费,无论对业主还是物业服务企业都是十分重要的。其主要表现为以下 3 个方面：

①物业服务收费是购房的重要考虑因素之一。居民决定购房，一般从自身（家庭）收入水平、现有存款额、可获得的贷款额及向亲友的借款额等资金来源正确估算自己的实际购买能力，以便最终确定所要购买的房屋类型、面积和价位。在诸多考虑因素中，物业服务收费是制订购房预算时应考虑的内容。由于物业服务收费事关百姓生活，我国城镇居民的工资中拟增加新的补贴，即研究中的物业管理补贴，在工资改革中，将物业管理费作为一种新型补贴列入职工工资，随工资发放到职工个人手中。

②物业服务收费是维持和保证房屋安全，实现其使用功能的必要费用。房屋建筑物商品和其他商品相比，其突出的特点是使用周期长，一般为 50～100 年。在使用过程中，由于自然原因和人为因素，要保证其使用功能的正常发挥以及房屋使用质量不降低，就必须对其不断地投入运行、维护和管理的费用。

③物业服务收费是物业服务企业收入的主要来源。物业服务收费作为物业服务企业因提供管理服务向业主收取的报酬，是物业服务企业开展正常业务、提供物业管理服务的保障。

8.1.2　物业服务收费的特征

（1）物业服务收费主体是物业服务企业，而非房地产开发商

房地产开发商和物业服务企业是完全独立的两个法人，不是同一法人单位。房地产开发商无权行使属于物业服务企业的权利，没有权利替物业服务企业收取、免除物业服务费用。所以实践中，开发商"买房送物业服务费用"的促销手段是错误的，除非开发商与物业服务企业有约定，由开发商替业主交物业服务费用。

（2）物业服务交费主体是业主

物业服务费用由物业服务企业按照物业服务合同的约定向业主收取；业主与使用人约定由使用人交纳物业服务费用的，从其约定，但业主负连带责任。物业服务费用可以预收，预收期限根据各地法规规定有所不同，一般不得超过 1 年。物业服务企业已向业主或使用人收取物业服务费用的，其他任何单位和个人不得重复收取性质相同的费用。

（3）物业服务收费与购房款无关，具有独立性

一方面，开发商一般不能以购房人不预交物业服务费用及其他使用费为理由拒绝交付物业，除非开发商与购房人另有约定。交付物业与交付物业服务费用的义务性质不同，前者是开发商履行物业买卖合同的交付标的物义务，购房人只要按合同规定支付了房款，开发商就必须交房；后者是购房人取得物业才开始履行的义务，它来源于物业服务合同。两者在时间上有先后，其中交付物业在先。若开发商拒交物业服务费用，则应承担逾期交付的违约责任，逾期超过合同约定的时间，购房人有权解除合同。

另一方面，购房人一般也不得以物业存在质量缺陷为由拒绝支付物业服务费用。

购房人只要实际接收了物业,在占用、使用该物业的过程中已经享受服务,就必须按照物业服务合同向物业服务企业支付费用。在此情况下,购房人应与开发商就物业质量问题另行协商解决。

8.1.3 物业服务收费的现状

1) 物业服务存在乱收费的情况

我国物业管理市场不规范,乱收费现象比较严重,收费问题已成为群众投诉的热点问题,并影响了业主与物业服务企业之间的关系。投诉的焦点主要涉及乱收费、服务与收费标准不符、管理差;物业管理服务收支账目不公开,超越自身的权利对业主采取一些不当的行为以及业主委员会难以依法成立等内容。对此价格监管部门开展整顿价格秩序,清理乱收费问题,重点查处建设部门、土地部门、房地产开发企业、房地产交易市场、物业服务企业在征地、拆迁、建设、出售、物业管理等各环节收费过多、过滥、过高问题。

物业服务乱收费现象,常见的有以下几种:

①入伙时的乱收费。一些开发商常常将电话线、电线、水管等只装到小区前的现象相当普遍,而上述管线拉至用户家所需费用往往由用户承担。物业服务企业因此而收取用户的通邮费、垃圾桶购置费、水电安装费、电话线路费、电视入网费以及各种名目的押金,如管理基金、水电费押金等。

②装修监管中的乱收费。一些物业服务企业在用户进行室内二次装修时收取用户的审图费、装修管理费、拆墙搬运管理费、装修验收费等。

③物业管理服务中的重复收费。一些物业服务企业已经向业主收了物业管理综合服务费,但还要收电梯维修费、水池清洁费、垃圾清运费、杀虫灭鼠费等;有的写字楼所收的管理服务费中已包含共用水电费,但物业服务企业又立项向业主收取共用电费和共用水费。

④有偿服务的乱收费。应个别业主的特殊要求,物业服务企业提供如维修、家政、传真、打字、代购等特殊服务,可以收一定的服务费。物业服务企业应以满足用户需要、为用户提供周到服务为目的,经济上应以保本微利、量入为出为原则。但事实上,有的物业服务企业在为业主提供特殊服务时索要高额费用。

2) 物业服务存在收费难的问题

尽管我国物业服务行业经历了很长一段时间的发展,物业服务也已进入千家万户,但是受开发商遗留问题导致小区管理先天不足、物业服务企业管理水平整体较低服务质量不高导致满意度差、行业制度体系建设与监管落后导致管理不到位、业主物业消费理念落后法律意识缺失等诸多因素的影响,物业服务收费难的现象还较为普遍,已经严重影响和制约了行业的健康有序发展。

8.1.4　物业服务收费难的原因及对策分析

1) 物业服务收费难的原因

①目前仍然存在少数业主对物业管理服务的认知程度和接受程度不高的情况。在计划经济体制下,我国住房采用的是福利制社会分配体系,人们居住公有住宅的管理和维修全部由政府指定的部门承担,居民习惯的是"只享受、不(少)付费",根本不认识和理解物业管理的概念。我国实行社会主义市场经济后,人们获得住房的方式发生了变化,而物业管理也随之出现,因此,就产生了如何认识和实践物业管理的问题。根据市场经济的要求,人们在得到住房、成为业主后,要与物业服务企业签订物业服务合同,依照"谁消费、谁付费"的原则,明确各种交纳的费用。由于现有的住房制度已经从福利型向市场型过渡,因要适应各种经济承受能力的商品房、经济适用房、售后公房等同时并存的情况,故物业服务收费的标准变得十分复杂。尽管政府根据物业管理发展的要求相继出台了一系列收费法规,但建立在物业管理概念基础上的这些法规还不能一下深入人心,让广大业主充分认可。近来,媒体加大了宣传力度,然而,在国内物业管理存在的类型多,收费标准多,例如住宅就划分为经济适用房、普通商品房和高档公寓等多种类型;收费标准制定有政府指导价和市场调节价。从以上情况可看出,制定物业服务收费价格的渠道不一样,没有统一的原则,一般业主很难全面了解。

②物业服务收费透明度差。物业服务企业是服务性的企业,物业管理肯定要获得利润,而利润来源于物业服务收费。如果科学地预测物业服务费用,使之透明运作,那么,物业服务费用将不难收取。但是,事实上,许多物业服务企业不愿将物业服务费用的运作完全透明化。

③开发商难兑现的高承诺以及建筑工程遗留问题多,物业管理服务不能到位。人们生活水平的提高,对物业管理档次的要求在不断提高。为了迎合消费者、保证楼宇的销售,一些开发商夸大宣传,对物业管理做出不切实际的承诺。待业主入住后,发现实际状况与之差距甚远,于是业主就拒绝交纳物业服务费,以此作为挽回损失的手段。建筑工程问题多,已成为社会高度关注的焦点。有些建筑工程问题直接造成物业管理先天不足,物业服务不到位,如保安监控系统因工程质量不能投入使用,严重影响了物业服务企业对小区的治安管理。又如开发项目分期进行,造成边入住、边施工,导致对居民小区不能实施封闭式管理。居民由此产生的各种意见,都有可能造成物业服务收费困难。

2) 解决当前物业服务收费难的对策

①依法约定,规范服务和收费。很多地方制定了物业管理服务及收费相关规定,如四川省住房和城乡建设厅于 2021 年组织编写了《四川省住宅小区物业服务标准》,

明确物业服务和收费标准,提升物业服务水平。

2021 年 7 月,《北京市住宅小区物业服务项目清单》和《北京市住宅小区物业服务成本计价规则(试行)》相继发布,公示了物业服务的 110 项事项清单和物业服务成本的基本构成,以推动物业服务阳光规范运行。2021 年 8 月,北京市住房与城乡建设委员会发布《北京住房和城乡建设发展白皮书(2021)》,要求持续抓好物业管理这个"关键小事",形成相对完善的物业管理政策法规体系,完善物业服务行业标准,持续提升物业行业服务水平。

2021 年 9 月,深圳市物业管理行业协会制定并发布《深圳市物业服务企业"合法经营、规范收费"承诺书》,要求公开物业服务收费和共有资金信息内容、增加优质物业管理服务供给。

在签订物业服务合同时,根据当地物业服务及收费的相关规定,结合物业的特点和定位合理确定服务和计价标准,并在合同中约定各自的权利和义务,是解决收费难的关键。

②加强物业管理的舆论宣传,提升业主法治意识。政府有关部门、物业管理协会、新闻媒体等应该通过电视、广播、报刊、管理规约、房屋买卖合同、物业服务合同等形式,对开发商、物业服务企业、业主、使用人大力宣传物业管理的相关知识,特别是物业管理方面的法律知识,如《民法典》《物业管理条例》《物业服务收费管理办法》等,使业主与物业服务企业明确他们之间是合同法律关系,当事人双方必须严格按照合同承担各自的义务。

③通过市场竞争,实行优胜劣汰。物业服务企业的市场竞争,将促使物业管理市场服务价格进一步降低;同时,必然使物业管理服务的品种、层次、深度、组合以及提供者等变得多种多样,消费者有更多的消费可能及选择机会,而且竞争将促进物业管理服务质量的提高。如此,将消除业主对物业管理服务质量等的抱怨情绪,使业主乐意交费,接受服务。

8.2　物业服务收费的法律规定

8.2.1　物业服务收费的法律依据

①《中华人民共和国民法典》《中华人民共和国价格法》(全国人大常委,1998 年 5 月 1 日起施行)。

②《价格违法行为行政处罚规定》(2010 年 12 月 4 日第三次修订)。

③《物业管理条例》。

④《物业服务收费管理办法》(国家发展和改革委员会、建设部,2004 年 1 月 1 日起施行)。

⑤《物业服务收费明码标价规定》(国家发展和改革委员会、建设部,2004 年 10 月 1 日起施行)。

⑥《物业服务定价成本监审办法(试行)》。

⑦地方规定。我国大部分省市都制定有关于物业管理服务收费的地方规定,《物业服务收费管理办法》出台后,各省市也对本地方的物业服务收费进行修订或制定,如:

a.《四川省物业服务收费管理细则》(四川省物价局、四川省建设厅,2004 年 1 月 1 日起施行)。

b.成都市关于实施《四川省物业管理收费细则》的意见(成都市物价局、成都市房产管理局,2004 年 10 月 1 日 1 起试行)。

⑧《前期物业服务合同》或《物业服务合同》。

8.2.2　物业服务收费的法律规定

1)物业服务收费的原则

《物业管理条例》第四十一条规定:"物业服务收费应当遵循合理、公开以及费用与服务水平相适应的原则,区别不同物业的性质和特点,由业主和物业服务企业按照国务院价格主管部门会同国务院建设主管部门制定的物业服务收费办法,在物业服务合同中约定。"

(1)合理原则

物业服务收费应当制订合理的标准,实行合理收费,优质优价,以物业服务企业服务质量的高低,确定不同的收费标准。物业服务企业要根据物业服务费用的构成,认真核定物业服务成本,再加上物业服务企业的合理利润,综合确定收费标准。政府物业管理部门和物价管理部门既要扶持并支持物业服务企业的正当收费,又要坚决制止乱收费、重复收费、变相收费的不合理行为。

物业服务成本或者物业服务支出构成一般包括以下部分:

①管理人员的工资、社会保险和按规定提取的福利费等。

②物业共用部位、共用设施设备的日常运行、维护费用。

③物业管理区域清洁卫生费用。

④物业管理区域绿化养护费用。

⑤物业管理区域秩序维护费用。

⑥办公费用。

⑦物业服务企业固定资产折旧。

⑧物业共用部位、共用设施设备及公众责任保险费用。

⑨经业主同意的其他费用。

（2）公开原则

物业服务企业与业主之间的关系是一种平等的民事法律关系,确定物业服务费时,业主委员会要公开征询业主的意见。物业服务企业要公开收费项目,将收费的详细情况向业主进行说明和解释;业主有权对收费情况进行询问、了解、检查和监督。

（3）服务费用与服务水平相适应的原则

由于全国各地或者同一地区的不同家庭收入水平差距较大,使得业主对物业服务企业提供的服务要求不同,对收费的承受能力也不尽相同。高收入者,往往希望得到较好的服务,并不在意费用支出多少;低收入者,则不敢奢求过多的服务,也承受不起较高的服务费用。因此,应当根据业主的经济承受能力,确定不同的服务方式和收费标准,坚持服务费用与服务水平相适应的原则。

2）物业服务收费的定价方式

《物业服务收费管理办法》第六条规定:"物业服务收费应当区分不同物业的性质和特点分别实行政府指导价和市场调节价。具体定价形式由省、自治区、直辖市人民政府价格主管部门会同房地产行政主管部门确定。"

第七条规定:"物业服务收费实行政府指导价的,有定价权限的人民政府价格主管部门应当会同房地产行政主管部门根据物业管理服务等级标准等因素,制定相应的基准价及其浮动幅度,并定期公布。具体收费标准由业主与物业管理企业根据规定的基准价和浮动幅度在物业服务合同中约定。实行市场调节价的物业服务收费,由业主与物业管理企业在物业服务合同中约定。"

第九条规定:"业主与物业管理企业可以采取包干制或者酬金制等形式约定物业服务费用。"

（1）物业服务价格的确定方法

物业服务价格分为政府指导价和市场调节价两种。

①政府指导价。本来专业化的物业管理是一种市场行为,是物业服务企业受业主聘请提供的一种服务商品,按照市场经济的要求,商品的价格应主要受供求关系的影响,由供求双方协商确定。但是《价格法》第18条规定:"下列商品和服务价格,政府在必要时可以实行政府指导价或者政府定价:(一)与国民经济发展和人民生活关系重大的极少数商品价格;(二)资源稀缺的少数商品价格;(三)自然垄断经营的商品价格;(四)重要的公用事业价格;(五)重要的公益性服务价格。"

物业管理服务具有一定的公益性,特别是在我国广大老百姓生活水平还不够高,物业管理市场发展还不够完善的情况下,政府应当对其进行适当的价格指导,即有定价权限的人民政府价格主管部门应当会同房地产行政主管部门根据物业管理服务等级标准等因素,制订相应的基准价格及其浮动幅度,并定期公布。具体收费标准由业主与物业服务企业根据规定的基准价和浮动幅度在物业服务合同中约定。

《四川省物业服务收费管理细则》第六条规定:"物业服务收费应当区分不同物业的性质和特点,分别实行政府指导价和市场调节价。普通住宅物业服务收费实行政府指导价,普通住宅以外的物业服务收费实行市场调节价。普通住宅的范围由各市、州确定并报省建设行政主管部门备案。"

成都市关于贯彻实施《四川省物业服务收费管理细则》意见的通知:"我市物业服务收费按不同物业的性质和特点分别实行政府指导价和市场调节价。住宅(不含别墅)物业服务收费实行政府指导价,别墅及其他非住宅物业的服务收费实行市场调节价。"

物价部门和房地产主管部门在确定指导价格时,应当充分听取物业服务企业、业主委员会以及业主、使用人的意见,既要有利于物业管理服务的价值补偿,也要考虑业主的经济承受能力,以物业管理服务发生的费用为基础,结合物业管理服务内容、服务质量、服务深度确定。物价部门对确定的指导价格,应当根据物价等因素的变化适时进行调整,并及时公布。

②市场调节价。随着人们生活水平的提高以及物业管理市场的完善,物业管理服务的价格由供求双方,即业主和物业服务企业进行协商确定将成为主要定价方法。

(2)物业服务费用的收取方式

物业服务费用的收取方式分为包干制和酬金制。

①包干制。包干制是指由业主向物业服务企业支付固定物业服务费用,盈余或者亏损均由物业服务企业享有或者承担的物业服务计费方式。目前我国物业管理收费普遍采取此种收费方式。

②酬金制。酬金制是指在预收的物业服务资金中按约定比例或者约定数额提取酬金支付给物业服务企业,其余全部用于物业服务合同约定的支出,结余或者不足均由业主享有或者承担的物业服务计费方式。

在"酬金制"方式下,物业公司只拿应该获得的酬金,其他物业服务支出费用的所有权属于业主,而不属于物业服务企业,这有利于保障物业管理费能够全部用于物业管理,让业主明明白白消费。但由于这是我国才予以确认的收费方式,目前应用还不普遍。

3)物业服务费用交纳的主体

《民法典》第二百八十三条规定:"建筑物及其附属设施的费用分摊、收益分配等事项,有约定的,按照约定;没有约定或者约定不明确的,按照业主专有部分面积所占比例确定。"物业服务企业向业主提供物业管理服务,根据"谁受益,谁负担"的原则,物业服务费应该由业主承担。在实践中,由于物业占有、使用的主体不同,物业服务费的交纳主体分为 3 种情况:第 1 种情况是由业主交纳;第 2 种情况是由物业使用人交纳;第 3 种情况是由建设单位交纳。

(1)业主交纳物业服务费

《民法典》第九百四十四条规定:"业主应当按照约定向物业服务人支付物业费。物业服务人已经按照约定和有关规定提供服务的,业主不得以未接受或者无需接受相关物业服务为由拒绝支付物业费。业主违反约定逾期不支付物业费的,物业服务人可以催告其在合理期限内支付;合理期限届满仍不支付的,物业服务人可以提起诉讼或者申请仲裁。物业服务人不得采取停止供电、供水、供热、供燃气等方式催交物业费。"

《物业服务收费管理办法》第十五条:"业主应当按照物业服务合同的约定按时足额交纳物业服务费用或者物业服务资金。业主违反物业服务合同约定逾期不交纳服务费用或者物业服务资金的,业主委员会应当督促其限期交纳;逾期仍不交纳的,物业管理企业可以依法追缴。"

《物业管理条例》第六十七条:"违反物业服务合同约定,业主逾期不交纳物业服务费用的,业主委员会应当督促其限期交纳;逾期仍不交纳的,物业服务企业可以向人民法院起诉。"

（2）物业使用人交纳物业服务费

《物业服务收费管理办法》第十五条:"业主与物业使用人约定由物业使用人交纳物业服务费用或者物业服务资金的,从其约定,业主负连带交纳责任。""物业使用人"是指物业承租人和其他实际使用物业的非所有权人。在实践中,有时使用物业的主体并非业主,而是如物业承租人等物业使用人。由于物业使用人是接受物业服务企业提供服务的实际受益人,虽然物业服务企业和业主签订物业服务合同,但如果业主和物业使用人达成由物业使用人交纳物业服务费用协议的,从其约定。对此,《物业管理条例》第四十条有明确规定。这不仅符合我国民法的有关规定,而且有利于物业服务合同的实际履行。

考虑到物业服务合同的主体是业主本身,而且在物业租赁合同中,业主又是受益人,因此《物业管理条例》也明确了业主负连带交纳物业服务费用的责任。即在物业使用人不能按照合同约定交纳物业服务费用的,物业服务企业可以要求业主交纳物业服务费用;业主在交纳物业服务费用后,享有依法向物业使用人追偿的权利。必须明确,按照物业服务合同交纳物业服务费用的主体是业主,物业服务企业提供的服务受益人首先是业主,当然也包括物业承租人和其他实际使用物业的非所有权人。但业主是物业服务企业活动的民事主体,物业服务企业是由业主聘请的,业主交纳物业服务费用是建筑物区分所有权法律制度所规定的基本义务。

（3）建设单位交纳物业服务费

《物业服务收费管理办法》第十六条:"纳入物业管理范围的已竣工但尚未出售,或者因开发建设单位原因未按时交给物业买受人的物业,物业服务费用或者物业服务资金由开发建设单位全额交纳。"

一些地方性法规也做出规定,如《四川省物业服务收费管理细则》第十七条:"纳入物业管理范围的已竣工但未出售,或者因开发建设单位原因未按时交给物业买受人的物业,物业服务费用或者物业服务资金由开发建设单位全额交纳。"

成都市关于贯彻实施《四川省物业服务收费管理细则》意见的通知 :"物业买受人自物业竣工并交付使用之日起,按物业服务合同约定足额缴纳物业服务费用;纳入物业管理范围的已竣工但尚未出售,或因开发建设单位原因未按时交给物业买受人的物业,物业服务费用由开发建设单位按统一标准缴纳。"

在一个物业管理区域内的新建物业,其产权的多元化需要一个过程。在建设单位销售物业之前,建设单位是唯一的业主。如果建设单位聘请了物业服务企业实施前期物业管理服务的,应当支付前期物业管理的物业服务费用。在物业开始销售给众多分散的业主时,建设单位仍然需要就没有售出以及没有交付给业主的物业交纳物业服务费用;已经出售并交付给业主的物业,物业服务费用由业主交纳。《物业管理条例》第四十一条、《物业服务收费管理办法》第十六条关于已竣工但尚未出售或者尚未交给物业买受人的物业,物业服务费用由建设单位交纳的规定强化了建设单位的义务,也能促使建设单位将物业出售给他人后,及时交付物业。

4) 特约服务的收费

《物业管理条例》第四十三条规定:"物业服务企业可以根据业主的委托提供物业服务合同约定以外的服务项目,服务报酬由双方约定。"

物业服务合同与其他民事合同相比,具有特殊性。物业服务合同的标的是物业服务企业提供的物业服务,物业服务的对象是物业管理区域内的全体业主。对于每一个业主而言,依据物业服务合同享受的服务都是一样的。然而,正是由于每个业主都是独立的民事主体,情况各异,在全体业主均有的共同需求之外,单个业主不可避免会发生不同他人的特殊需求。如李业主夫妇是上班族,需要请人为其接送小孩,而在李业主所在的物业管理区域内,并非每一个业主都有这种需求。因此,这一需求无法通过业主委员会与物业服务企业订立的物业服务合同解决。如果李业主需要物业服务企业提供接送小孩的服务,则可以与物业服务企业就该事项订立协议。该协议与物业服务合同在主体、内容等方面并不一致,不能混为一谈。同时物业服务企业是一个营利性法人,因此,其提供物业服务合同之外的项目,通常为有偿服务,接受服务的业主需要支付一定的服务报酬,服务报酬的数额、支付方式、支付时间等均由当事人自主约定。当然,一些物业服务企业出于经营策略、为业主提供方便等方面的考虑,也可能无偿为业主提供某些服务,但特约服务协议与物业服务合同一样,属于双务合同的范畴,以有偿为原则。

值得注意的是,特约服务属于派生服务的范畴,提供特约服务,并不是物业服务企业的法定义务。所以《物业管理条例》第四十三条规定中是"可以"而不是"应当"提供特约服务。这是因为,物业服务企业是按照物业服务合同的约定来为物业管理区域内的全体业主提供物业服务的。合同约定之外的服务事项,由于当事人未做约定,按照契约自由原则,业主即使支付报酬也不能强制要求物业服务企业提供。当然,提供特约服务往往对业主和物业服务企业均有好处,对于业主而言,可以满足自身需求,提高生活质量;对于物业服务企业而言,可以提高企业的亲和力和业主的认同感,同时也可以获得一定的经济效益。因此,虽然提供特约服务不是物业服务企业的义务,但对业主提出的特约服务要求,有条件的物业服务企业应当尽量满足;实在没有条件的,应当予以说明,并帮助业主解决问题。当然,物业服务企业提供特约服务时,不得超越县级以上人民政府房地产行政主管部门核定的企业资质规定的服务范围,更不得违法提供服务。

5) 公用事业服务项目的收费

《物业管理条例》第四十四条规定:"物业管理区域内,供水、供电、供气、供热、通信、有线电视等单位应当向最终用户收取有关费用。物业服务企业接受委托代收前款费用的,不得向业主收取手续费等额外费用。"

《物业服务收费管理办法》第十七条:"物业管理区域内,供水、供电、供气、供热、通讯、有线电视等单位应当向最终用户收取有关费用。物业管理企业接受委托代收上述费用的,可向委托单位收取手续费,不得向业主收取手续费等额外费用。"

一些地方法规也做出规定,如《成都市物价局、成都市房产管理局关于贯彻实施〈四川省物业服务收费管理细则〉意见的通知》:"物业管理区域内,供水、供电、供气、供热、通讯、有线电视等单位应当向最终用户收取有关费用。物业服务企业接受委托代收上述费用的,可向委托单位收取3%以内的手续费(不得计入价内),但不得向业主收取手续费等额外费用,并不再分摊水、电计量总表至业主户表之间的管线损耗。"

①物业管理区域内,供水、供电、供气、通信、有线电视等属于特殊合同,当事人是公共事业单位和业主物业管理区域内,供水、供电、供气、通信、有线电视等合同的标的,即水、电、气、热、通信、有线电视等,既是国民经济中的重要能源,也是一种特殊的商品。其合同是由相应的单位向人们提供水、电、气、通信、有线电视等,由使用人支付价款的合同,双方当事人的关系是一种买卖关系,所以供水、供电、供气、通信、有线电视等单位应当向最终用户收取有关费用。最终用户是指能够分割的最小的用户单位。物业服务企业不是供水、供电、供气、通信、有线电视等合同的当事人,没有义务向这些公用事业单位支付这些费用,也没有义务向业主收取这些费用。所以,一方面供水、供电、供气、通信、有线电视等单位既不能利用自己垄断经营的优势,强迫物业服务企业代其收缴本应当由其收缴的费用;另一方面业主不能拒交水、电、气、热、有线电视等费用,也不能让物业服务企业承担水、电等分户表和小区总表的差额。

②物业服务企业可以接受委托代收有关费用,但不得向业主收取手续费等额外费用。当然,如果供水、供电、供气、通信、有线电视等单位每次均向每一个业主收费,会导致交易成本增加,对当事人双方均无益处。物业服务企业作为管理服务人,对物业及业主的情况比较熟悉,如果物业服务企业接受供水、供电、供气、通信、有线电视等单位的委托,代其向业主收取相关费用,可以节省当事人的时间和金钱,提高办事效率。因此,物业服务企业可以接受供水、供电、供气、通信、有线电视等单位的委托代收有关费用。供水、供电、供气、通信、有线电视等单位委托物业企业代收费用的,两者之间是一种委托合同关系。按照《民法典》第九百一十九条规定:"委托合同是委托人和受托人约定,由受托人处理委托人事务的合同。"除当事人另有约定外,受托

人完成委托人委托事务的,委托人应当向其支付报酬。物业服务企业是以利润最大化为目标的营利性组织,除为业主提供物业服务外,也可以提供与物业管理有关的服务项目。接受供水、供电、供气、通信、有线电视等单位的委托,代其收取有关费用,便是这些服务项目之一,并因此可以获得报酬。而业主不是该委托合同的当事人,不负担由此产生的任何费用,所以在实践中,物业服务企业在接受公共事业单位的委托代收相关费用,以手续费、管理费、劳务费等名目向业主收取额外的费用,是违法的。当然,物业服务企业并不是必须要接受此类委托,是否接受委托,物业服务企业需要根据自身经营状况决定。公共事业单位无权强制物业服务企业代收费用,物业服务企业也不能强制公共事业单位将代收业务委托给自己。

③值得强调的是,供水、供电、供气、通信、有线电视等单位、业主、物业服务企业之间存在 3 个合同,产生了 3 个支付费用(报酬)的义务。

a.业主与供水、供电、供气、通信、有线电视等单位之间是供水、供电、供气、通信、有线电视合同关系。据此合同和相关的法律规定,供水、供电、供气、通信、有线电视等单位向业主提供水、电、气、热、通信、有线电视等商品,业主据此合同向这些公共事业单位支付水、电、气、热、通信、有线电视费。

b.物业服务企业与供水、供电、供气、供热、通信、有线电视等单位之间是委托合同关系。据此合同,物业服务企业代这些公共事业单位收取相关费用,公共事业单位向物业服务企业支付委托报酬。

c.业主和物业服务企业之间是物业服务合同关系。物业服务企业据此合同和相关的法律规定向业主提供物业服务,业主据此合同向物业服务企业交纳物业服务费用。

6) 物业服务收费的监督

《物业管理条例》第四十二条规定:"县级以上人民政府价格主管部门会同同级房地产行政主管部门,应当加强对物业服务收费的监督。"

《物业服务收费管理办法》第四条规定:"国务院价格主管部门会同国务院建设行政主管部门负责全国物业管理收费的监督管理工作。县级以上人民政府价格主管部门会同同级房地产行政主管部门负责本行政区域内物业服务收费的监督管理工作。"第八条规定:"物业管理企业应当按照政府价格主管部门的规定实行明码标价,在物业管理区域内的显著位置,将服务内容、服务标准以及收费项目、收费标准等有关情况进行公示。"第十二条规定:"实行物业服务费用酬金制的,预收的物业服务支出属于代管性质,为所交纳的业主所有,物业管理企业不得将其用于物业服务合同约定以外的支出。物业管理企业应当向业主大会或者全体业主公布物业服务资金年度预决算并每年不少于一次公布物业服务资金的收支情况。业主或者业主大会对公布的物业服务资金年度预决算和物业服务资金的收支情况提出质询时,物业管理企业应当及时答复。"第十九条规定:"物业管理企业已接受委托实施物业服务并相应收取服务费用的,其他部门和单位不得重复收取性质和内容相同的费用。"第二十一条规定:"政府价格主管部门会同房地产行政主管部门,应当加强对物业管理企业的服务内容、标准和收费项目、标准的监督。物业管理企业违反价格法律、法规和规定,由政府价格主管部门依据《中华人民共和国价格法》和《价格违法行为行政处罚规定》予以处罚。"

物业服务收费问题与人民群众的切身利益相关,是物业管理中的核心问题,也是业主投诉的热点问题。越权定价,擅自提高收费标准,擅自设立收费项目乱收费,不按规定实行明码标价,提供服务质价不符,只收费不服务或多收费少服务等是业主反映最多的物业服务企业的价格违法行为。为了促进物业管理的健康发展,必须加强对物业服务收费的监督和管理。对物业服务收费的监督按照监督主体的不同分为业主监督和政府监督。

(1)业主监督

物业服务收费涉及每一个业主的利益,特别是酬金制收费,因为物业服务费用中除去酬金后的部分属于代管资金,所有权归所交纳的业主,所以法律法规赋予了了业主监督物业服务企业物业服务费用收取、使用、管理情况的权利,《物业服务收费管理办法》第八条、第十二条对此有明确规定。当然,业主对物业服务企业收费的监督更多的是通过其业主大会及业主委员会实现的。作为业主大会及业主委员会,可以从以下方面对物业服务收费进行监督:

①监督物业服务企业是否按照政府价格主管部门的规定实行明码标价,是否在物业管理区域内的显著位置,将服务内容、服务标准以及收费项目、收费标准等有关情况进行公示。

②若实行酬金制,应当在物业服务合同中约定业主大会或者业主委员会有定期检查物业服务企业物业服务费用收支表的权利,以监督物业服务企业的各项费用支出是否合理。还可以与物业服务企业约定"例外大额费用支出报告制度",即发生约定以外的大额费用,支出前须报业主大会或者业主委员会同意。

③监督物业服务企业向业主大会或者全体业主公布物业服务资金年度预决算,对存在疑问的地方向物业服务企业提出质询。还可以在物业服务合同中约定,业主大会或者业主委员会对物业服务资金年度预决算有委托会计师事务所进行审计的权利。

(2)政府监督

①监督部门。价格法规定,"国家支持和促进公平、公开、合理的市场竞争,维护正常的价格秩序,对价格活动实行管理、监督和必要的调控";"县级以上各级人民政府价格主管部门,依法对价格活动进行监督检查,并依照本法的规定对价格违法行为实施行政处罚"。因此,县级以上人民政府价格主管部门有权对物业服务收费活动依法进行监督检查。而县级以上房地产行政主管部门是物业管理活动的主管部门,有权对物业管理活动进行全面监督检查。物业服务收费属于物业管理活动的一部分,对物业管理当事人的利益有着重大影响,因此,物业管理条例规定县级以上人民政府价格主管部门会同同级房地产行政主管部门进行物业服务收费的监督检查。

②监督手段。

a.审批制度。在物业交付使用但尚未召开业主大会,成立业主委员会之前,物业服务收费一般由物业服务企业在政府指导价范围内提出,报县级以上物价部门审批。按照《价格违法行为行政处罚规定》第九条规定:"经营者不执行政府指导价、政府定价,有下列行为之一的,责令改正,没收违法所得,并处违法所得 5 倍以下的罚款;没有违法所得的,处 5 万元以上 50 万元以下的罚款,情节较重的处 50 万元以上 200 万元以下的罚款;情节严重的,责令停业整顿:(一)超出政府指导价浮动幅度制定价格的;(二)高于或者低于政府定价制定价格的;(三)擅自制定属于政府指导价、政府定价范围内的商品或者服务价格的;(四)提前或者推迟执行政府指导价、政府定价的;(五)自立收费项目或者自定标准收费的;(六)采取分解收费项目、重复收费、扩大收费范围等方式变相提高收费标准的;(七)对政府明令取消的收费项目继续收费的;(八)违反规定以保证金、抵押金等形式变相收费的;(九)强制或者变相强制服务并收费的;(十)不按照规定提供服务而收取费用的;(十一)不执行政府指导价、政府定价的其他行为。"

b.备案制度。在召开业主大会、成立业主委员会之后,物业服务收费标准由业主委员会与物业服务企业在物业服务合同中按照政府指导价的范围约定或由双方协商确定,并报物价部门备案。

c.明码标价制度。国家发改委、建设部根据《中华人民共和国价格法》《物业管理条例》和《关于商品和服务实行明码标价的规定》,制定了《物业服务收费明码标价规定》,要求物业服务企业向业主提供服务(包括按照物业服务合同约定提供物业服务以及根据业主委托提供物业服务合同约定以外的服务),应当按照本规定实行明码标价,标明服务项目、收费标准等有关情况。政府价格主管部门对物业服务企业执行明码标价规定的情况实施监督检查。按照《价格违法行为行政处罚规定》第十三条规定:"经营者违反明码标价规定,有下列行为之一的,责令改正,没收违法所得,可以并处 5 000 元以下的罚款:(一)不标明价格的;(二)不按照规定的内容和方式明码标价的;(三)在标价之外加价出售商品或者收取未标明的费用的;(四)违反明码标价规定的其他行为。"

d.检查价格违法行为。《价格法》第三十四条规定:"政府价格主管部门进行价格监督检查时,可以行使下列职权:(一)询问当事人或者有关人员,并要求其提供证明材料和与价格违法行为有关的其他资料;(二)查询、复制与价格违法行为有关的账簿、单据、凭证、文件及其他资料,核对与价格违法行为有关的银行资料;(三)检查与价格违法行为有关的财物,必要时可以责令当事人暂停相关营业;(四)在证据可能灭失或者以后难以取得的情况下,可以依法先行登记保存,当事人或者有关人员不得转移、隐匿或者销毁。"

e.处罚制度。物业服务企业违反价格法律、法规和规定,由政府价格部门依据《中华人民共和国价格法》和《价格违法行为行政处罚规定》予以处罚。具体处罚规定可详见《价格违法行为行政处罚规定》。

7) 物业服务欠费的处理

《民法典》第九百四十四条第二款规定:"业主违反约定逾期不支付物业费的,物业服务人可以催告其在合理期限内支付;合理期限届满仍不支付的,物业服务人可以提起诉讼或者申请仲裁。物业服务人不得采取停止供电、供水、供热、供燃气等方式催交物业费。"

《民法典》第二百八十六条第二款规定:"业主大会或者业主委员会,对任意弃置垃圾、排放污染物或者噪声、违反规定饲养动物、违章搭建、侵占通道、拒付物业费等损害他人合法权益的行为,有权依照法律、法规以及管理规约,请求行为人停止侵害、排除妨碍、消除危险、恢复原状、赔偿损失。"

《物业管理条例》第六十四条规定:"违反物业服务合同约定,业主逾期不交纳物业服务费用的,业主委员会应当督促其限期交纳;逾期仍不交纳的,物业服务企业可以向人民法院起诉。"

业主和物业服务企业之间是平等的民事法律关系,物业服务企业按照物业服务合同的约定提供一定标准的服务,业主按时交纳物业服务费用。业主不交纳物业服务费用构成违反物业服务合同约定或者管理规约规定的行为,应当承担相应的法律责任。

业主逾期不交纳物业服务费用的违法行为有双重性质。首先,对于物业服务企业而言,业主不交纳服务费是一种违约行为;其次,对于物业管理区域内其他业主而言,这种"搭便车"的行为,实际上侵害了按时交费的业主的权益。因为,物业服务费用中更多的是维持建筑物正常使用的共用设施设备的运行保养费用,以及对物业管理区域内公共区域的治安、保洁等的服务费用。少数业主逾期不交纳物业服务费用却在享受其他业主交纳的物业服务费用所换来的物业管理服务,结果造成物业服务费用和物业管理服务的不到位,可能会影响物业功能的正常发挥,使物业得不到应有的保养和维修,最后导致物业的加速老化和折旧,也使物业管理区域内综合性的物业管理服务质量降低。所以,少数业主逾期不交纳物业服务费,是对业主共同利益的侵犯。

对于业主逾期不交纳物业服务费用的处理有两种办法:

①业主委员会应当督促其在规定期限内交纳。由于物业服务合同是由全体业主与物业服务企业签订的,个别业主逾期不交纳物业服务费用已构成违约行为。对此,全体业主都是有责任的,因此,作为全体业主执行机构的业主委员会,就应当担负起督促其限期交纳的责任。

②物业服务企业可以向人民法院起诉。对于逾期仍不交纳的业主,物业服务企业可以依据有关法律、法规和物业服务合同,依法向人民法院起诉,要求逾期不交纳物业服务费用的业主给付物业服务费用,并支付相应的违约金,这是物业服务企业最基本的权利。

应当说明的是,督促欠费业主交费的是业主大会、业主委员会,但是物业服务企业起诉的对象只能是单个业主。因为,虽然与物业服务企业签订物业服务合同的是业主委员会,但作为合同一方的,并不是业主委员会,而是全体业主,业主委员会只是按照业主大会的决议,代表全体业主与物业服务企业签订物业服务合同。在合同的履行中,也是由各业主按照合同的约定分别履行自己的义务。业主委员会作为业主大会的常设机构,只能根据管理规约和业主大会的决定做出一定的行为。如果物业服务企业起诉业主委员会,最后责任的承担者实际会转嫁到全体业主身上,要求所有业主尤其是已经交纳费用的业主承担一部分欠费业主的义务是不公平的,所以,物业服务企业应当直接起诉欠费业主本人。

值得注意的是,物业服务企业在提供管理服务过程中要始终贯彻"人性化"的经营理念。在实践中对于业主拖欠物业服务费用,不能只是简单地依据法律法规、合同进行处理,而应当调查业主拖欠费用的原因,是业主工作或者其他原因无意耽误了,还是对物业管理服务有意见,甚至是恶意不交。对于无意欠交的,物业服务企业应该提醒业主及时补交;对于对物业服务有意见而拒交的,应该认真对待业主的意见,有则改之,无则加勉,同时做好解释工作,解除业主的疑虑,以便费用的收取;对于恶意不交的"钉子户",经过解释、催交仍拒绝交纳费用的,只有通过法律程序与手段来解决。但在实践中,许多物业服务企业并不太愿意走司法途径,一方面,是不愿意和业主对簿公堂,担心将彼此的关系搞僵;另一方面,是当前我国的司法程序较为烦琐,许多物业服务企业不愿意花过多的时间和精力去打官司。

8)物业服务收费常见问题的解答

在物业管理纠纷中,收费纠纷所占的比例最大,不管是业主还是物业服务企业,都十分关注物业服务收费。为了使读者更好地熟悉物业服务收费的相关法律规定,除了上述内容外,下面用问答的形式将实践中常见的一些问题予以介绍:

(1)物业服务企业应该何时开始收取物业服务费用?

物业服务企业一般从房屋交付业主后,开始计收物业服务费用;也有的物业服务企业从住户办理入住手续时开始计收物业服务费用。如果开发商发出入住通知后,购房人无正当理由不来收楼的,物业服务费用可以从发出入住通知书 1 个月后开始计算。

(2)在计算物业服务费用时,计费面积以什么为准?

计费面积应该以不动产登记簿(房产证)上标明的建筑面积为准。这个建筑面积包括两个部分:一部分是套内建筑面积,另一部分是公用分摊面积。对于还没有取得产权证的房屋,以开发商与购房人签订的购房合同上的建筑面积为准。

(3)物业服务企业有权罚业主的款吗?

从法律角度来讲,罚款是一种行政处罚行为,而不存在所谓"行政处罚罚款"与"经济处罚罚款"之分。除行政处罚罚款之外,所有的相似情形都不能再称为"罚款"。既然罚款是一种行政处罚行为,那么设定和实施罚款就必须以行政处罚法和相关法律、法规、规则为法律依据。《行政处罚法》(2021 年 1 月 22 日修订)第十七条规定:"行政处罚由具有行政处罚权的行政机关在法定职权范围内实施"。而物业服务企业只是一个企业法人,不是行政机关,所以无权实施包括罚款在内的任何行政处罚行为。物业服务企业实施罚款行为的原因有如下两方面:

①很多物业服务企业的心态和指导原则不对,没有把自己当作提供服务者而当作了管理者,所以在工作中就有很多与其职能不符的做法,随意罚款就是其中之一。消除其对职能、权利的错误理解,将对其正确定位自己、理顺关系、提高服务质量,都有一定的意义。

②一些装修人员在施工区域吸烟以及搬家公司损坏了电梯都可能被罚款。这些行为只是违反安全规定的行为或民事损害行为,物业服务企业可以制止,也可以要求他们支付违约金或赔偿金,但不能罚款。赔偿金和违约金以实际损失和违约责任为准。

综上所述,物业服务企业确实无权实施罚款等行政处罚行为,即使是对业主的违约行为,物业服务企业也只能使用违约金和赔偿金进行管理。

(4)业主对小区共有设施是否应该无偿使用呢?

有的业主认为物业区域内的路面车棚、游泳池等共用设施,产权归全体业主。在此条件下,业主应该无偿使用。但是由于全体业主共有,并代表全体业主都在使用,因此,这些资源在使用上并不能由业主公平使用,而物业服务收费中也没有包括这些费用。如成都市关于贯彻《四川省物业服务收费管理细则》意见的通知中明确指出:"物业服务收费政府指导价标准中不包括居民生活垃圾处置费(袋装垃圾收运服务费)、车辆停放费、共用设施(如游泳池等)使用费。"所以,应该对占用或使用小区共有设施的业主收取一定的费用。如停车位交给单个业主使用,是单个业主与全体业主之间的场地租赁法律关系;业主大会或者业主委员会委托物业服务企业向单个业主收取场地使用费是全体业主与物业服务企业之间的委托合同法律关系。当然,这些收费物业服务企业不能全部纳入企业收入,物业服务企业应该从场地使用费中提取合同约定的管理费,剩余部分返还给全体业主(一般是补充维修资金或者按照业主大会约定的用途使用)。

(5)首层住户需交电梯费吗?

应该交纳电梯的运行维护管理费,其原因有三:

①从财产所有权关系来看:电梯属楼内全体产权人共有,共有财产的维护管理费用应由全体产权人负担。

②从电梯服务的特点来看:电梯服务属公共性服务,不能排斥任何人去乘电梯,电梯的运行费用也不会因为某一个人不去乘坐而减少。

③从实际操作上讲,如果同意首层住户不交电梯费,那么会引起一系列的连锁反应,2层、3层住户可能会以不使用电梯为由拒绝交纳电梯费,甚至更高楼层的住户也不交纳电梯费用,其结果是电梯费无人交纳,电梯无法运行。

但若在电梯安装时考虑了低层(如3层以下)住户不用电梯,而电梯安装时就设置为不在低层停留,则这些低层住户就不用承担电梯费用。由于低层业主是否交电梯费涉及业主的共同利益,因此具体可由业主协商决定,当然,各地方性法规对此有明确规定的,应遵循其规定。

8.3　专项维修资金的法律规定

8.3.1　专项维修资金的概念及重要性

专项维修资金,过去称为"专项维修基金",是指法律规定由业主交纳的,专项用于住宅共用部位、共用设施设备保修期满后维修、更新和改造的资金。

房屋修缮是物业管理的主要环节之一,对保障房屋使用安全、保持和提高房屋的完好程度和使用功能及物业的保值增值均有重要意义。而我国的住宅绝大多数属于群体类型,且多以住宅小区的方式开发建设,住宅单位间存在共用部位。这些共用部位、共用设施设备是否完好,运行是否正常,关系到相邻住宅,甚至整栋楼、整个小区住宅的正常使用和安全,关系到全体业主的利益和社会公共利益。所以,为了及时维修物业的共用部位、共用设施设备,由所有业主预缴一定费用,建立住房专项维修资金是十分必要的,是提高和保持房屋完好率,延长房屋的使用寿命,保障房屋安全,维护业主利益的得力措施。特别是当物业共用部位、共用设施设备安全出现突发情况时,能够为及时有效地组织抢修提供资金保障。

为了规范专项维修资金的筹集、管理和使用,建设部和财政部联合颁布《住宅专项维修资金管理办法》(2008 年 2 月 1 日施行);有的地方政府也制定了地方管理办法,如《成都市住宅专项维修资金管理办法》(2018 年 2 月 1 日施行)。

8.3.2　专项维修资金管理的法律依据

①《民法典》第二百八十一条规定:"建筑物及其附属设施的维修资金,属于业主共有。经业主共同决定,可以用于电梯、屋顶、外墙、无障碍设施等共有部分的维修、更新和改造。建筑物及其附属设施的维修资金的筹集、使用情况应当定期公布。紧急情况下需要维修建筑物及其附属设施的,业主大会或者业主委员会可以依法申请使用建筑物及其附属设施的维修资金。"

②《物业管理条例》第五十三条规定:"住宅物业、住宅小区内的非住宅物业或者与单幢住宅楼结构相连的非住宅物业的业主,应当按照国家有关规定交纳专项维修资金。专项维修资金属于业主所有,专项用于物业保修期满后物业共用部位、共用设施设备的维修和更新、改造,不得挪作他用。专项维修资金收取、使用、管理的办法由国务院建设行政主管部门会同国务院财政部门制定。"

③《住宅专项维修资金管理办法》。

④地方法律规定,如《成都市城市住房专项维修资金管理暂行办法》。

⑤管理规约等。

8.3.3　专项维修资金的主要法律规定

1) 交纳主体

按照《物业管理条例》第五十三条的规定,专项维修资金应该由业主交纳。物业管理条例明确以下 3 种物业的业主应该交纳专项维修资金:

①住宅物业的业主。

②住宅小区内的非住宅物业的业主。

③与单幢住宅楼结构相连的非住宅物业的业主。

第②和③类物业的业主之所以也要交纳住房专项维修资金,是因为这两类物业与住宅物业之间有着不可分割的关系。住宅小区内非住宅物业的业主和住宅物业的业主均需对小区内物业共用部位、共用设施设备的维护承担相应的责任,故住宅小区内的非住宅物业的业主也需要交纳专项维修资金。与单幢住宅楼相连的非住宅物业,与住宅楼之间有着共用部位,还可能有共用设施设备,故该非住宅物业的业主也需交纳住房专项维修资金。

《住宅专项维修资金管理办法》第六条也明确了专项维修资金资金的交纳主体:"下列物业的业主应当按照本办法的规定交存住宅专项维修资金:(一)住宅,但一个业主所有且与其他物业不具有共用部位、共用设施设备的除外;(二)住宅小区内的非住宅或者住宅小区外与单幢住宅结构相连的非住宅。前款所列物业属于出售公有住房的,售房单位应当按照本办法的规定交存住宅专项维修资金。"

各地的配套规定对此也有明确界定。如《上海市商品住宅专项维修资金管理办法》第二十五条规定:"物业管理区域内纳入住宅竣工配套计划的新建商品住宅的 配套公共建筑设施,应当由设施接收单位按本办法第六条第一款 第一项和第二项规定标准的总和,在办理设施移交手续之日起的 15 日内交纳首期专项维修资金;其中,单幢的配套公共建筑设施由一家单位接收的,按规定标准的 50% 交纳。前款规定以外的物业管理区域内非居住房屋,应当由房地产 开发企业和购房人按本办法第六条和第七条的规定交纳首期专 项维修资金。物业管理区域内非居住房屋专项维修资金的使用和管理,依 照本办法的有关规定执行。"

再如《成都市住宅专项维修资金管理办法》第三十九条规定:"住宅建筑区划外,拥有两个以上所有权人的商业类非住宅,应当参照本办法建立专项维修资金。参照执行的具体范围由市房产行政管理部门另行制定。"

2) 交纳标准

《住宅专项维修资金管理办法》第七条、第八条对交纳标准有明确规定。

第七条:"商品住宅的业主、非住宅的业主按照所拥有物业的建筑面积交存住宅专项维修资金,每平方米建筑面积交存首期住宅专项维修资金的数额为当地住宅建筑安装工程每平方米造价的 5% 至 8%。直辖市、市、县人民政府建设(房地产)主管部门应当根据本地区情况,合理确定、公布每平方米建筑面积交存首期住宅专项维修资金的数额,并适时调整。"

第八条:"出售公有住房的,按照下列规定交存住宅专项维修资金:(一)业主按照所拥有物业的建筑面积交存住宅专项维修资金,每平方米建筑面积交存首期住宅专项维修资金的数额为当地房改成本价的 2%。(二)售房单位按照多层住宅不低于售房款的 20%、高层住宅不低于售房款的 30%,从售房款中一次性提取住宅专项维修资金。"

3) 交纳时间

《住宅专项维修资金管理办法》第十二条规定:"商品住宅的业主应当在办理房屋入住手续前,将首期住宅专项维修资金存入住宅专项维修资金专户。已售公有住房的业主应当在办理房屋入住手续前,将首期住宅专项维修资金存入公有住房住宅专项维修资金专户或者交由售房单位存入公有住房住宅专项维修资金专户。公有住房售房单位应当在收到售房款之日起 30 日内,将提取的住宅专项维修资金存入公有住房住宅专项维修资金专户。"

地方规定也有明确要求,如《成都市住宅专项维修资金管理办法》第八条规定:"新建住宅首期专项维修资金,由开发建设单位和业主在开发建设单位申请办理国有建设用地使用权及房屋所有权首次登记前,按照下列规定交存:(一)开发建设单位对配备电梯的房屋,应当按照每平方米建筑面积计算成本价的 3.5% 交存;对未配备电梯的房屋,应当按照每平方米建筑面积计算成本价的 3% 交存。所交存的专项维修资金,进入当期销售费用,归建筑区划内全体业主所有,分摊计入按房屋户门号设立的业主分户账。(二)业主对配备电梯的房屋,应当按照每平方米建筑面积计算成本价的 2.5% 交存;对未配备电梯的房屋,应当按照每平方米建筑面积计算成本价的 2% 交存。办理国有建设用地使用权及房屋所有权首次登记前尚未出售的房屋,开发建设单位应当按照本项规定交存首期专项维修资金。待房屋出售时,转由业主承担。已办理房屋所有权初始登记或国有建设用地使用权及房屋所有权首次登记但尚未出售的房屋,开发建设单位应当按照前款第(二)项规定将首期专项维修资金交存至专户;业主大会设立后开发建设单位仍未交存的,业主委员会应当通知开发建设单位限期交存。开发建设单位交存的专项维修资金已按建筑区划为单位单独列账的,可将单列账中专项维修资金余额分摊至相应范围内业主分户账。旧城改造、基础设施建设、保障性安居工程建设等对原房屋所有权人进行搬迁,且采取产权调换方式补偿的房屋,开发建设单位应当按照第一款第(一)项规定交存首期专项维修资金;业主为补偿安置对象的,应当按照第一款第(二)项规定交存的首期专项维修资金,由补偿安置义务主体承担。每平方米建筑面积计算成本价,由市房产行政管理部门定期发布。"

第九条规定："已售公有住房的首期专项维修资金,由公有住房售房单位和业主分别按下列规定提取、交存:(一)公有住房售房单位对配备电梯的房屋应当按售房款的30%,对未配备电梯的房屋应当按售房款的20%一次性提取专项维修资金,自售房款存入单位住房资金专户之日起30日内交存至专项维修资金专户,归公有住房售房单位所有。(二)业主应当按售房款的2%交存专项维修资金,在申请办理国有建设用地使用权及房屋所有权登记前交存至专项维修资金专户,归业主所有。"

第十条规定："开发建设单位申请办理国有建设用地使用权及房屋所有权首次登记的,应当向不动产登记机构提交开发建设单位和业主全额交存首期专项维修资金的凭证。已售公有住房业主申请办理国有建设用地使用权及房屋所有权登记的,应当向不动产登记机构提交全额交存首期专项维修资金的凭证。"

4)专项维修资金的所有权

按照《物业管理条例》第五十三条的规定,专项维修资金属业主所有。《住宅专项维修资金管理办法》第九条也明确规定："业主交存的住宅专项维修资金属于业主所有。从公有住房售房款中提取的住宅专项维修资金属于公有住房售房单位所有。"

有的地方规定专项维修资金,由房地产开发建设单位和业主共同负担专项维修资金,但其实质还是业主在购买房屋时承担了相应的专项维修资金,其体现的正是物业的价格。另外,从专项维修资金的用途上也可以得出其所有权归业主所有的结论,因为专项维修资金是专项用于物业共用部位、共用设施设备的维修、更新和改造,而物业共用部位、共用设施设备的所有权属于业主,专项维修资金的所有权自然应当属于业主。需要指出的是,专项维修资金属业主所有,并不意味着业主个人可以随意支配专项维修资金。专项维修资金制度是基于全体业主的共同利益而确定的制度,有关专项维修资金的收取、使用、管理等必须符合国家有关规定。

如《成都市住宅专项维修资金管理办法》第十一条规定:"房屋所有权转移时,该房屋专项维修资金分户账中结余的资金随房屋所有权同时转让。"第十二条规定:"业主大会设立前,或者业主大会已设立但未申请划转专项维修资金自管的,专项维修资金应当由市住宅专项维修资金管理机构代管。"

市房产行政管理部门应当遵循资金安全、服务优质的原则,按国家有关规定确定在本市范围内营业的商业银行,作为本市专项维修资金的专户管理银行。市住宅专项维修资金管理机构应当与专户管理银行签订专户管理协议,并在专户管理银行开设专户。

开设的专户,应当按建筑区划设账,按房屋户门号设业主分户账。售后公有住房售房单位提取的首期专项维修资金应当按建筑区划或幢单独列账,业主交存的专项维修资金按房屋户门号设业主分户账。业主分户账应当登记业主姓名、身份证件号码、联系方式等信息,记载交存、使用、结存等情况。

已设立业主大会的建筑区划,业主委员会依据业主大会决定开设专项维修资金专户并申请划转自管的,应当从我市专户管理银行中择优选择一家银行作为本建筑区划专户管理银行。

5) 专项维修资金的使用

(1) 专项维修资金的用途

按照《物业管理条例》第五十三条的规定,专项维修资金专项用于物业保修期满后物业共用部位、共用设施设备的维修和更新、改造,不得挪作他用。《住宅专项维修资金管理办法》第十八条、二十五条也对此明确规定。因此,下列情况不能使用专项维修资金:

①法应当由建设单位或者施工单位承担的住宅共用部位、共用设施设备维修、更新和改造费用。

②依法应当由相关单位承担的供水、供电、供气、供热、通讯、有线电视等管线和设施设备的维修、养护费用。

③应当由当事人承担的因人为损坏住宅共用部位、共用设施设备所需的修复费用。

④根据物业服务合同约定,应当由物业服务企业承担的住宅共用部位、共用设施设备的维修和养护费用。

(2) 专项维修资金的使用程序

《住宅专项维修资金管理办法》第二十二条、二十三条、二十四条对住宅专项维修资金划转业主大会之前、之后、发生危及房屋安全等紧急情况,对专项维修资金的使用程序作了明确规定。

各地方规定也应该有明确要求。这些规定都遵循了方便快捷、公开透明、受益人和负担人相一致的原则。

(3) 专项维修资金的分摊

专项维修资金的分摊应遵循"谁受益,谁负担"的原则。《住宅专项维修资金管理办法》第二十条有明确规定,各地方规定也有明确要求,一般都是按照所拥有的建筑面积的比例分摊。

6) 专项维修资金的管理

(1) 分阶段区别管理

《住宅专项维修资金管理办法》第十条、第十一条、第十四条、第十五条等对专项维修资金在业主大会成立前、成立后如何管理做了明确规定,各地方规定也有明确要求,一般是在业主大会成立前,由物业所在地直辖市、市、县人民政府建设(房地产)主管部门代管,业主大会成立后,尊重物权,将专项维修资金划归业主大会管理。

(2) 专款专户,按房门号设明细账

专项维修资金是专门专项用于住宅共用部位、共用设施设备保修期满后的维修和更新、改造,涉及广大业主的切身利益,应实行专款专户管理的原则,并按房门号设明细账,使受益人和负担人相一致。

《住宅专项维修资金管理办法》第十条、第十一条、第十四条、第十五条等对此有明确规定,各地方规定也有明确要求。

(3)建章建制,规范管理

专项维修资金的使用和管理容易出现违规现行,特别是划拨到业主大会后,业主大会是一个比较松散的群众组织,必须建立使用专项维修资金的规章制度,才能合理使用专项维修资金,对此《住宅专项维修资金管理办法》第十六条有明确规定,实践中,业主大会还可以聘请专业人员或专业机构协助管理。

(4)及时续交,保证专款额度

专项维修资金是共用部位、共用设施设备保修期满后的维修和更新改造的资金保证,应保证一定的额度,《住宅专项维修资金管理办法》第十七条对此有明确规定,业主分户账面住宅专项维修资金余额不足首期交存额30%的,应当及时续交。各地方规定也有明确要求。

(5)确保安全,合理投资

专项维修资金数额大,在物业投入使用的前期,维修量不大,专项维修资金大多处于闲置,对此,在确保专项维修资金安全的前提下,可对其合理投资。如《住宅专项维修资金管理办法》第二十六条、第二十七条对此有明确规定,各地方规定也有明确要求。

(6)专款与业主一致、与房屋状况相符原则

专项维修资金应与房屋所有权一致,当房屋所有权转移或房屋灭失,专项维修资金应做相应变更。以保证专款与业主一致原则,与房屋状况相符原则。对此《住宅专项维修资金管理办法》第二十八条、第二十九条有明确规定,房屋所有权转让时,业主应当向受让人说明住宅专项维修资金交存和结余情况并出具有效证明,该房屋分户账中结余的住宅专项维修资金随房屋所有权同时过户。房屋灭失的,应按照向业主返还住宅专项维修资金。各地方规定也有明确要求。

(7)定时公开,接受监督

管理专项维修资金的责任体(负责代管的主管部门或业主委员会)每年至少一次与专户管理银行核对专项维修资金账目,并向业主、公有住房售房单位公布专项维修资金使用状况,业主、公有住房售房单位对公布的情况有异议的,可以要求复核。同时,专项维修资金的管理和使用,应当执行财政部门有关规定,并依法接受审计部门的审计监督和财政部门的监督检查。《住宅专项维修资金管理办法》第三十条、三十四条有明确对此规定,各地方规定也有明确要求。

8.3.4 违反专项维修资金管理规定的法律责任

《物业管理条例》第五十三条明确规定,专项维修资金属业主所有,专项用于物业保修期满后物业共用部位、共用设施设备的维修和更新、改造,不得挪作他用;第六十条明确规定,挪用专项维修资金将受到相应的法律制裁。

《住宅专项维修资金管理办法》第五章,对专项维修资金交纳、使用、管理中存在的违规行为明确了相应的法律责任。

由于物业的自然特性,需要适时、有效地对物业进行维修。如果不能使公共物业得到维修,不仅会使公共物业的使用寿命缩短,还有可能造成安全事故。专项维修资金是物业公共部位、公共设施设备的"养老金",是对物业公共部位、公共设施设备进行及时、有效维修的资金保障,法律法规对此有明确的规定。挪用专项维修资金不仅侵犯了业主的权利,还破坏了行政管理秩序,因此要受到相应的法律制裁。

违反专项维修资金管理规定的行为主要有:

(1)不交纳专项维修资金

业主或公有住房售房单位不按相关规定交存住宅专项维修资金的,由县级以上地方人民政府财政部门会同同级建设(房地产)主管部门责令限期改正。

(2)挪用专项维修资金

所谓"挪用",是指将专项维修资金挪归自己使用,或者借给他人使用。该行为侵害的是业主对专项维修资金的所有权和对物业进行维修、养护的权利。

①挪用专项维修资金有 3 种情况:

a.房地产行政主管部门挪用。目前,许多地方规定在业主大会成立之前,专项维修资金由房地产行政主管部门代管,因此,房地产行政主管部门可能成为挪用专项维修资金的主体。

b.物业服务企业挪用。物业服务企业具体负责物业管理区域内的维修和养护,实际使用专项维修资金的也是物业服务企业,因此,物业服务企业可能成为挪用专项维修资金的主体。

c.个别业主挪用。专项维修资金归业主所有,这种所有本是共同所有而不是个别业主所有,但在实践中总是由具体的个别业主负责管理专项维修资金,因此,个别业主可能成为挪用专项维修资金的主体。

②挪用专项维修资金的法律责任:

a.追回挪用的专项维修资金。由县级以上地方人民政府房地产行政主管部门追回挪用的专项维修资金。

b.警告。由县级以上地方人民政府房地产行政主管部门对挪用专项维修资金的行为人发出警告,予以谴责和告诫。

c.没收违法所得。由县级以上地方人民政府房地产行政主管部门对挪用专项维修资金的行为人所得的收益,依法予以没收。

d.罚款。由县级以上地方人民政府房地产行政主管部门对挪用专项维修资金的行为人,可以并处挪用数额 2 倍以下的罚款。

e.吊销资质证书。情节严重的,在给予以上处罚的同时,由颁发资质证书的部门吊销资质证书。这是针对物业服务企业挪用专项维修资金的行为实施的最为严厉的行政处罚。

f.构成犯罪的,依法追究直接负责的主管人员和其他责任人员的刑事责任。挪用专项维修资金的行为可能触犯刑法的有关规定,有可能涉及的罪名是《刑法》第二百七十一条规定的职务侵占罪、第二百七十二条规定的挪用资金罪、第三百八十四条规定的挪用公款罪。

案例分析

案例 8.1　物业服务企业擅自允许他人在居住楼上架设天线,
引起杨女士拒交物业服务费用纠纷

【案情介绍】

原告:A 物业服务企业

被告:杨女士

2020 年 1 月,杨女士购买的商品房经过开发公司委托由 A 物业服务企业管理,约定收费标准为 1.40 元/(平方米·月)。后该小区召开了业主大会,成立了业主委员会,经业主大会决定,业主委员会与 A 物业服务企业签订了物业服务合同,约定的收费标准为 1.10 元/(平方米·月)。但是,自 2022 年 2 月起,杨女士以 A 物业服务企业擅自允许其他人在其所居住的建筑物上架设天线的事实为由,拒绝向 A 物业服务企业支付物业服务费用。经多次催交无果后,2022 年 6 月 26 日,A 物业服务企业将杨女士起诉至法院,请求判令杨女士支付所欠的物业服务费用。

一审法院认为,A 物业服务企业为杨女士提供物业管理服务,杨女士应该按照约定支付物业服务费。A 物业服务企业在所管理的物业上擅自允许他人架设天线的侵权行为与本案并非同一关系,不属于本案处理的范围。经过审理,一审法院判决杨女士支付拖欠的物业服务费用。杨女士不服,提起上诉,二审法院经过审理,驳回上诉,维持原判。

案例评析8.1

案例 8.2　业主和物业使用人推诿支付物业服务费用纠纷

【案情介绍】

2021 年 4 月,黄女士购买了某花园内的商品房一套,该小区的业主委员会成立于 2021 年 10 月,同年 11 月,业主委员会与 B 物业服务企业签订了物业服务合同,约定物业服务费用由 B 物业服务企业直接向业主按月收取。从 2022 年 6 月份起,黄女士将该套商品房出租给刘某一家使用。从 2022 年 10 月份开始,黄女士认为物业服务费用应由实际使用人刘某支付,并告知 B 物业服务企业直接向刘某收取。B 物业服务企业向刘某收取物业服务费用时遭到拒绝,刘某认为物业服务费用应由业主支付,自己只有支付租金的义务而无支付物业服务费用的义务。

案例评析8.2

案例 8.3　　物业服务公司代收公共服务费用的,无权收取手续费

【案情介绍】

王某家住某物业小区,小区的电费是由物业服务企业收好后交到电力公司的。后来,王某发现物业服务企业以每度 0.70 元的标准向业主收取电费,而物业服务企业向供电所缴费标准只有每度 0.55 元,遂拒绝向物业服务企业缴纳电费,并要求物业服务企业退回多收的电费。

案例评析8.3

案例 8.4　　　　　　业主能否用物业维修资金抵偿债务

【案情介绍】

程某为某小区业主,其与他人合伙开设了一个加工厂,由于经营不善而倒闭,并且欠了一大笔债,债主经常上门催讨,但程某家已没有什么值钱的东西。此时一个债权人周某听说程某尚有 5 000 元物业维修资金在业委会处,就要程某写下字条,让其去业委会处将 5 000 元钱取出以偿债。无奈之下,程某只好写下字条,同意周某去业委会取出 5 000 元维修资金,后被业委会拒绝。周某将业委会告到法院,要求判令小区业委会交出维修资金。

案例评析8.4

案例 8.5　　　　　　物业服务公司高收费问题

【案情介绍】

2021 年 5 月,王某在哈市某小区买房,该小区物业费是每平方米 1.8 元/月,在哈市众多住宅小区中属于高消费,但收费高,物业服务质量却上不去。小区内垃圾成山,而且垃圾旁边的散土堆前形成了一个三四米的淤泥坑,坑内聚集了很多脏水。垃圾堆附近的街路没有设置排水管道,雨雪天便形成了积水。小区绿化、安保也大打折扣,陌生人进出小区畅通无阻,没有任何阻拦。王某认为小区服务与高收费不相符,要求物业服务公司退还物业费。问:物业服务公司的物业收费如何确定。王某如何行使权利。

案例评析8.5

【模拟判案 12】你不交费我不给卡

原告:沈某;被告:某物业服务公司

【案情介绍】

从 2018 年开始,沈某发现他在 2016 年购买的房屋出现北窗墙壁渗水、北阳台呛水情况,多次联系所在小区的物业公司维修无果。2019 年,物业公司找沈某交纳物业费,并称会帮着维修房屋。但在沈某缴纳了之前应交的物业费后,物业公司却以种种理由推托维修事宜,沈某从此拒缴物业费。

模拟判案12 结果

2020 年 5 月,沈某到物业公司购买电梯卡被拒,理由是要先交物业费,否则别想上楼。因为没有电梯卡,从 2020 年 7 月开始,家住 11 楼的沈某和年逾 84 岁患有老年痴呆症的母亲无法正常上楼,只能在外租房居住。2021 年 9 月,沈某一气之下将该物业公司告到法院,要求该物业公司维修被损房屋,并赔偿租用房屋款 3 000 元、损失费

2 000 元,免交所欠的物业费。而该物业公司反诉沈某,要求沈某缴纳 2019 年 1 月 1 日至 2021 年 9 月 1 日物业费 3 415 元。

请问模拟法官,该案该如何判决?

扫一扫,了解案件结果。

【模拟判案 13】电梯不能正常使用拒交物业服务费

原告:某市 A 物业服务公司;被告:刘先生

【案情介绍】

自 2020 年 7 月起,被告一直拖欠物业费,公司经多次催收无果,故起诉至法院,要求被告支付物业服务费和违约金。庭审中,被告辩称,原告未提供与物业费价格相对应的服务,还私自更换电梯芯片,导致电梯不能停靠被告房屋所在楼层,给其正常的生产生活造成严重影响。

法院经审理查明,在原告提供物业服务期间,电梯不能停靠被告房屋所在楼层,存在对应按键无反应、按键灯不亮的情况,其他可到达的楼层按键均正常。同时,被告房屋所在楼栋为写字楼,且所在楼层较高,电梯不能正常使用影响了被告对该房屋的正常使用。

请问模拟法官,该案该如何判决?

扫一扫,了解案件结果

模拟判案13
结果

律师说法(扫下方二维码观看,内容动态更新)

76.物业费本质

77.物业费是按专有面积缴纳吗?

78.政府定价还是市场价?

79.基础设施状况决定物业费

80.服务标准影响物业费

81.物业公司品牌物业费的影响

82.岗位管理和人的管理

83.物业服务费支付节点

本 章 小 结

物业服务收费作为物业服务企业因提供管理服务向业主收取的报酬,是物业服务企业开展正常业务,提供物业管理服务的保障。物业服务企业应该依法做好物业服务收费工作。首先,物业服务企业应当遵循合理、公开以及费用与服务水平相适应的原则,区别不同物业的性质和特点,根据法律法规的规定采取政府指导价或市场调节价。

物业服务费用的收取形式有包干制和酬金制两种,目前,我国仍主要采取包干制。物业服务费用的交纳标准、交纳形式、交纳时间应该在物业服务合同中详细约定。交纳物业服务费用是业主应尽的主要义务之一,所以业主或建设单位应该按照物业服务合同的约定向物业服务企业交纳物业服务费用;业主与使用人约定由使用人交纳物业服务费用的,从其约定,业主负连带交纳责任。物业服务企业可以根据业主的委托提供物业服务合同约定以外的服务项目,服务报酬由双方约定。

物业管理区域内,供水、供电、供气、供热、通信、有线电视等单位应当向最终用户收取有关费用。物业服务企业可以接受委托代收各项公共服务费用,但不得向业主收取手续费等额外费用。

对物业服务收费的监督和管理有业主监督和政府监督 2 种。业主主要是根据法律法规和物业服务合同对物业服务企业服务收费进行监督;政府有关部门通过审批、备案、价格检查、处罚等手段进行监督。

专项维修资金是专项用于住宅共用部位、共用设施设备保修期满后维修、更新和改造的资金。业主应该按照法律法规的规定筹集专项维修资金,专项维修资金的所有权属业主所有,但其使用、管理均有明确的法律规定,任何单位和个人均不得侵占和挪用专项维修资金,否则将受到相应的法律制裁。

通过本章学习,深化对平等、诚信的社会主义核心价值观的认知,从而实现诚信经营、诚信履约、提升服务质量,满足人民对美好生活的向往。

习 题

一、单项选择题

1.物业服务收费,是指物业服务企业按照物业服务合同的约定,对房屋及配套的设施设备和相关场地进行维修、养护、管理,维护相关区域内的环境卫生和秩序,向( )收取的费用。

  A.建设单位   B.业主   C.物业使用人   D.租户

2.《物业管理条例》中规定,业主违反物业服务合同约定逾期不交纳服务费用或者服务资金的,( )应当督促其限期交纳。

  A.行政主管部门   B.物业服务企业

  C.业主大会   D.业主委员会

3.《民法典》中规定,当事人互负债务,没有先后履行顺序的,一方在对方履行之前有权拒绝其履行请求。一方在对方履行债务不符合约定时,有权拒绝其相应的履行请求。这属于( )。

  A.先履行抗辩权   B.后履行抗辩权

  C.同时履行抗辩权   D.不履行抗辩权

4.《物业服务收费管理办法》中规定,纳入物业管理范围的已竣工但尚未出售,或者因开发建设单位原因未按时交给物业买受人的物业,物业服务费用或者物业服务资金由( )全额交纳。

  A.建设单位   B.物业服务企业

  C.物业使用人   D.业主

5.实行物业服务费用酬金制的,预收的物业服务费用属于代管性质,为所交纳的业主所有,物业服务企业不得将其用于物业服务合同约定以外的支出。物业服务企业应当向业主大会或者全体业主公布物业服务资金年度预决算并(   )公布物业服务资金的收支情况。

A.半年一次   B.半年不少于一次

C.每年一次   D.每年不少于一次

6.《价格违法行为行政处罚规定》中规定,经营者不按照规定的内容和方式明码标价的,责令改正,没收违法所得,可以并处(   )的罚款。

A.500元以下   B.5 000元以下

C.500元以上至5 000元以下   D.5 000元以上

7.《成都市住宅专项维修资金管理办法》中规定,新建住宅首期专项维修资金,业主对未配备电梯的房屋,应当按照(   )的2%交存。

A.购房款   B.每平方使用面积计算成本价

C.土建预算   D.每平方建筑面积计算成本价

8.住宅专项维修资金划转业主大会管理前,维修基金的使用由售房单位或者售房单位委托的管理单位提出使用计划,经(   )审核后划拨。

A.财政主管部门   B.房地产行政主管部门

C.工商主管部门   D.税务主管部门

二、多项选择题

1.物业服务成本或者物业服务支出构成一般包括以下(   )以及经业主同意的其他费用。

A.管理人员的工资、社会保险和按规定提取的福利费等

B.物业共用部位、共用设施设备的日常运行、维护费用

C.物业管理区域清洁卫生、绿化养护、秩序维护等费用

D.办公费用、物业服务企业固定资产折旧

E.物业公用部位、共用设施设备及公众责任保险费用

2.下列选项中属于《价格法》中规定的政府在必要时可以实行政府指导价或者政府定价的是(   )。

A.与国民经济发展和人民生活关系重大的极少数商品价格

B.资源稀缺的少数商品价格

C.重要的公用事业价格

D.重要的公益性服务价格

E.重要的医疗性服务价格

3.《价格违法行为行政处罚规定》中规定,经营者超出政府指导价浮动幅度制定价格的,可处(   )。

A.责令改正,没收违法所得,并处违法所得5倍以下的罚款

B.没有违法所得的,处5万元以上50万元以下的罚款

C.情节较重的处 50 万元以上 200 万元以下的罚款

D.情节严重的,责令停业整顿

E.责令改正

4.《价格违法行为行政处罚规定》中规定,经营者采取分解收费项目、重复收费、扩大收费范围等方式变相提高收费标准的,可处(　　)。

A.责令改正,没收违法所得,并处违法所得 5 倍以下的罚款

B.没有违法所得的,处 5 万元以上 50 万元以下的罚款

C.情节较重的处 50 万元以上 200 万元以下的罚款

D.情节严重的,责令停业整顿

E.责令改正

5.物业服务费用实行包干制的,服务费用的构成包括(　　)。

A.物业服务成本

B.法定税费

C.物业服务企业的利润

D.物业服务企业的酬金

E.物业服务企业的员工社保

6.专项维修资金,专项用于物业保修期满后的物业(　　)的维修和更新、改造。

A.专有部位

B.共用设施设备

C.共用部位

D.物业管理用房

E.住宅周边道路

三、判断题

1.实行市场调节价的物业服务收费,由物业服务企业与主管部门确定在物业服务合同中约定。　　　　　　　　　　　　　　　　　　　　　　　　　　　(　　)

2.包干制是指由业主向物业服务企业支付固定物业服务费用,盈余或者亏损均由物业服务企业拥有或者承担的物业服务计费方式。　　　　　　　　　　　　(　　)

3.业主转让房屋所有权时,节余维修基金如实退还业主。　　　　　　　　(　　)

4.某业主不慎损坏了小区的水泵,应该使用维修基金予以维修。　　　　　(　　)

5.管理专项维修资金的责任体(负责代管的主管部门或业主委员会)每年至少一次与专户管理银行核对专项维修资金账目,并向业主公布专项维修资金使用状况。

　　　　　　　　　　　　　　　　　　　　　　　　　　　　　　　　　(　　)

四、简答题

1.简述常见物业服务乱收费现象有哪些?

2.简述物业服务收费难的原因。

3.简述物业服务成本或者物业服务支出构成情况。

4.物业服务企业是否必须代相关公共事业单位收取水、电、气、有线电视等费用?

5.简述业主拖欠物业服务费用该如何处理?

五、案例分析题

1.北京某物业中心是北京 A 实业总公司的下级单位,但二者是 2 个独立的法人单位。物业中心根据合同负责向丁小区供暖,小区业主戴某以 A 实业总公司拖欠其工程款 7.35 万元为由,要求用此款抵消物业中心的供暖款,而拒绝向物业中心支付供暖款。物业中心多次向戴某索要供暖款未果,便将戴某起诉到法院,要求法院判决戴某给付供暖款并根据合同承担滞纳金。

问题:

(1)本案中戴某能否运用履行抗辩权?

(2)法院将如何判决?

(3)戴某应该如何处理与 A 实业总公司的工程款纠纷?

2.几年来,某小区物业服务企业只公布了专项维修资金结存对账单,业主们无从了解专项维修资金的具体收支细节,对此意见很大。2021 年 9 月 22 日,该小区的业主们以业主委员会名义向管理该小区的物业服务企业送达了一份意见书,其主要内容为:要求物业服务企业向全体业主公布 2019 年 7 月 1 日到 2021 年 6 月 30 日期间,本小区专项维修资金的具体开支和节余账目。

问题:

(1)业主们的要求是否合法合理?

(2)若物业服务企业拒绝,业主该怎样维护自己的权益?

3.李某居所屋顶渗水多年,室内墙壁多处被水浸泡,其向物业公司多次反映无果后拒交物业费。物业公司将李某诉至法院,要求其支付物业服务费及公摊费用共计3 820 元。审理查明,物业公司与李某居住的小区业主委员会签订物业服务合同,约定物业服务期限为 2018 年 1 月 1 日至 2022 年 12 月 31 日止。李某居于该小区某栋顶楼,屋顶自入住起渗水至今,多次向物业公司反映后,物业公司既未派人查勘,也未进行修复,李某即以此为由拒交物业费。

请问李某是否可以对抗物业服务公司,不支付物业管理费?

第 **9** 章
物业管理法律责任及纠纷的处理

【本章导学】

通过本章学习,要求认识物业管理法律责任的特征,熟悉物业管理法律关系中各主体的法律责任,重点掌握业主和物业服务企业的民事责任和行政责任。了解物业管理纠纷的种类、引发物业管理纠纷的原因,清楚物业管理纠纷的处理依据,熟悉物业管理纠纷投诉受理制度,掌握物业管理纠纷的处理方式,理解物业管理纠纷的处理原则。树立服务意识,以和为贵,物业服务人员与业主应相互尊重、平等相待,共同为构建文明、和谐社区贡献力量。

9.1 物业管理法律责任

本书第1章对法律责任作了一个简单介绍,各章节也谈到了物业管理各个环节的法律规定以及违反相关法律规定将承担的法律责任。为了能更好地了解各物业管理法律主体在物业管理活动中可能涉及的法律责任,促进各法律主体更好地遵守法律法规,本节再对物业管理法律责任做总结性介绍。

9.1.1 物业管理法律责任的含义和特征

1)物业管理法律责任的含义

物业管理法律责任,是指一般法律关系主体因自己行为违反物业管理法律规范确定的义务及物业管理服务合同约定的义务,或者因不当行为行使自己职权,或者因某种法律事实出现,而应承担的具有国家强制性的不利法律后果。

2)物业管理法律责任的特征

物业管理法律责任与一般法律责任相比,具有如下特征:

（1）法定责任与约定责任相结合

物业管理本质上是一种特殊的民事关系，物业管理活动是基于业主与物业服务企业签订的物业服务合同而发生，合同一旦生效将在当事人之间产生法律约束力，当事人应按照合同的约定全面、严格地履行合同义务，任何一方当事人违反有效合同所规定的义务均应承担违约责任。违约责任，也称为违反合同的民事责任，是指合同当事人因违反合同义务所承担的民事责任。

物业服务合同的一方主体是广大业主，因此，还存在着单个业主和全体业主共同利益的冲突。同时，物业服务企业的违法行为往往损害的是多数业主的利益，已经具有公共利益的性质，因而相关的法律法规也规定了物业服务企业违法行为的法律责任。这样，物业管理中发生的法律责任的确定，不仅要以合同或契约为根据，还要以相关法律规定为依据，故物业管理法律责任是法定责任与约定责任的结合，其违法行为可能出现"法律责任复合"的现象，即违法行为人可能要承担多种法律责任（民事法律责任、行政法律责任、刑事法律责任）。但多数违法行为涉及的是民事违法和行政违法2个方面，因此物业管理条例对行政责任和民事责任都作了相应的规定。

为了处理好行政处罚和承担民事责任之间的关系，物业管理条例在设定法律责任时遵循了以下原则：

①凡是能够通过承担民事法律责任解决的，不再设定行政处罚。

②确实涉及违反行政管理规定，损害公共利益，需要给予行政处罚的，则优先保证民事责任的承担，先保护全体业主利益。

（2）体现了业主自我管理、自我监督的原则

由于物业管理涉及单个业主利益和全体业主共同利益的矛盾，因此当业主的某些违法行为损害全体业主的共同利益时，应由业主先行自我管理、自我约束，然后再承担法律责任。

（3）技术规范确定的责任分量大

物业管理工作大部分涉及物业维修、房屋修缮、机电设备和市政设施维修养护、人居环境和工作环境改良、白蚁防治、危房管理和鉴定等许多专业性技术，国家往往有相关技术标准和技术规范，业主方也会提出技术标准方面的要约而被物业服务企业承诺。因此，在确定物业管理技术操作后果的法律责任时，必然充分注意有关技术规范和约定技术规范中关于技术问题和法律责任的规定。

3）物业管理法律责任的意义

法定责任的法定和约定责任的设定，要求人们严格履行其应尽的义务，从而达到法律规定的目的，即当事人达成约定所欲达到的目的。物业管理法律责任制度是国家对物业管理社会关系进行法律调控的一种形式，以保护合法权益、促进有关义务履行为中心环节，而在法律责任追究方与法律责任承担者之间建立起一种特殊的与国家强制性处罚措施相联系的权利义务关系。法律责任是权利义务的保障机制，也是执法严肃性的灵魂。要使责任人真正不能逃避应承担的法律责任，关键是执法机关

的执法应到位。因此,法律规范一般都会单独设立"法律责任""罚则"章节,以确保立法目的的实现。物业管理法律规范也不例外,物业管理条例就专门设有"法律责任"章节,以保证各项法律规定的实现。

9.1.2 物业管理法律关系中各主体的法律责任

同其他法律责任一样,物业管理法律责任的种类按主体违反法律规范的不同可以分为民事法律责任、行政法律责任和刑事法律责任 3 大类。前面各章节都对物业管理法律关系中各主体(业主、物业服务企业、建设单位等)在物业管理活动中的法律责任均有所介绍,下面对物业管理法律关系各主体在物业管理活动中可能涉及的法律责任进一步总结。

1)业主的法律责任

业主在物业管理关系中处于中心的地位,一切物业管理活动都围绕其展开,都是为了服务于业主及其利益。同时,业主在物业管理中也承担着广泛的义务,如违反这些义务就必须承担法律责任。具体来说,其承担的法律责任可能会涉及以下几个方面:

(1)民事法律责任

业主承担民事法律责任可能存在于以下几种情况:

①业主有如下违法行为的,由业主委员会和物业服务企业依照法律、物业服务合同、依法制定的管理规约和共用部分使用维护的规章制度予以制止、批评教育、责令限期改正;如果造成损失的,违法业主应当赔偿损失:

a.未经物业有关部门的批准,改变住宅小区内房屋用途、外观;

b.超过设计负荷使用房屋;

c.在建筑物和住宅小区共用部分违章堆物、搭建,占用共用场地、共用设施;

d.破坏环境卫生,妨碍小区观瞻;

e.践踏、破坏共用部分的绿地,攀折花木;

f.随意开行和停放车辆;

g.存放易燃、易爆、剧毒或者含有放射性物质的物品;

h.损毁住宅小区共用设施设备;

i.安装影响周围环境和房屋结构的动力设备;

j.饲养动物造成他人损害;

k.当众喧闹、鸣喇叭或以其他方式发出超过规定标准的噪声;

l.挪用共用场地中沟井、坎穴的覆盖物、标志、防围,或者故意移动覆盖物、标志、防围;

m.在行人通行处放置障碍物,或者移动指示标志,影响通行安全;

n.在有易燃、易爆物品的地方,违反禁令吸烟、使用明火;

o.有重大火灾隐患,经通知仍不加改正;

p.指使或者强令他人违反消防安全规定,冒险作业;

q.在发生消防事故时,阻碍消防车、消防艇通行或者扰乱火灾现场秩序,不执行火场指挥员指挥,影响灭火救灾;

r.在室外零挂物品,可能掉下砸伤楼下人员;

s.私拉电线、私设管道,乱挖土壤危及地下管线、电缆的安全;

t.从事法律、管理规约和其他物业管理社会规范所禁止的活动。

②拒绝交纳物业服务费用的,业主大会、业主委员会和物业服务企业有权要求限期交纳,并按规定收取滞纳金;逾期仍不交纳的,物业服务企业可催交直至提起诉讼。

③业主在进行家庭居室装饰装修中有违法行为的,由业主大会、业主委员会和物业服务企业依照法律、物业服务合同、依法制定的管理规约和共用部分使用维护的规章制度予以制止、批评教育、责令限期改正;若仍不改正的,应提请有关部门处理;如果造成损失的,违法业主应当赔偿损失。

因进行家庭居室装饰装修而造成共有共用的管道堵塞、渗漏水、停电、物品毁坏等,应由家庭居室装饰装修的委托人负责修复和赔偿;如属被委托的装饰装修单位或者个人的责任,由业主找被委托的装饰装修单位或者个人负责修复和赔偿。

④在业主房屋可能危及毗邻房屋和公共安全、小区观瞻时,而业主不及时修缮或排除的,由业主大会、业主委员会和物业服务企业批评教育,责令限期修缮,排除危险。如果业主拒不修缮的,业主大会、业主委员会和物业服务企业可以进行修缮,由此所产生的费用由业主承担。如果已经造成损失的,违法业主应当赔偿损失。

⑤不履行《物业服务合同》或者《管理规约》规定的其他义务,而按照合同、规约应该承担的违约责任。

以上业主许多行为是属于违法行为,按理应该承担行政法律责任,后果严重的,还要承担刑事法律责任。但如前述,物业管理条例在设定法律责任时遵循了凡是能够通过承担民事法律责任解决的,不再设定行政处罚的原则,故若业主这些违法行为尚未造成严重后果,业主委员会或者物业服务企业可以通过让业主承担民事法律责任来处理,主要有停止侵害、排除妨碍、消除危险、返还财产、赔偿损失、消除影响、恢复名誉、赔礼道歉等形式,这些形式可以单独适用,也可以合并适用。

如果经采取以上措施仍不能达到目的的,可以寻求司法救济,由司法机关裁决并强行执行。对于业主的违法行为已经造成严重后果的,业主委员会或者物业服务企业应及时向有关行政主管部门报告,由行政主管部门进行处理。

(2)行政法律责任

对于业主违法或者违反管理规约拒不改正的,业主委员会和物业服务企业可以向物业管理主管部门或其他主管部门反映,如城建监察、市容卫生、市政公用、城市绿化、环境保护、交通、治安、供水、供电、供气、规划、土地、邮电等部门,由各主管部门按照相关行政法律法规或规章对其进行行政处罚,各主管部门自己发现的也可以主动查处。如果业主拒绝、妨碍国家工作人员依法执行公务,但未使用暴力、威胁方法的,按照《治安管理处罚法》第五十条规定："有下列行为之一的,处警告或者二百元以下罚款;情节严重的,处五日以上十日以下拘留,可以并处五百元以下罚款:(一)拒不执行人民政府在紧急状态情况下依法发布的决定、命令的;(二)阻碍国家机关工作人员依法执行职务的;(三)阻碍执行紧急任务的消防车、救护车、工程抢险车、警车等车辆通行的;(四)强行冲闯公安机关设置的警戒带、警戒区的。阻碍人民警察依法执行职务的,从重处罚。"业主因行政违法行为而承担行政法律责任,主要包括两种行为:一是擅自作为行为,指违反物业管理法规的禁止性义务规范而擅自做出的行为,如业主在使用房屋过程中,擅自改变房屋结构、外立面和规划用途等,物业管理行政主管机关和有关行政部门应当责令其限期改正,恢复原状,并可以并处罚款;二是不履行法定应为义务的行为,指违反物业管理法规的作为义务规范而不做出法规所要求的行为。

值得指出的是,按照《行政处罚法》的规定,我国的行政处罚种类有:警告、罚款、没收违法所得、没收非法财物、责令停产停业、暂扣或者吊销许可证、暂扣或者吊销执照、行政拘留,以及法律、行政法规规定的其他行政处罚。法律可以设定各种行政处罚,行政法规可以设定除限制人身自由以外的行政处罚,地方性法规可以设定除人身自由、吊销企业营业执照以外的行政处罚。

(3)刑事法律责任

业主违法行为触犯刑法构成犯罪的,应当依法追究其刑事责任。业主可能触犯的刑法罪名有:

①故意毁坏财物罪。《刑法》第二百七十五条规定:"故意毁坏公私财物,数额较大或者有其他严重情节的,处三年以下有期徒刑、拘役或者罚金;数额巨大或者有其他特别严重情节的,处三年以上七年以下有期徒刑。"

②放火、决水、爆炸、投毒或者以其他危险方法危害公共安全罪。《刑法》第一百一十四条规定:"放火、决水、爆炸以及投放毒害性、放射性、传染病病原体等物质或者以其他危险方法危害公共安全,尚未造成严重后果的,处三年以上十年以下有期徒刑。"第一百一十五条规定:"放火、决水、爆炸以及投放毒害性、放射性、传染病病原体等物质或者以其他危险方法致人重伤、死亡或者使公私财产遭受重大损失的,处十年以上有期徒刑、无期徒刑或者死刑。过失犯前款罪的,处三年以上七年以下有期徒刑;情节较轻的,处三年以下有期徒刑或者拘役。"

③破坏电力、易燃易爆设备罪。《刑法》第一百一十八条规定:"破坏电力、燃气或者其他易燃易爆设备,危害公共安全,尚未造成严重后果的,处三年以上十年以下有期徒刑。"第一百一十九条规定:"破坏交通工具、交通设施、电力设备、燃气设备、易燃易爆设备,造成严重后果的,处十年以上有期徒刑、无期徒刑或者死刑。过失犯前款罪的,处三年以上七年以下有期徒刑;情节较轻的,处三年以下有期徒刑或者拘役。"

④非法携带枪支、弹药、管制刀具、危险物品危及公共安全罪。《刑法》第一百三十条规定:"非法携带枪支、弹药、管制刀具或者爆炸性、易燃性、放射性、毒害性、腐蚀

性物品,进入公共场所或者公共交通工具,危及公共安全,情节严重的,处三年以下有期徒刑、拘役或者管制。"

⑤消防责任事故罪。《刑法》第一百三十九条规定:"违反消防管理法规,经消防监督机构通知采取改正措施而拒绝执行,造成严重后果的,对直接责任人员,处三年以下有期徒刑或者拘役;后果特别严重的,处三年以上七年以下有期徒刑。"

⑥妨害公务罪。《刑法》第二百七十七条第一款规定:"以暴力、威胁方法阻碍国家机关工作人员依法执行职务的,处三年以下有期徒刑、拘役、管制或者罚金。"

⑦聚众扰乱公共场所秩序罪。《刑法》第二百九十一条规定:"聚众扰乱车站、码头、民用航空站、商场、公园、影剧院、展览会、运动场或者其他公共场所秩序,聚众堵塞交通或者破坏交通秩序,抗拒、阻碍国家治安管理工作人员依法执行职务,情节严重的,对首要分子,处五年以下有期徒刑、拘役或者管制。"

⑧重大环境污染事故罪。《刑法》第三百三十八条规定:"违反国家规定,排放、倾倒或者处置有放射性的废物、含传染病病原体的废物、有毒物质或者其他有害物质,严重污染环境的,处三年以下有期徒刑或者拘役,并处或者单处罚金;情节严重的,处三年以上七年以下有期徒刑,并处罚金"。

2)业主组织的法律责任

业主组织是共同管理机构,是依法设立的非法人组织,包括业主大会、业主委员会。业主组织的性质和目的,决定了其服务对象主要是业主,因而其很少对外发生关系,因此其法律责任相对来说较为简单。业主大会只是议事决策机构,因为没有独立的财产,不能直接承担法律责任,而业主委员会只能在一定条件下承担法律责任。目前,关于业主大会、业主委员会的法律性质及法律责任的规定尚属空白,需根据实践经验的积累来制定相应的法规或规章制度。

(1)民事法律责任

因业主大会、业主委员会不能独立承担法律责任,所以需承担法律责任时应由全体业主承担。业主委员会可根据业主大会的决议,以全体业主的名义,向他人提起诉讼或应诉,而诉讼的结果应由全体业主承担。业主委员会在物业管理活动中也应以全体业主的名义进行,而其结果由全体业主享有或承担。业主委员会与物业服务企业签订的物业服务合同是根据业主大会的决定并以全体业主的名义进行的,其结果也应由全体业主享有或承担。如果违约,必须承担违约责任;约定违约金的,应当支付违约金;造成损失而违约金或定金不足弥补的,还必须支付赔偿金。业主委员会以全体业主名义在进行物业管理活动中对某个业主或其他人员造成损害的,应当承担赔偿责任。业主委员会应当承担的民事责任,应以公平的方式由每个业主分摊。

(2)行政法律责任

业主组织的行政法律责任主要包括3类:

①违法决议行为应承担的行政法律责任。决定违法行为,指业主大会、业主委员会做出违反国家、地方有关物业管理规范性文件的规定的决定行为。对此类行为,

《物业管理条例》第十九条有明确规定:"业主大会、业主委员会作出的决定违反法律、法规的,物业所在地的区、县人民政府房地产行政主管部门或者街道办事处、乡镇人民政府,应当责令限期改正或者撤销其决定,并通告全体业主。"

②擅自作为行为应承担的行政法律责任。擅自作为,指违反物业管理法规的禁止性义务擅自做出的行为。如《物业管理条例》第十九条明确规定,业主大会、业主委员会不得做出与物业管理无关的决定,不得从事与物业管理无关的活动。实践中如业主委员会违反不得从事各种投资和经营活动的禁令而擅自进行经营的,物业管理主管部门应当责令限期改正等行政处罚违反法律、管理规约和业主大会规程活动的,由物业管理主管部门给予警告,责令限期改正;没收违法所得和非法财物;情节严重的,可追究直接责任人的法律责任。

③不履行应为法定义务的行为。不履行应为法定义务,指违反物业管理法规的作为义务规范而不做出法规所要求的行为。如《物业管理条例》第十六条明确规定:"业主委员会应当自选举产生之日起 30 日内,向物业所在地的区、县人民政府房地产行政主管部门和街道办事处、乡镇人民政府备案。"实践中,如业主委员会成立、变更或撤销而不及时备案的,房地产行政主管部门可根据情节予以警告、责令限期改正等行政处罚。

(3)刑事法律责任

业主组织并非自然人,如构成犯罪,将依单位犯罪来认定和处罚。实际中这种情况非常少见。这里主要讨论业主委员会委员构成犯罪的情形。如果委员的行为构成犯罪的,在提起刑事诉讼的同时可以附带或单独提起民事诉讼。委员可能触犯以下罪名:

①挪用资金罪。这里主要是指业主委员会作为专项维修资金的管理者,其委员可能利用这种管理上的便利挪用专项维修资金或属于全体业主的其他资金而造成挪用资金罪。对此,7.2 节有详细介绍。

②职务侵占罪。与挪用资金罪同理,业主委员会委员利用管理专项维修资金及其他属于全体业主的资金的便利,将资金占为己有而造成职务侵占罪。对此,7.2 节有详细介绍。

③串通投标罪。《刑法》第二百二十三条规定:"投标人相互串通投标报价,损害招标人或者其他投标人利益,情节严重的,处三年以下有期徒刑或者拘役,并处或者单处罚金。投标人与招标人串通投标,损害国家、集体、公民的合法利益的,依照前款的规定处罚。"

④非法搜查罪、非法侵入住宅罪。不是为了物业管理的需要强行进入业主住宅、搜查业主住宅、无理搜查业主或进入物业管理小区的人员,如果构成犯罪的,按照《刑法》第二百四十五条的规定处罚,即"非法搜查他人身体、住宅,或者非法侵入他人住宅的,处三年以下有期徒刑或者拘役。司法工作人员滥用职权,犯前款罪的,从重处罚"。

⑤妨害公务罪。阻碍国家机关工作人员依法执行职务构成犯罪的,按照《刑法》第二百七十七条的规定处罚,即"以暴力、威胁方法阻碍国家机关工作人员依法执行

职务的,处三年以下有期徒刑、拘役、管制或者罚金。以暴力、威胁方法阻碍全国人民代表大会和地方各级人民代表大会代表依法执行代表职务的,依照前款的规定处罚。在自然灾害和突发事件中,以暴力、威胁方法阻碍红十字会工作人员依法履行职责的,依照第一款的规定处罚。故意阻碍国家安全机关、公安机关依法执行国家安全工作任务,未使用暴力、威胁方法,造成严重后果的,依照第一款的规定处罚。暴力袭击正在依法执行职务的人民警察的,处三年以下有期徒刑、拘役或者管制;使用枪支、管制刀具,或者以驾驶机动车撞击等手段,严重危及其人身安全的,处三年以上七年以下有期徒刑"。

3)物业服务企业的法律责任

物业服务企业是否独立承担法律责任要看其法律地位如何。各国民商法都规定有民事责任能力的自然人和有独立地位的企业才能成为法律责任的承担主体。《民法典》第六十条:"法人以其全部财产独立承担民事责任。"第七十四条:"法人可以依法设立分支机构。法律、行政法规规定分支机构应当登记的,依照其规定。分支机构以自己的名义从事民事活动,产生的民事责任由法人承担;也可以先以该分支机构管理的财产承担,不足以承担的,由法人承担。"对物业服务企业来说,其能否承担法律责任的标准是看其是否具有法人地位。如果物业服务企业不符合法人成立的条件,则不能独立地承担法律责任;在需要承担法律责任时,由其投资人作为承担法律责任的主体。当然,其财产可以先行用于承担法律责任;如果不足以承担的,则由其投资人补充承担。不过,如果非法人物业服务企业虽有财产但拒绝承担时,也可以直接要求投资人承担。物业服务企业如果具有法人资格的,其工作人员在执行职务中的违法行为的民事责任应当由所在的法人承担。物业服务企业不是法人的,其工作人员在执行职务中的违法行为的民事责任也应当由所在的企业先行承担;企业承担后,可以对有过错的工作人员给予内部处分;如果对外赔偿了经济损失的,可以向该工作人员追偿。对物业服务企业的犯罪,直接负责的主管人员和其他直接责任人应按照单位犯罪的相关《刑法》规定承担责任。

需要指出的是,《物业管理条例》第三十二条明确规定:"从事物业管理活动的企业应当具有独立的法人资格。"我国的物业管理发展时间还比较短,物业服务企业形式多样化,虽然公司是其主要形式,但依然存在少量不具备法人资格的物业服务企业。

（1）民事法律责任

物业服务企业承担民事法律责任的主要形式包括违约责任和侵权责任。违约责任是指当事人一方不履行合同义务或者履行合同义务不符合约定的,依法应当承担的继续履行、采取补救措施或者赔偿损失等财产性法律责任。物业服务企业违反物业服务合同和国家有关物业管理标准的行为,物业自治组织有权终止物业服务合同,并要求其承担违约责任。侵权责任是指在物业管理活动中,民事主体因违法实施侵犯国家、集体、公民的财产权和侵犯公民人身权的行为而应依法承担的不利民事法律后果。物业服务企业有侵害业主和使用人权利,侵害全体业主的共同利益的,业主、使用人和物业自治组织可以要求其承担侵权责任。《民法典》第一百八十六条规定:"因当事人一方的违约行为,损害对方人身权益、财产权益的,受损害方有权选择请求其承担违约责任或者侵权责任。"在物业服务企业应承担违约责任和侵权责任时,受害自然人或单位可以选择其中一种责任起诉。对于侵权行为,受害人除了可以要求赔偿损失,还可以要求侵权人停止侵害、排除危险、返还财产、恢复原状、修理、重做、更换。

（2）行政法律责任

物业服务企业对其行政违法行为应承担行政法律责任。物业管理主管部门与其他有关主管部门按照各自职责对实施行政违法行为的物业服务企业进行行政处罚。

物业服务企业承担行政法律责任的主要行为包括:

①非法经营行为,指不具备从事物业管理的资质和能力的企业,以物业服务企业的名义违法从事物业经营活动。

②不正当竞争行为,指物业服务企业在市场交易中违反公平竞争的法律规定和公认的商业道德,采用不正当手段损害其他经营者的合法权益,扰乱社会经济秩序的行为。对此,《物业管理条例》第五十六条、第五十九条有明确规定。

③擅自作为行为,是指物业服务企业在实施物业服务过程中,擅自做出法律法规或物业服务合同所禁止的行为。对此,《物业管理条例》第五十七条、第六十条、第六十一条有明确规定。

④不履行或不忠实履行受托管理义务的行为,是指物业服务企业不履行物业服务合同所规定的义务或者违反忠实义务,不尽心尽力履行管理义务,致使物业管理制度不健全,管理混乱,对物业管理和维修养护不善的行为。对此,《物业管理条例》第三十五条,《住宅室内装饰装修管理办法》第四十二条,《物业服务企业资质管理办法》第十九、二十、二十一条等有明确规定。

⑤损害消费者合法权益的行为,指物业服务企业在向消费者提供服务时,违反《消费者权益保护法》第三章关于经营者的义务之规定,所做出的侵害消费者合法权益的行为。

⑥其他违反行政管理法规的行为。

（3）刑事法律责任

同其他企业一样,作为市场经济条件下的经济实体,物业服务企业可能涉及的刑事犯罪主要有:

①虚报注册资本罪。《刑法》第一百五十八条规定:"申请公司登记使用虚假证明文件或者采取其他欺诈手段虚报注册资本,欺骗公司登记主管部门,取得公司登记,虚报注册资本数额巨大、后果严重或者有其他严重情节的,处三年以下有期徒刑或者拘役,并处或者单处虚报注册资本金额百分之一以上百分之五以下罚金。单位犯前款罪的,对单位判处罚金,并对其直接负责的主管人员和其他直接责任人员,处三年以下有期徒刑或者拘役。"

②虚假出资、抽逃出资罪。《刑法》第一百五十九条规定："公司发起人、股东违反公司法的规定未交付货币、实物或者未转移财产权,虚假出资,或者在公司成立后又抽逃其出资,数额巨大、后果严重或者有其他严重情节的,处五年以下有期徒刑或者拘役,并处或者单处虚假出资金额或者抽逃出资金额百分之二以上百分之十以下罚金。单位犯前款罪的,对单位判处罚金,并对其直接负责的主管人员和其他直接责任人员,处五年以下有期徒刑或者拘役。"

③违规披露、不披露重要信息罪。《刑法》第一百六十一条规定："依法负有信息披露义务的公司、企业向股东和社会公众提供虚假的或者隐瞒重要事实的财务会计报告,或者对依法应当披露的其他重要信息不按照规定披露,严重损害股东或者其他人利益,或者有其他严重情节的,对其直接负责的主管人员和其他直接责任人员,处五年以下有期徒刑或者拘役,并处或者单处二万元以上二十万元以下罚金。情节特别严重的,处五年以上十年以下有期徒刑,并处罚金。"

④逃税罪、抗税罪、逃避追缴欠税罪。《刑法》第二百零一条规定："纳税人采取欺骗、隐瞒手段进行虚假纳税申报或者不申报,逃避缴纳税款数额较大并且占应纳税额百分之十以上的,处三年以下有期徒刑或者拘役,并处罚金;数额巨大并且占应纳税额百分之三十以上的,处三年以上七年以下有期徒刑,并处罚金。扣缴义务人采取前款所列手段,不缴或者少缴已扣、已收税款,数额较大的,依照前款的规定处罚。对多次实施前两款行为,未经处理的,按照累计数额计算。有第一款行为,经税务机关依法下达追缴通知后,补缴应纳税款,缴纳滞纳金,已受行政处罚的,不予追究刑事责任;但是,五年内因逃避缴纳税款受过刑事处罚或者被税务机关给予二次以上行政处罚的除外。"

《刑法》第二百零二条规定："以暴力、威胁方法拒不缴纳税款的,处三年以下有期徒刑或者拘役,并处拒缴税款一倍以上五倍以下罚金;情节严重的,处三年以上七年以下有期徒刑,并处拒缴税款一倍以上五倍以下罚金。"

《刑法》第二百零三条规定："纳税人欠缴应纳税款,采取转移或者隐匿财产的手段,致使税务机关无法追缴欠缴的税款,数额在一万元以上不满十万元的,处三年以下有期徒刑或者拘役,并处或者单处欠缴税款一倍以上五倍以下罚金;数额在十万元以上的,处三年以上七年以下有期徒刑,并处欠缴税款一倍以上五倍以下罚金。"

⑤挪用资金罪。对此,第7.2节有详细介绍。

⑥打击报复会计、统计人员罪。《刑法》第二百五十五条规定："公司、企业、事业单位、机关、团体的领导人,对依法履行职责、抵制违反会计法、统计法行为的会计、统计人员实行打击报复,情节恶劣的,处三年以下有期徒刑或者拘役。"

⑦损害商业信誉、商品声誉罪。《刑法》第二百二十一条规定："捏造并散布虚伪事实,损害他人的商业信誉、商品声誉,给他人造成重大损失或者有其他严重情节的,处二年以下有期徒刑或者拘役,并处或者单处罚金。"

⑧虚假广告罪。《刑法》第二百二十二条规定："广告主、广告经营者、广告发布者违反国家规定,利用广告对商品或者服务作虚假宣传,情节严重的,处二年以下有

期徒刑或者拘役,并处或者单处罚金。"

⑨串通投标罪。《刑法》第二百二十三条规定:"投标人相互串通投标报价,损害招标人或者其他投标人利益,情节严重的,处三年以下有期徒刑或者拘役,并处或者单处罚金。投标人与招标人串通投标,损害国家、集体、公民的合法利益的,依照前款的规定处罚。"

⑩行贿罪。《刑法》第三百八十九条规定:"为谋取不正当利益,给予国家工作人员以财物的,是行贿罪。在经济往来中,违反国家规定,给予国家工作人员以财物,数额较大的,或者违反国家规定,给予国家工作人员以各种名义的回扣、手续费的,以行贿论处。因被勒索给予国家工作人员以财物,没有获得不正当利益的,不是行贿。"

《刑法》第三百九十条规定:"对犯行贿罪的,处五年以下有期徒刑或者拘役;因行贿谋取不正当利益,情节严重的,或者使国家利益遭受重大损失的,处五年以上十年以下有期徒刑;情节特别严重的,处十年以上有期徒刑或者无期徒刑,可以并处没收财产。行贿人在被追诉前主动交待行贿行为的,可以减轻处罚或者免除处罚。"

《刑法》第三百九十一条规定:"为谋取不正当利益,给予国家机关、国有公司、企业、事业单位、人民团体以财物的,或者在经济往来中,违反国家规定,给予各种名义的回扣、手续费的,处三年以下有期徒刑或者拘役,并处罚金。单位犯前款罪的,对单位判处罚金,并对其直接负责的主管人员和其他直接责任人员,依照前款的规定处罚。"

4) 建设单位的法律责任

物业管理必须与开发建设联系起来,才能更好地完善物业管理。为此要求建设单位承担一定的义务,若建设单位没有履行义务则应承担相应的法律责任。在物业管理活动中,建设单位的法律责任相对来说较为简单,其法律形式同样有民事法律责任、行政法律责任、刑事法律责任等几种形式。其中以前两种形式为主,且这两种形式往往发生一定的重合,即有时要求建设单位向不同的主体分别承担民事法律责任和行政法律责任。

(1)民事法律责任

建设单位违反《前期物业服务合同》的约定,而应该承担的民事法律责任。

(2)行政法律责任

①未履行法定前期物业管理义务的行为。如要求建设单位对住宅物业采取招投标方式选聘物业服务企业,要求依法制订业主临时规约等,若违反将受到相应的法律制裁。对此,《物业管理条例》第五十六条有明确规定,在前面的相关章节也有介绍。

②不履行物业移交法定义务的行为。如要求按规定与物业服务企业办理物业承接验收,不得擅自处分属于业主的物业共用部位、共用设施设备等规定,要求建设单位按照规定配备必要的物业管理用房等,若违反将受到相应的法律制裁。对此,《物业管理条例》第五十七、五十八、六十三条有明确规定,在前面的相关章节也有介绍。

③违反专项维修资金管理规定的行为。一般来说,对于首次专项维修资金,建设

单位也负有交纳或代交的义务,若没有按法律规定履行相应的义务,则应承担相应的法律责任。

④其他违法行为。如擅自将住宅小区的物业管理项目发包给没有物业管理资质的企业,此种情形下合同无效,并由物业管理主管部门给予处罚;如果给业主造成损失的,建设单位应当承担赔偿责任。

5)物业管理行政主管部门的法律责任

根据《物业管理条例》的规定,国务院建设行政主管部门负责全国物业管理活动的监督管理工作,县级以上地方人民政府房地产行政主管部门负责本行政区域内物业管理活动的监督管理工作。同时,物业管理活动还应该接受治安、环保、绿化等其他相关行政主管部门的监督和管理。这些行政主管部门在履行自己监督管理权力的同时,也可能会出现违反法律规定的行为,若出现则应承担相应的法律责任。这里涉及的法律责任主要是行政法律责任和刑事法律责任,对此《物业管理条例》第六十六条有明确规定,即"违反本条例的规定,国务院建设行政主管部门、县级以上地方人民政府房地产行政主管部门或者其他有关行政管理部门的工作人员利用职务上的便利,收受他人财物或者其他好处,不依法履行监督管理职责,或者发现违法行为不予查处,构成犯罪的,依法追究刑事责任;尚不构成犯罪的,依法给予行政处分"。

(1)政务处分

政务处分是对违法公职人员的惩戒措施。2018年3月施行的监察法首次提出政务处分概念。《中华人民共和国公职人员政务处分法》由中华人民共和国第十三届全国人民代表大会常务委员会第十九次会议于2020年6月20日通过,自2020年7月1日起施行。政务处分法强化对公职人员的管理监督,使政务处分匹配党纪处分、衔接刑事处罚,构筑起惩戒公职人员违法行为的严密法网。政务处分是监察机关、公职人员任免机关、单位对违法的公职人员给予处分,主要包括警告、记过、记大过、降级、撤职、开除等。

(2)刑事法律责任

这里可能涉及的刑事法律责任主要有:

①受贿罪。《刑法》第三百八十五条规定:"国家工作人员利用职务上的便利,索取他人财物的,或者非法收受他人财物,为他人谋取利益的,是受贿罪。国家工作人员在经济往来中,违反国家规定,收受各种名义的回扣、手续费,归个人所有的,以受贿论处。"

《刑法》第三百八十六条规定:"对犯受贿罪的,根据受贿所得数额及情节,依照本法第三百八十三条的规定处罚。索贿的从重处罚。"

②贪污罪。《刑法》第三百八十二条规定:"国家工作人员利用职务上的便利,侵吞、窃取、骗取或者以其他手段非法占有公共财物的,是贪污罪。受国家机关、国有公司、企业、事业单位、人民团体委托管理、经营国有财产的人员,利用职务上的便利,侵吞、窃取、骗取或者以其他手段非法占有国有财物的,以贪污论。与前两款所列人员

勾结,伙同贪污的,以共犯论处。"

《刑法》第三百八十三条规定:"对犯贪污罪的,根据情节轻重,分别依照下列规定处罚:(一)个人贪污数额在十万元以上的,处十年以上有期徒刑或者无期徒刑,可以并处没收财产;情节特别严重的,处死刑,并处没收财产。(二)个人贪污数额在五万元以上不满十万元的,处五年以上有期徒刑,可以并处没收财产;情节特别严重的,处无期徒刑,并处没收财产。(三)个人贪污数额在五千元以上不满五万元的,处一年以上七年以下有期徒刑;情节严重的,处七年以上十年以下有期徒刑。个人贪污数额在五千元以上不满一万元,犯罪后有悔改表现、积极退赃的,可以减轻处罚或者免予刑事处罚,由其所在单位或者上级主管机关给予行政处分。(四)个人贪污数额不满五千元,情节较重的,处二年以下有期徒刑或者拘役;情节较轻的,由其所在单位或者上级主管机关酌情给予行政处分。对多次贪污未经处理的,按照累计贪污数额处罚。"

③滥用职权罪。《刑法》第三百九十七条规定:"国家机关工作人员滥用职权或者玩忽职守,致使公共财产、国家和人民利益遭受重大损失的,处三年以下有期徒刑或者拘役;情节特别严重的,处三年以上七年以下有期徒刑。本法另有规定的,依照规定。国家机关工作人员徇私舞弊,犯前款罪的,处五年以下有期徒刑或者拘役;情节特别严重的,处五年以上十年以下有期徒刑。本法另有规定的,依照规定。"

9.2　物业管理纠纷的处理

9.2.1　物业管理纠纷概述

1)物业管理纠纷的定义

物业管理纠纷是指物业管理各主体之间在物业管理的民事、行政活动中,因对同一项与物业有关或与物业管理服务有关或与具体行政行为有关的权利和义务有相互矛盾的主张和请求,而发生的具有财产性质的争执。

物业管理纠纷的范围较广,一般包括:①前期物业管理的纠纷;②物业使用的纠纷;③物业维修的纠纷;④物业管理服务的纠纷;⑤物业服务企业与各专业管理部门职责分工的纠纷;⑥物业租赁的纠纷;⑦异产毗邻房屋管理的纠纷;⑧公有房屋管理的纠纷;⑨城市危险房屋管理的纠纷;⑩其他有关物业管理实施中发生的纠纷,如街道纠察队对物业管理区域内违反市容、环境卫生、市政设施、绿化等城市管理法律法规规定的行为,做出处罚和处理的纠纷等。

2)物业管理纠纷的分类

物业管理纠纷,按照不同的标准可以做出不同的分类:

①按纠纷所属法律部门的不同法律关系的性质,可以将物业管理纠纷划分为以下4类:

a.民事纠纷,指民事法律地位平等的自然人、法人、其他社会组织相互之间基于财产关系和人身关系而发生的纠纷。物业管理纠纷大部分属于民事纠纷,主要表现为:违约纠纷、侵权纠纷、不动产相邻关系纠纷、无因管理纠纷等。也包括组织管理职责关系而发生的纠纷,如基于所有权和共同管理权在业主个体与业主小组、业主大会、业主委员会之间发生的的撤销权、知情权纠纷等。

b.行政纠纷,指行政机关在行使管理职权过程中与自然人、法人和其他社会组织之间发生的具体行政行为争执及连带利益(如行政赔偿)纠纷。在物业管理行政法律关系中,主要表现为物业管理行政主管机关在行政指导和行政监督活动中与业主组织、物业服务企业发生的纠纷,以及其他相关行政主管部门监督管理或干预物业管理活动而引起的纠纷。

c.刑事纠纷,指个人或法人单位的行为触犯刑事法律而引起的纠纷。

②按纠纷中的基本权利性质和特点不同,可以将物业管理纠纷划分为以下4类:

a.物业管理产权类纠纷,主要是物业所有权方面的业主专有权与业主团体共有权之间的确认纠纷,业主团体的所有权与托付物业服务企业的物业经营管理权行使之间的权限划分和确认纠纷,物业使用权人与业主及业主团体之间发生的使用权益确认纠纷等。

b.物业管理债权纠纷,主要是与物业管理服务有关的合同之债、侵权之债等债权债务关系纠纷,如物业管理服务违约纠纷、物业管理行为失误导致损害的赔偿纠纷、车辆保管纠纷、无因管理纠纷等。

c.物业管理行政权类纠纷,主要是物业管理行政主管机关和其他有关行政部门在行使职权的具体行政行为中与行政相对人之间发生的行政权限和行政权行使是否违法、是否得当、是否显失公平的争执,如违法建筑和违法搭建的行政确认、行政处罚、行政强制拆除等引起的纠纷等。

d.物业管理自治权类纠纷,主要是业主、物业使用权人与业主组织(业主大会、业主委员会)相互之间在民主自治权益方面发生的纠纷。如业主不执行管理规约的有关规定或者不执行业主大会统筹专项维修资金的分摊决定而引起的纠纷等。

3)物业管理纠纷的特点

物业管理纠纷属于房地产纠纷总类的一个分类,虽也具有与其他类房地产纠纷共性的方面,但也明显具有自己独有的一些特点,主要表现为:

①物业管理纠纷酿成不仅有基于违法或违背社会公共利益的行为,而且还有基于违反管理规约、业主大会决定、业主委员会决定的行为;而其他类房地产纠纷不涉及社会规范的违反问题。物业管理法规赋予业主大会、业主委员会的权利和保护业主组织运行秩序,承认管理规约对全体业主的约束力。受管理规约约束的业主、非业主使用人、业主委员会若有违反管理规约的行为,就易发生社会规范类纠纷。

②物业管理纠纷涉及的法律关系非常复杂。物业管理纠纷既有涉及民事、行政、刑事法律关系的纠纷,又有涉及业主共同管理法律关系的纠纷;既包括物业管理具体实施过程中的纠纷,又包括物业开发规划设计时期、前期物业管理时期的纠纷等。总之,物业管理纠纷涉及面广,关系复杂。

③物业管理纠纷具有易发性和涉众性。由于物业管理事务大多是涉及业主团体共同利益甚至社会公共利益、城市容貌和形象的事务,因而物业管理一旦发生问题,往往会引起业主集体争执甚至集体诉讼,有的纠纷还有公共媒体的介入。即使在业主团体内部,有时也会发生利益要求有分歧的不同团组的涉众纠纷,如前期已入住业主对已成立的业主委员会的改组纠纷,大业主和小业主们的利益矛盾纠纷,年轻业主与年老业主在改建、增建共用设施和将部分绿地、共用场地改变为营利性场所的决议方面所做的争斗纠纷等。

4)区分几种不同性质的物业管理纠纷时应注意的问题

(1)因法规变化所引起的物业管理纠纷的定性

物业管理法规的变化是不可避免的,但因新旧法规规定的不同而引起的纠纷却不可小视。凡物业收费、物业委托权限、管理内容或规范的变化,都会相应地引起物业服务合同、物业管理当事人关系的变化。这种因法规变化而导致的纠纷,应由政府相关部门做好衔接和处理工作,不能简单定性为民事或行政纠纷。在性质认定时要把握"新法不溯及既往"的原则;在解决双方约定事项的争议时,要客观、公平地处理,与法规不相冲突的要充分尊重。《民法典》的实施,带来了一系列的法律关系变化,处理种类事件,应当参照《最高人民法院关于适用〈中华人民共和国民法典〉时间效力的若干规定》进行处理。民法典施行前的法律事实持续至民法典施行后,该法律事实引起的民事纠纷案件,适用民法典的规定,但是法律、司法解释另有规定的除外。民法典施行前的法律事实引起的民事纠纷案件,当时的法律、司法解释没有规定而民法典有规定的,可以适用民法典的规定,但是明显减损当事人合法权益、增加当事人法定义务或者背离当事人合理预期的除外。民法典施行前成立的合同,适用当时的法律、司法解释的规定合同无效而适用民法典的规定合同有效的,适用民法典的相关规定。

(2)区分建设单位与物业服务企业的行为和责任界限

物业管理纠纷的重要当事人之一是建设单位,在物业使用初期可能也有建设单位。但需要说明的是,业主基于产权与建设单位的纠纷属于另外的法律问题。

在物业管理方面,建设单位和物业服务企业有一个责任界限,这个界限既要以建设单位与物业服务企业之间的合同约定为依据,也要以法律法规或规章为依据。如物业管理的场地和设施是由建设单位提供的,还有房屋的质量、结构等,也是建设单位的责任。但物业承接验收交付给物业服务企业后,管理、保养、维修(保修期除外)的责任则转由物业服务企业负责。因此,在确定纠纷主体和处理具体权利义务时,明确划分建设单位与物业服务企业的行为和责任是十分重要的。

（3）因第三方行为引发的物业管理当事人之间的纠纷

第三方的行为引发物业管理纠纷，通常有两种情况：一是行政主管部门对物业管理当事人的行为或合同的干预，造成物业管理当事人不能依原合同或关系来履行，从而发生纠纷。对于主管部门的违法或不当管理行为，物业管理当事人可通过行政诉讼手段来维护自己的合法权益；若主管部门的干预有合法依据，则当事人应服从，而不应存在纠纷。二是由于第三人的违法行为而引发物业管理当事人的关联责任，从而形成纠纷。对于第三人的违法行为是否必然引发物业管理当事人的关联责任或连带责任的问题，应进行具体分析。如北京某小区犯罪分子谋杀业主，业主亲属起诉至法院，认为物业管理人员疏忽，未尽保安职责。应该承担侵权损害赔偿责任。法院经审理认为，小区管理不善违反了物业服务合同，物业服务企业应该承担一定的责任。但如果经调查取证，物业服务企业尽到了管理的各项职责，没有违反物业服务合同，则不应该承担责任。

5）物业管理纠纷产生的原因

物业管理纠纷产生的原因是多种多样的，既有主观方面的原因也有客观方面的原因，有历史的原因也有现实的原因，有社会的原因也有个人的原因，有管理体制上的原因和工作上的原因，等等，大致上可分为以下几种：

①人们对高质量物业管理的要求。随着人们生活水平的提高，人们对物业管理专业服务的需求量迅速增加，从而对服务质量的要求也在相应提高。但由于中国物业管理起步较晚，缺少经验，再加上大部分物管企业的专业水准和员工综合素质不是很高，因而难以提供高质量的物业管理服务。这种供求方面的矛盾就容易导致物业管理纠纷。

②法律规范、规章制度不健全，行政管理工作不够完善。我国物业管理起步较晚，物业管理法制建设还比较粗略，使得物业管理和业主自治管理过程中发生的新型纠纷失范，缺乏相应的规范来对新型纠纷做出处理，从而造成一些纠纷长期难以解决，困扰当事人和行政主管机关。规范、制度和管理上的缺陷和漏洞，为纠纷的产生提供了人为环境。加上一些物业管理的行政主管部门及工作人员，对业主自治管理认识模糊，对自治管理与物业管理的关系未能准确理解，因而在具体行使行政指导和监督职权时，未能及时、有效地以行政手段保护业主团体自治的合法权益，甚至不自觉地做出了以行政职权侵犯业主团体自治权和物业服务企业经营管理自主权的事情，从而引发行政纠纷。

③纠纷当事人缺乏程序意识、法律意识。一些涉及业主共同管理权的纠纷当事人，不履行义务或者不正当行使或者滥用自己的共同管理权，人为地在业主团体内部制造派别对立纠纷和其他纠纷。一些纠纷当事人缺乏基本的法律常识。有的纠纷当事人并不缺乏权利意识，但责任一是淡薄，订了管理规约、服务合同之后不认真履行，甚至故意侵犯对方当事人的合法权益。有的纠纷当事人有意或无意地将不同主体间的法律关系相混淆，把原本不属于物业管理范围的法律关系硬牵扯到物业服务企业

身上。这些都容易引发物业管理纠纷。

④纠纷当事人受不良意识、道德风气的影响。一些物业管理纠纷的产生,与当事人主观上不讲公共道德、商业道德、职业道德及个人品质缺陷相关,特别与损人利己思想、尔虞我诈、投机取巧、官商作风等不良风气以及过去的"主仆"观念等意识相关。

⑤客观实际困难产生纠纷。有的纠纷当事人确实由于客观上存在困难,而难以去履行自己的义务,从而产生纠纷。如,有些人拖欠自己应交的物业服务费用,确实是自己经济陷入了十分艰难的困境,但收费方不容缓期,就可能发生纠纷。

9.2.2　物业管理纠纷的投诉

1)物业管理纠纷投诉受理制度

物业管理纠纷投诉是指物业管理法律关系的一方当事人,即业主、使用人、业主委员会或物业服务企业就另一方当事人或其他物业管理主体违反物业管理有关法律法规、物业服务合同等行为,向所在地物业管理行政管理部门、物业管理协会、消费者协会或物业服务企业的上级部门进行口头或书面的反映。

需要指出的是,这里讨论的投诉不包括业主、使用人、业主委员会向物业服务企业就物业管理中的一系列问题进行的投诉,物业服务企业对待这种投诉应积极处理,应由专门的部门负责,建立完善的投诉处理制度,积极、有效地处理物业管理过程中出现的各种问题,做好与业主的沟通,将矛盾解决在萌芽状态。关于这方面的投诉,属于物业服务企业经营管理的问题,由相关的课程详细介绍,这里略过。

投诉受理制度是指政府有关行政管理部门接受投诉后的处理程序。物业管理投诉受理制度是指物业管理行政部门接受业主委员会、业主、物业使用人和物业服务企业对违反物业管理法律法规、物业服务合同等行为投诉的受理及处理程序。《物业管理条例》第四十八条规定:"县级以上地方人民政府房地产行政主管部门应当及时处理业主、业主委员会、物业使用人和物业服务企业在物业管理活动中的投诉。"一些地方物业管理法规对此做出了更为具体的规定,如《成都市物业管理投诉受理处理指导意见》(成都市房地产管理局,2006 年 1 月 1 日起施行)。

2)投诉的种类

在确定了投诉人和被投诉人的范围后,投诉一般包括以下几种情况:

①业主或使用人对其他业主或使用人的投诉。如有些业主或使用人因在天井、庭院、平台、屋顶以及道路搭建建筑物,而影响其他业主正常的工作、生活或影响物业区域整体美观,致使违反物业管理相关规定的,有利害关系的业主或使用人对此可进行投诉。

②业主或使用人对业主大会、业主委员会的投诉。如业主委员会没能履行职责,致使业主或使用人的权益受到损害的,业主或使用人可对其进行投诉。

③业主委员会、业主和使用人对物业服务企业的投诉。如物业服务企业没能履行物业服务合同约定的有关条款,致使居住区的治安保洁服务没能到位;物业服务企业乱收物业服务费用;专项维修资金管理混乱,且账目不公开等行为都可能导致被投诉。

④业主委员会、业主和使用人对有关专业管理部门的投诉。如因居住区内经常无故停水、停电,环卫部门没能定期清运垃圾,铺设地下管道而未使小区道路路面平整等情况,影响业主和使用人正常的生活和工作,将致其向有关管理部门投诉。

⑤业主委员会对业主和使用人的投诉。如因业主或使用人在装修时,损害房屋承重结构或破坏房屋外观,经业主委员会劝阻无效的,可导致投诉。

⑥物业服务企业对有关专业管理部门的投诉。如"统一管理、综合服务"的物业管理服务模式与各专业管理部门还存在分工不明、职责不清的矛盾,在具体矛盾出现的情况下,将导致物业服务企业对有关专业管理部门的投诉。

⑦业主委员会、业主和使用人对建设单位的投诉。如建设单位所建造的房屋存在严重的质量问题或配套设施设备不到位,影响业主和使用人的正常生活和工作的,将致使对其进行投诉。

⑧业主委员会、业主和使用人对物业管理部门的投诉。如物业所在地的房地产管理部门或有关工作人员干扰组建业主委员会,或变相指定物业服务企业的,将导致投诉。

⑨其他方面的投诉。如监察队或有关工作人员对物业管理区域内违反市容、环境卫生、环境保护、市政设施、绿化等城市管理法律法规以及对违法建筑、设摊占路等执法不力的,将导致对其进行投诉。

3)建立投诉受理制度的意义

①建立投诉受理制度有利于维护业主委员会、业主和使用人的合法权益。物业管理几乎涉及每一位市民,特别是业主的切身利益,直接影响业主和使用人的生活和工作,影响到安居乐业,甚至是社会的稳定。在物业管理中所发生的纠纷或违反法律法规的行为,业主委员会、业主和使用人可以通过该项制度来维护自己的合法权益。

②建立投诉受理制度有利于规范物业服务企业的行为。物业服务企业在实施物业管理中,由于缺乏管理经验,以及存在观念、资金、技术水平、员工素质、管理要求等方面的差异,致使物业服务企业管理水平参差不齐。部分企业管理混乱,服务水平低下,技术力量薄弱,影响正常的物业管理。通过该项制度,房地产管理部门可以依法强化对物业服务企业的监督和管理,从而使其行为规范化。

③建立投诉受理制度有利于加强房地产主管部门对物业管理的监督和管理。房地产主管部门依法对物业管理进行指导和监督,投诉受理制度能使其更好地行使职责,进一步了解物业管理中存在的问题,同时也是解决物业管理纠纷的有效措施之一。

④建立投诉受理制度有利于物业管理健康发展。投诉是业主委员会、业主和使

用人以及物业服务企业的基本权利之一,是他们运用法律武器维护自己合法权益的措施之一。受理是政府行政主管部门和各专业管理部门接受投诉和处理投诉的一项制度,也是解决物业管理纠纷或违法行为的措施之一。投诉受理制度的贯彻执行,能促使物业管理进一步规范化、法制化。

物业管理中的投诉受理制度是随着物业管理的发展而逐步建立和完善的。目前还没有引起人们的重视,甚至有些业主委员会、业主、使用人、物业服务企业还不知道此项制度。因此,还需要进一步宣传,使业主委员会、业主、使用人能运用投诉这一法律武器来维护自己的权益,使物业服务企业规范自身的行为,使行政主管部门加强物业管理的指导和监督,使各专业管理部门各司其职、相互配合,从而使物业管理工作走上健康有序发展的轨道。

9.2.3　物业管理纠纷的处理

1)物业管理纠纷的处理依据

物业管理发生纠纷,当事人要通过各种方式加以解决,首先应确定的就是依据是什么。物业管理纠纷的处理依据,也就是处理纠纷时应该适用的有关法律规范、政策规范和社会规范。社会规范主要包括管理规约、业主大会议事规则、其他由业主大会、业主委员会做出的决定以及制定的管理制度。

2)物业管理纠纷的处理方式

当物业管理纠纷发生之后,当事人可以根据具体情况选择不同的途径来解决。根据物业管理纠纷、法律责任的种类和处理方法的不同,物业管理纠纷的处理方式主要有:协商、调解、行政裁决和行政复议、仲裁、诉讼 5 类。纠纷一经立案,就成为案件,对案件的合法处理属于事后解决纠纷的方法。

(1)协商

协商是由物业管理纠纷当事人双方或多方本着实事求是的精神,依据有关法规、管理规约和所订立合同的规定,直接进行磋商,通过摆事实、分清是非,在自愿互谅、明确责任的基础上,共同商量达成一致意见,按照各自过错的有无、大小和对方受损害的程度,自觉承担相应的责任,以便及时解决物业管理纠纷的一种处理方式。

协商这种方式简便、易行,能够及时解决纠纷,不需要经过仲裁程序或诉讼程序,因此,当事人双方应该本着诚信的态度积极采取此方式来解决纠纷。

当事人自行协商解决纠纷要做到以下两点:

①双方协商解决纠纷所达成的协议要合法,必须符合物业管理法律和法规的规定,并不得损害国家、集体以及其他业主和使用人的合法权益。

②双方当事人要在平等的基础上自行协商解决,达成的协议要合理,不允许恃强凌弱,也不得借助当事人以外的力量来压服对方。

（2）调解

调解是指当事人之间发生物业管理纠纷时，由第三人主持，在坚持自愿原则和合法原则的基础上，运用说服教育等方法，促使当事人双方相互谅解，自愿达成协议，从而平息纠纷的一种方式。

调解按主持人身份的不同可分为民间调解、行政调解和司法调解。调解达成协议的，调解主持人应制作调解书，在调解书中写明当事人的情况、纠纷的主要事实和责任、协议的内容和责任的承担方式、承担者，然后由当事人签字盖章，调解主持人署名并加盖公章。双方当事人对送达的调解书都要自觉履行。

①民间调解广义上包括人民调解委员会调解、律师调解、当事人请调停人调解；狭义上仅指人民调解委员会调解民间纠纷，具有民间性质。其调解虽具有一定约束力，但要靠当事人自觉履行，一方不履行，人民调解委员会和另一方当事人皆不能强制其执行。

②行政调解是指在特定的国家行政主管机关的主持下进行的调解，它具有行政性质。行政调解书具有法律效力，若一方不执行，行政主管机关虽无权强制其执行，但另一方当事人可以持行政调解书向有管辖权的法院申请强制执行；若达成调解协议书的一方反悔了，要推翻行政调解书写明的协议，就必须到法院起诉，不经过司法程序就不能推翻原来的行政调解。

③司法调解广义上包括仲裁调解和法院调解，狭义上仅指法院调解，又称为诉讼内调解，具有司法性质。法院受审案件中的民事部分，可以在审判人员主持下进行调解，一般只有在调解不成时，才依法做出判决。即使一审做了判决，上诉二审时还是可以调解的，如果调解成立，一审判决即视为撤销。司法调解书与判决书具有同等效力，一经送达生效就产生以下法律后果：

a.当事人不能就法院已调解解决的案件以同一事实和理由对另一方再行起诉；

b.当事人不能对调解提出上诉；

c.当事人一方不履行调解书内容，法院可以强制执行。

民间调解和行政调解不是法定的诉讼前必经程序，如果当事人不愿调解或对调解不服，或调解成立后又反悔，仍有权起诉。而仲裁或诉讼中的调解是仲裁程序或诉讼程序中的一个环节，不具有独立性。

2022年1月1日生效的修正后《中华人民共和国民事诉讼法》完善了民事调解书司法确认制度。民事调解书司法确认制度是指当事人之间民事权利义务纠纷经人民调解组织或其他依法成立的具有调解功能的组织达成具有民事合同性质的协议后，由双方当事人共同到人民法院申请确认调解协议的法律效力。当事人可以在书面调解协议中选择当事人住所地、调解协议履行地、调解协议签订地、标的物所在地基层人民法院管辖，但不得违反专属管辖的规定。人民法院在立案前委派人民调解委员会等调解组织调解并达成协议当事人申请司法确认的，由委派的人民法院管辖。

（3）行政裁决和行政复议

行政裁决是指行政主体依照法律授权和法定程序，对当事人之间发生的与行政管理活动密切相关的、与合同无关的特定民事纠纷进行裁决的具体行政行为。如果相对人对行政裁决不服,可在一定期限内依法向上级行政管理机关提出重新处理申请,上级行政管理机关依法重新进行复查、复审、复核、复验等一系列活动后,根据复议的情况,可以作出维持、变更或撤销、部分撤销原行政裁决的处理决定。

行政复议是指行政相对人认为行政主体的具体行政行为侵犯其合法权益,依法向行政复议机关提出复查该具体行政行为的申请,行政复议机关依照法定程序对被申请的具体行政行为进行合法性、适当性审查,并作出行政复议决定的一种法律制度。行政复议作为行政管理相对人行使救济权的一项重要法律制度,目的是纠正行政主体作出的违法或者不当的具体行政行为,以保护行政管理相对人的合法权益。在处理物业管理法律责任中,上级房地产管理机关通过行政复议,有权对下级机关所做的行政处罚和行政处理决定进行复查,维持正确、合法的行政决定,纠正和撤销不合法、不适当的行政决定,这种复查过程,就是实施监督的过程。这样做,有利于房地产管理机关依法行政,正确贯彻国家的物业管理政策,正确实施物业法律法规,做好物业管理工作。

(4)仲裁

仲裁是发生纠纷的双方当事人按照有关规定,事先或事后达成协议,把他们之间的一定争议提交仲裁机构,由仲裁机构以第三者身份对争议的事实和权利义务做出判断和解决的一种方式,《仲裁法》第二条明确规定了其调整范围是"平等主体的公民、法人和其他组织之间发生的合同纠纷和其他财产权益纠纷"。物业管理纠纷的仲裁,是指由物业管理纠纷当事人依据仲裁法,双方自愿达成协议选定仲裁机构主持调解或对纠纷做出裁决的一种处理方式。物业管理纠纷中可以提起仲裁的有:物业服务合同纠纷、物业租赁合同纠纷、代理经租合同纠纷、物业服务企业与专业公司签订的合同纠纷等。依据仲裁法规定,仲裁委员会不按行政区划层层设立,可以在设区的市、省级人民政府所在地的市设立,并且仲裁不实行级别管辖和地区管辖。

物业管理纠纷当事人采取仲裁方式解决纠纷,应当双方自愿,达成书面仲裁协议;没有书面仲裁协议,一方申请仲裁的,仲裁委员会不予受理。当事人达成仲裁协议后,一方向法院起诉的,法院不予受理,但仲裁协议无效的除外。仲裁协议应具备的内容包括请求仲裁的意思表示、仲裁事项和选定的仲裁委员会。仲裁协议独立存在,合同的变更、解除、终止或者无效,不影响其效力。

物业服务合同和其他民事纠纷的仲裁处理程序与司法审判程序类似,但相对比较灵活、简便,可选择余地较多。仲裁委员会在收到一方当事人提交的仲裁申请书后5日内决定立案或不立案,立案后在规定期限内将仲裁规则和仲裁员名册送达申请人,并将仲裁申请书副本和仲裁规则、仲裁员名册同时送达被申请人。依普通程序审理时由3名仲裁员组成仲裁庭,当事人各选一名,第三名作为首席仲裁员由当事人共同选定或者共同委托仲裁委员会主任指定。案情简单、争议标的小的,可适用简易程序,由1名仲裁员审理。仲裁不公开进行,开庭后经庭审调查、质证、辩论,在做出裁决前,可以先行调解,然后制作调解书,调解不成时应及时裁决。调解书与裁决书具有同等法律效力,调解书经双方当事人签收即发生法律效力,裁决书自作出之日起发生法律效力。

与司法审判的两审终审制不同,仲裁裁决是一裁终局的。除当事人有《仲裁法》第五十九条所规定的理由可以自收到裁决书之日起六个月内提出撤销裁决的申请外,当事人应当履行裁决。一方当事人不履行的,另一方当事人可以依照民事诉讼法的有关规定向法院申请执行。

(5)诉讼

诉讼,俗称"打官司",是指受害人或案件的其他当事人或法定国家机关依法向人民法院起诉、上诉或申诉,由人民法院按照法定程序处理案件,保护有关当事人的合法权益。诉讼包括民事诉讼、行政诉讼和刑事诉讼。物业管理纠纷的诉讼,是法院在物业管理纠纷参加人的参加下,依法审理和解决物业管理纠纷案件的活动,以及在该活动中形成的各种关系的总和。物业管理纠纷的诉讼主要是民事诉讼和行政诉讼。诉讼是解决物业管理纠纷的最基本的方式,也是最后的方式。

提起诉讼,首先应明确到哪个法院去起诉,这是法院管辖问题。管辖是指人民法院之间在受理第一审案件时的分工问题。法院管辖有级别管辖、地域管辖、专属管辖之分。级别管辖是指上下级法院之间受理第一审案件的分工;地域管辖是同级法院之间受理第一审案件的分工;专属管辖则是明确哪些案件专属哪些法院管辖。物业管理纠纷中,因物业即不动产纠纷提起的诉讼,由不动产所在地法院管辖;因服务合同纠纷提起的诉讼,原则上由被告所在地或者合同履行地法院管辖;因物业管理或业主自治管理中的侵权行为提起的诉讼,由侵权行为地或者被告住所地法院管辖。

物业管理民事纠纷的诉讼程序大体上有以下几个步骤:

①当事人一方(原告)提交起诉状,起诉至法院。

②法院审查立案后将起诉状副本送达被告。

③被告提交答辩状。

④开庭:法院调查、辩论、调解。

⑤制作调解书或一审判决书。

⑥双方均不上诉,则判决书生效;或一方不服提起上诉,进入第二审程序。

⑦第二审审理:制作二审调解书或下达二审判决书,此为终审判决书,不得上诉。

⑧执行。

3)物业管理纠纷处理的注意事项

(1)民事性质的物业管理纠纷的处理要注重调解

在合法的前提下要遵循当事人意思自治原则,尽量促进纠纷当事人和解,从而有利于及时解决纠纷,节省解决纠纷的成本,有利于维持当事人之间的良好关系,便于执行。除了人民调解委员会进行调解外,要充分发挥一些社会服务组织或自律组织的调解功能,如通过业主团体自治组织、物业管理协会、消费者权益保护组织和一些法律服务机构主持调解某些纠纷。

（2）要充分重视物业管理纠纷中的证据和举证责任问题

以事实为根据、以法律为准绳是处理纠纷案件的一项基本法律原则，而事实须有证据加以证明才能认定。证据是指能够证明案件真实情况的客观事实，民事诉讼和行政诉讼的证据都具有以下3个特征：客观真实性、关联性、合法性。

举证责任，是指当事人对自己的主张，承担提出证据的责任。所谓"主张"是指当事人为保护自己的合法权益所提出的事实。举证责任既是当事人的诉讼权利，又是诉讼义务，举出的证据既可以是已有证据，也可以是证据线索。负举证责任的当事人若举不出证据或举证不实，且法院也收集不到、调查不出有关证据的，该当事人应承担相应的法律后果。在物业管理纠纷的民事诉讼和行政诉讼中，负担举证责任的主体是当事人而不是法院。我国《民事诉讼法》第六十四条第一款规定："当事人对自己提出的主张，有责任提供证据。"这就是"谁主张，谁举证"的一般原则。但另有"举证责任倒置"原则作为一般原则的补充，即在适用无过错责任原则的一些特殊的侵权诉讼中，不是由原告而是由被告负举证责任。在物业服务企业侵权纠纷中，物业服务企业应当证明自己没有过错。如《民法典》第一千二百五十三条规定："建筑物、构筑物或者其他设施及其搁置物、悬挂物发生脱落、坠落造成他人损害，所有人、管理人或者使用人不能证明自己没有过错的，应当承担侵权责任。所有人、管理人或者使用人赔偿后，有其他责任人的，有权向其他责任人追偿。"

关于行政诉讼中的举证问题应该注意两点：

①依《行政诉讼法》第三十五条规定："在诉讼过程中，被告及其诉讼代理人不得自行向原告、第三人和证人收集证据。"，这就要求行政机关在做出具体行政行为的程序上，必须是先取证、后决定，而不能是先决定、后取证。

②《行政诉讼法》第三十四条规定："被告对作出的行政行为负有举证责任，应当提供作出该行政行为的证据和所依据的规范性文件。被告不提供或者无正当理由逾期提供证据，视为没有相应证据。但是，被诉行政行为涉及第三人合法权益，第三人提供证据的除外。"但是，当行政诉讼是针对行政机关的不作为提起时，举证责任有例外，原告有责任提供证明被告应当做出却没有做出具体行政行为的证据。

4）物业管理纠纷的处理原则

对物业管理纠纷，无论是人民调解组织、物业管理行政主管机关、仲裁机关、人民法院处理，还是当事人之间协商解决，都应遵守下列原则：

（1）合法原则

物业管理纠纷处理的合法原则是处理物业管理纠纷时适用法律的原则。在法律、法规或规章并不完善的情况下，物业管理权利义务的确定和争议的处理既要符合基本法律法规，如《民法典》《物业管理条例》《城市房地产管理法》及其他相关法律的规定和精神，也要尊重当事人依法设立的合同。在法律、法规和规章有冲突时，应该遵守宪法的原则，理顺不同法规、规章之间的效力关系。

（2）维护合法的业主团体自治规约效力的原则

业主团体自治权和自治地位是法规确立的，在城乡不同范围的群众制定和执行各种守则规约是宪法支持的。我国《宪法》第二十四条第一款规定："国家通过普及理想教育、道德教育、文化教育、纪律和法制教育，通过在城乡不同范围的群众中制定和执行各种守则、公约，加强社会主义精神文明建设。"因此，业主团体的管理规约和管理规定，只要其约定的内容不与法律规范相抵触，就应得到尊重和具有约束力，可以得到国家强制力的支持和维护。在解决物业管理纠纷涉及管理规约的正当约定条款的适用时，就应当承认其效力并予以维护和贯彻执行。

（3）民事纠纷尊重协议和合同的原则

因合同和其他民事活动（如代理）引发的纠纷，应重视当事人之间的约定，以当事人之间达成的合同和协议为基础进行处理，尤其要尊重当事人关于纠纷解决方式的约定。对于双方议定的条款，只要不与强行法相冲突，就可以作为调处纠纷的依据。目前，较普遍的收费纠纷问题，实际上反映了政府调控价格管理活动和当事人之间的约定没有很好地衔接，一些物业服务企业涨价前给政府主管部门打报告，一旦获准则有如持尚方宝剑。实际上，价格法有明确规定，不属于重要公共服务价格的，政府应减少干预。物业服务虽带有一定的公益性，但更多的还是一种市场行为，对此物业管理条例对物业服务收费价格的确定已有了明确的规定，取消了政府定价，推行政府指导价或市场调节价，强调了业主和物业服务企业双方当事人在物业服务收费中的协商权利，政府只做引导。因此，现在的物业服务收费更多的是一种协议行为，或是在政府限价基础上的协议行为，无法协商时可以通过审计管理成本确定物业管理费的分摊标准。

（4）物业管理纠纷的依法管理原则

物业管理纠纷的地域管理原则是处理不动产或与不动产有的争议的基本准则。但在实践中，有些当事人自行约定仲裁条款的，则不受地域管辖的限制。依我国仲裁法的规定，仲裁庭受案的依据可依当事人的协议，不受地域限制。

在物业管理行业起步和发展的初期，曾出现过一种现象，即纠纷当事人，尤其是业主往往投诉无门。当事人找到行政机关，行政机关久拖不予解决或不受理；当事人起诉到法院，法院又推给行政机关，或裁定不予受理。这种现象应尽早改变，物业管理纠纷不论是民事纠纷还是行政纠纷，或是其他性质的纠纷，都属于司法管辖的范围，当事人协调不成的，可直接向人民法院起诉，有仲裁条款或在事后达成仲裁协议的，由仲裁机构受理。

（5）保障社会公益优先实现和社会安定的原则

社会的安定团结和社会经济秩序的稳定是压倒一切的头等大事，保障社会公益优先实现是社会主义社会发展的基本原则和要求。因此，在处理具体物业管理纠纷时，既要保护当事人的合法财产权益，又要教育当事人顾全大局，个人利益应当服从公共利益，不得破坏业主团体自治事业，不得妨碍物业服务企业和有关行政机关合法行使管理权。

案例分析

案例 9.1　　　　　　　　　　　　**延迟交房纠纷**

【案情介绍】

原告:A 世纪公司;被告:B 开发公司原告 A 世纪公司于 2021 年 7 月 8 日与被告 B 开发公司签订了"世纪花园"房产买卖合同书,约定 2021 年 10 月 30 日前交付"世纪花园"3 楼建筑面积为

1 379.93 平方米的商场,成交价约为 1 300 万元人民币。2022 年 1 月 8 日,被告向原告发出通知,称在交付商场时,原告须一次性交付管理费、维修费、水电费合计人民币 710 339 元,并与××物业发展有限公司签订为期 10 年的物业管理协议,并接受该物业公司单方面所定的收费标准。原告认为被告的行为明显违背了双方的约定,构成违约。为此,原告于 2022 年 4 月 26 日向 A 市中级人民法院起诉,请求法院判决:(1)判令被告立即向原告交付"世纪花园"房产;(2)判令被告赔偿因延迟交付商场所造成的经济损失约 422 万元;(3)宣告被告擅自授权××物业发展有限公司对原告房产实施的管理及其制订的收费标准为侵权行为,并承担相应责任;(4)判令被告承担本案诉讼费用。

A 市中级人民法院经审理认为,原、被告双方签订的房屋买卖合同有效。被告在建房施工期间因受恶劣气候的影响而延迟交付,属合同延期。××物业发展有限公司具备相应的管理资质,是 B 开发公司聘请的前期物业服务企业,符合有关规定,原告主张不能成立。法院驳回原告第(2)至(4)项诉讼请求,被告应在本判决生效后 3 日内将"世纪花园"3 楼商场交给原告。

一审判决后,原告不服,上诉至省高级人民法院。经省高级人民法院主持,双方达成调解协议:(1)口头确认房产买卖和物业管理是 2 个不同的法律关系,发展商无权以任何问题为由拒绝交房给买方,只要买方已经按合同交足楼款;(2)鉴于此,B 开发公司应立即将诉讼楼宇交付给世纪公司;(3)B 开发公司支付 50 万元人民币给世纪公司作为延迟交房的损失补偿;(4)物业管理费按 A 市物价局核定的 13 元/(平方米·月)的标准支付(××物业发展有限公司最初自定的标准为 25 元/(平方米·月));(5)在业主大会成立后,大厦的物业管理权移交给业主大会或其指定机构。

案例评析9.1

案例 9.2　　　　　**大厦窗户玻璃坠落伤人损害赔偿纠纷**

【案情介绍】

原告:赵某;被告:张某;被告:某实业公司;被告:某物业服务企业

某大厦是被告某实业公司开发的写字楼,其产权属实业公司,该楼主要通过出租

的方式使用。该大厦由实业公司委托给某物业服务企业管理。大厦共16层,由于该楼窗户安装存在质量问题,使用中曾多次发生玻璃坠落之事,租户普遍提出意见,物业服务企业也多次提出改进意见,但实业公司未及时修缮处理。2021年5月21日下午3时许,13层广告公司的员工张某在关窗户时用力过猛,致使玻璃坠落并破碎,玻璃碎片下落插入楼下搬运货物的赵某头顶,致使赵某当场昏迷。赵某的同事当即将其送往医院抢救,先后用去医药费、护理费、误工损失费等共计人民币10万元。事后,赵某将实业公司、张某及物业服务企业告上法庭,要求三被告承担赔偿责任。

被告张某辩称:玻璃下落伤人是该窗户玻璃安装不牢固所致,并非本人责任,实业公司作为大厦的所有人应承担赔偿责任。

被告实业公司辩称:玻璃下落伤人是租户张某关窗不当所致,本公司对此不承担责任。

被告物业服务企业辩称:大厦窗户玻璃安装存在问题,物业服务企业曾多次向实业公司反映,要求出资维修,但实业公司始终未予答复。物业服务企业已尽管理职责,故不应承担赔偿责任。

一审人民法院经审理认为:被告张某对所租用办公室的阳台窗户的管理及使用不当,造成玻璃坠落致人伤残,应承担主要责任。被告实业公司作为大厦所有人,在工程验收时未能查明玻璃安装中存在的质量问题就验收合格,在屡次发生玻璃坠落事件及物业服务企业提出改进意见后也未采取预防措施,对此事也应承担一定责任。物业服务企业明知大厦窗户安装存在质量问题,但未向租户发出提示警告,对赵某的伤害也应承担一定的责任。故三被告应按5:3:2的比例承担原告的损失赔偿责任。

一审宣判后,张某以玻璃坠落属安装质量不合格所致,不应承担赔偿责任为由提起上诉,实业公司及物业服务企业以其无过错为由提出上诉。

二审人民法院经审理认为:实业公司是大厦的所有人,该楼玻璃安装质量不佳,本身存在事故发生的隐患,且在数次发生坠落后未能采取措施,在物业服务企业提出改进要求后仍不作为,对赵某被致伤负有主要责任。张某是房屋使用人,关窗时本应按正常方式关闭,但其却用力过猛,致玻璃下落,对赵某的损害也负有一定的责任。物业服务企业作为大厦的管理人,曾向实业公司提出改进的要求,已尽管理义务,赵某的伤害同物业服务企业并无直接的、必然的因果关系,因此,物业服务企业不应承担赔偿责任。据此,一审判决认定事实有误,适用法律不当,应予改判。

案例9.3　物业服务公司不履行卫生管理义务,是否应当承担赔偿责任

【案情介绍】

几年前,刘某在某小区购买了位于二层的商品房一套。2021年底,住户王某在刘某楼下一层开了一家包子铺。从此以后,楼下的吵闹声使刘某一家无法安心休息。

而且,王某私自将饭店废水倾倒在下水道内,时间一长气味刺鼻,令人作呕,以致刘某一家终日不敢开窗。刘某曾多次到管理该小区的物业企业反映,请求物业服务公司依照《物业管理条例》制止王某的行为,但物业服务公司没有采取有效的措施加以制止。在此期间,王某扩大了经营规模,刘某遂将物业服务公司起诉,要求法院判令某物业服务企业赔偿自己的损失。

案例评析9.3

案例 9.4　物业服务公司不及时维修设施造成业主损伤如何处理

【案情介绍】

某小区 A 楼的公用水箱出现渗漏,该楼的业主向物业服务公司反映了情况,要求其及时予以维修,但物业服务公司一直未采取措施。有一天,住在该楼的业主王某回家经过楼道时,因地面积水而不幸摔倒,导致右腿骨折,被送往医院治疗。王某要求物业服务公司赔偿其医药费、营养费及误工补贴等相关费用未果,起诉物业服务公司。本案如何处理?

案例评析9.4

【模拟判案 14】物业服务公司禁止业主驾车进小区

原告:田先生;被告:某物业服务公司

【案情介绍】

原告几年前就拥有两辆车,长期停放在小区相对固定的位置,但停车位越来越紧张和停车费涨价,让他很烦心。

2020 年 6 月,小区业主大会通过停车规约,规定小区内首辆车停车费为每月 100 元,第二辆车停车费为每月 500 元,从 2021 年 1 月 1 日起执行。

田先生续交了第一辆车半年的停车费,在询问物业此次费用调整缘由后,并未支付第二辆车的停车费。

2021 年 1 月 22 日,田先生驾车回家,被小区入口的道闸拦住。保安告诉田先生,全小区就他一个人没交第二辆车的停车费,所以他的车辆登记信息被从小区门禁系统内删除,如不交费,两辆车都禁止进出小区。田先生与保安争执起来,报警后才得以驾车进入小区。第二天,田先生的车又被道闸拦下,他再次报警。这次,民警出警后,物业仍拒绝洪先生驾车进入小区,并明确表示"要么付钱,要么别停"。

此后,田先生因无法驾车进入小区多次报警,也未交停车费。双方多次交涉,但始终无法达成一致意见。田先生觉得出行不便,遂搬至另一套自有住房居住,并诉至法院,请求法院判决物业停止侵权、消除妨害,恢复两辆车的通行自由,向其道歉并赔偿其房屋空置租金损失和精神损害抚慰金等。

模拟判案14
结果

请问模拟法官,该案该如何判决?

扫一扫,了解案件结果。

律师说法(扫下方二维码观看,内容动态更新)

84.谁是业主?

85.专有部分的认定

86.共有部位的认定

87.共有部位使用纠纷

88.配套车位使用纠纷

89.共有车位使用权问题

90.共有部位的使用归谁决定?

91.住改商法律规范

92.业主知情权认定

93.知情权范围

94.擅自使用业主共有部位获利

95.其他侵害业主利益的行为

96.产权归属的纠纷处理依据

97.如何确定转包物业服务合同无效?

98.霸王条款纠纷诉讼

99.业主要求物业公司履行合同

本章小结

法律责任是法律法规的重要组成部分,物业管理法律责任与一般法律责任相比较而言,具有自己的特点:①法定责任与约定责任相结合;②体现了业主自我管理、自我监督的原则;③技术规范确定的责任分量大。物业管理法律责任与其他法律责任一样会涉及民事法律责任、行政法律责任和刑事法律责任,其中以民事法律责任和行政法律责任为主。

物业管理纠纷是当前纠纷中的焦点问题,引发物业管理纠纷的原因很多。减少物业管理纠纷不仅需要不断完善法律法规,还应当提高公众、物业服务企业的法律意识、契约意识,以及政府主管部门的依法行政意识等。

面对产生的物业管理纠纷,应该本着合法原则、尊重协议和合同的原则、地域管理原则、保障社会公益优先实现和社会安定的原则,通过协商、调解、行政裁决和行政复议、仲裁、诉讼等方式进行处理。

通过本章学习,学会处理物业管理纠纷问题并寻找合理的法律支持。树立服务意识,以和为贵,亲仁善邻,共同为构建文明、和谐社区贡献力量。

习　题

一、单项选择题

1.业主毁损小区内共用设施设备,物业服务企业根据管理规约要求业主予以修缮,恢复原状,并赔偿相应的损失,该业主承担的是(　　　)。

　　　A.民事法律责任　　　　　　B.行政法律责任　　　　　　C.刑事法律责任

　2.业主在装修过程中擅自改变房屋结构,房地产主管部门责令限期改正,恢复原状,并处以罚款,该业主承担的是(　　　)。

　　　A.民事法律责任　　　　　　B.行政法律责任　　　　　　C.刑事法律责任

　3.业主故意毁坏小区内共用设施设备,情节严重,被起诉并处以一年有期徒刑,该业主承担的是(　　　)。

　　　A.民事法律责任　　　　　　B.行政法律责任　　　　　　C.刑事法律责任

　4.业主与物业服务企业就物业服务收费发生的纠纷属于(　　　)。

　　　A.民事纠纷　　　　　　　　B.行政纠纷　　　　　　　　C.刑事纠纷

　5.物业管理纠纷最简单易行的解决办法是(　　　)。

　　　A.协商　　　　　　　　　　B.调解　　　　　　　　C.仲裁　　　　D.诉讼

二、多项选择题

　1.下面属于民事法律责任的有(　　　)。

　　　A.责令限期改正　　　　　　　　　　　B.赔偿损失

　　　C.罚款　　　　　　　　　　　　　　　D.责令停产停业

　2.下面属于行政法律责任的有(　　　)。

　　　A.批评教育　　　　　　　　　　　　　B.警告

　　　C.责令限期改正　　　　　　　　　　　D.没收违法所得

　3.物业管理纠纷的处理方式主要有(　　　)。

　　　A.协商　　　　　　　B.调解　　　　　　　C.行政裁决和行政复议

　　　D.仲裁　　　　　　　E.诉讼

　4.为减少纠纷的发生,物业服务企业可以采用(　　　)途径与业主进行直接联系和沟通。

　　　A.问卷调查　　　　　　　　　　　　　B.走访

　　　C.设立投诉电话、投诉信箱　　　　　　D.召开业主座谈会

　5.物业管理纠纷的民事裁定书的适用范围包括(　　　)

　　　A.财产保全　　　　　　　　　　　　　B.实体争议

　　　C.驳回起诉　　　　　　　　　　　　　D.中止诉讼

三、判断题

　1.《物业管理条例》中体现的凡是能够通过民事法律责任解决的,不再设定行政处罚的原则。　　　　　　　　　　　　　　　　　　　　　　　　　　　(　　　)

　2.物业服务企业在物业管理服务过程中发现业主在装饰装修过程中未经主管部门批准,改变住宅用途则应马上向有关部门举报。　　　　　　　　　　(　　　)

　3.业主委员会代表全体业主与物业服务企业签订了物业服务合同,若业主违反了物业服务合同,则应由业主委员会承担法律责任。　　　　　　　　　(　　　)

　4.因业主大会或者业主委员会作出的决定侵害业主合法权益的,受侵害的业主

可以请求人民法院予以撤销。   （   ）

　　5.业主和使用人拖欠物业管理费引发的纠纷属管理不善引起的纠纷。 （   ）

四、简答题

　　1.业主可能涉及哪些法律责任？

　　2.物业服务企业可能涉及哪些法律责任？

　　3.物业管理纠纷产生的原因有哪些？物业管理纠纷的特点是什么？

五、案例分析题

　　某小区物业服务企业由该小区建设单位组建成立，具有相应的物业管理资质，系独立核算、自负盈亏的企业法人。某日，建设单位给该物业服务企业发来一份通知，称该小区某住户系分期付款购房，但如期入住后却迟迟未将剩余房款付清。建设单位为此要求对该住户采取停水、停电、停天然气的措施，以迫使该住户及早交款。该物业服务企业遂照此办理，使得该住户简直无法生活，导致该住户的强烈不满，从而引发纠纷。

　　问题：

　　（1）建设单位的要求是否合理？

　　（2）物业服务企业是否应按照建设单位的要求去做？物业服务企业有无停水、停电、停天然气的权利？

　　（3）建设单位与该住户的纠纷该如何处理？

第 *10* 章
物业管理相关法律法规

【本章导学】

本章介绍物业管理工作的一些相关的法律法规,主要是城乡规划与房地产方面的规章制度。要求通过本章的学习能了解和熟悉房地产行业方面的一些政策、法规,从而能够把物业管理工作融入一个大环境中,融会贯通,从整体上把握物业管理各方面的政策、法规,形成全局观,具备大局意识,树立系统思维,法治思维。

10.1 物业管理相关法律法规概述

物业管理是从房地产行业中分离出来的一个新兴行业,它在运作和发展过程中跟很多行业,特别是房地产行业是紧密联系、相辅相成、相互促进的。因此,我们在了解和掌握物业管理行业自身的政策、法规的同时,必须对与之密切相关的行业的政策、法规进行了解和掌握,这样才能从整体上把握物业管理法规。

另外,作为物业管理从业人员,在从事物业管理工作的过程中,肯定会遇到各种各样的矛盾和纠纷,会涉及诸如城市规划、房地产用地、房地产交易、房地产中介、房地产价格和竞争以及房地产税收等方面的矛盾,这就要求物业管理从业人员对以上几个方面的政策、法规有一定程度的熟悉和把握。

10.2　城市规划

10.2.1　城市规划概述

1) 城市规划的概念和种类

城市规划是指为了实现一定时期内城市的经济和社会发展目标,确定城市性质、规模和发展方向,合理利用城市土地,协调城市空间布局和各项建设的综合部署和具体安排。城市规划经过法律规定的程序审批确立后,就具有法规效力,城市规划区内的各项土地利用和建设活动都必须按照城市规划进行。城市规划是建设城市和管理城市的基本依据。城市规划工作的基本内容是依据城市的经济社会发展目标和有关生产力布局的要求,充分研究城市的自然、经济、社会和区域发展的条件,确定城市的性质,预测城市发展规模,选择城市用地的发展方向,按照工程技术和环境的要求,综合安排城市各项工程设施并对各项用地进行合理布局。

编制城市规划一般分为总体规划和详细规划两个阶段。在正式编制城市总体规划之前,可由城市人民政府组织制定城市总体规划纲要,对城市总体规划需要确定的主要目标、方向和内容提出原则性意见,作为总体规划的依据。

2) 城市总体规划及内容

城市总体规划,是对一定时期内城市的性质、发展目标、发展规模、土地利用、空间布局以及各项建设的综合部署、具体安排和实施措施,是引导和调控城市建设,保护和管理城市空间资源的重要依据和手段。经法定程序批准的城市总体规划,是编制近期建设规划、详细规划、专项规划和实施城市规划行政管理的法定依据。各类涉及城乡发展和建设的行业发展规划,都应当符合城市总体规划的要求。近年来,随着社会主义市场经济体制的建立和逐步完善,为适应形势发展的要求,我国城市总体规划的编制组织、编制内容等都进行了必要的改革与完善。目前,城市总体规划已经成为指导与调控城市发展建设的重要公共政策之一。城市总体规划的期限一般为 20 年,主要包括以下内容:

①编制市域或县域城镇体系规划。主要包括分析区域发展条件和制约因素,提出城镇发展战略和综合发展目标,调整现有的城镇化结构,确定各项基础设施的布局,提出实施规划的措施和建议。

②确定城市性质和发展方向,划定城市规划区范围。

③提出规划期内城市人口及用地发展规模,确定城市建设与发展用地的空间布局、功能分区以及市、区中心位置。

④确定城市对外交通的布局以及主要交通设施的规模和位置。

⑤综合协调并确定城市公共设施的发展目标和总体布局。

⑥确定城市河湖水系的治理目标和总体布局,分配沿海、沿江岸线。

⑦确定城市园林绿地系统的发展目标以及总体布局。

⑧确定城市环境保护目标,提出防治污染措施。

⑨根据城市防灾要求提出人防建设、抗震防灾规划目标和总体布局。

⑩确定需要保护的风景名胜、文物古迹、传统街区,划定保护和控制范围,提出保护措施,历史文化名城要编制专门的保护规划。

⑪确定旧城改造以及用地调整的原则、方法和步骤。

⑫综合协调市区与近郊区村庄和集镇的各项建设,统筹安排近郊区的各项用地。

⑬进行综合技术经济论证,提出规划实施步骤、措施和方法的建议。

⑭编制近期建设规划,确定近期建设目标、内容和实施部署。

3)城市详细规划及内容

城市详细规划,是指以城市的总体规划为依据,对一定时期内城市的局部地区的土地利用、空间布局和建设用地所作的具体安排和设计。城市详细规划分为控制性详细规划和修建性详细规划。

(1)城市控制性详细规划

城市控制性详细规划,是指以城市的总体规划为依据,确定城市建设地区的土地使用性质和使用强度的控制指标、道路和工程管线控制性位置以及空间环境控制的规划要求。控制性详细规划是引导和控制城镇建设发展最直接的法定依据,是具体落实城市总体规划各项战略部署、原则要求和规划内容的关键环节。主要包括以下内容:

①详细规定所规划范围内各类不同使用性质用地的界限,规定各类用地内适合建设、不适合建设或者有条件允许建设的建筑类型。

②规定各地块建筑高度、建筑间距、建筑密度、容积率、绿地率、建筑后退红线距离等控制性指标。

③提出各地块的建筑体量、体形、色彩等要求。

④确定各级支路的红线位置、控制点坐标和标高。

⑤根据规划容量,确定工程管线的走向、管径和工程设施的用地界限。

⑥制定相应的土地使用与建筑管理规定。

(2)城市修建性详细规划

城市修建性详细规划,是指以城市的总体规划或控制性详细规划为依据,制定用以指导城市各项建筑和工程设施及其施工的规划设计。对于城市内当前要进行建设的地区,应当编制修建性详细规划。城市修建性详细规划是具体的、操作性的规划,直接对建设作出具体的修建安排及其规划设计,指导建筑设计和工程施工图设计。主要包括以下内容:

①分析建设条件,进行综合技术经济论证。

②做出建筑、道路和绿地等的空间布局和景观规划设计,布置总平面图。

③进行道路交通规划设计、绿地系统规划设计、工程管线规划设计。

④估算工程量、拆迁量和总造价,分析投资收益。

由于生产力和人口高度集中,城市问题十分复杂,城市规划涉及政治、经济、社会、技术和艺术,以及人民生活的广泛领域。城市规划具有以下特点:综合性、政策性、地方性、长期性、经常性和实践性。

10.2.2　城市规划管理

城市规划管理是指城市规划主管部门根据批准的城市规划,对城市规划区内的土地和各项建设工程实行的管理,主要有以下两个方面:一是城市土地使用的规划管理。城市规划区内的土地,由城市规划主管部门按照国家批准的城市规划,实行统一的规划管理。在城市规划区内进行建设,需要使用土地的,必须服从城市规划和规划管理。建设部门按国家规定程序批准的建设计划、设计任务书或其他证明文件,向城市规划主管部门提出申请,经审查批准后划拨用地并发给建设用地许可证后,方可使用土地。二是工程建设的规划管理。城市规划内各项建设活动均由城市规划主管部门实施统一的规划管理。在城市规划区内进行建设,必须服从城市规划和规划管理,无论是在国有土地或征用集体所有的土地进行建设,都必须向城市规划主管部门提出申请,经审查发给建设许可证后方可施工。

城市规划管理的法律依据是《城乡规划法》(2008年1月1日起施行,2019年4月23日第二次修正),总共分为7章,分别是:总则、城乡规划的制定、城乡规划的实施、城乡规划的修改、监督检查、法律责任、附则。

《城乡规划法》是在总结几十年来《城市规划法》和《村庄和集镇规划建设管理条例》施行的基础之上,在总结改革开放以来,我国城乡规划管理工作经验的基础之上,以科学发展观为指导所制定的法律。该法的施行,将进一步强化城乡规划的综合调控作用,在城乡经济发展与建设中加强对自然资源和文化遗产的保护与合理利用,加强对环境的保护,坚持社会的平衡发展,从而促进城乡经济社会全面协调可持续发展,全面建设社会主义现代化强国。

10.2.3　城市规划管理的内容

1)城市规划的编制管理

城市的总体规划由市人民政府负责组织编制。分区规划、详细规划由市规划行政主管部门负责编制。需要编制城市总体规划纲要的,由市人民政府负责组织编制。县(自治县、旗)人民政府所在地镇的总体规划由县(自治县、旗)人民政府负责组织编制,详细规划由县(自治县、旗)人民政府城市规划行政主管部门负责组织编制。其他建制镇的总体规划和详细规划,由镇人民政府负责组织编制。

承担编制城市规划任务的单位,应当符合国家关于规划设计资格的规定。城市总体规划和分区规划须由具有甲级资质的城市规划设计单位编制,城市小区的详细规划可由具有甲级或乙级资质的城市规划设计单位编制。

编制城市规划必须遵守以下原则:

①力求取得经济效益、社会效益、环境效益相统一的原则。

②优化城市布局结构,促进国民经济持续、稳定、协调发展的原则。

③满足各项防灾、治安、交通管理要求,保障城市安全和社会安定的原则。

④保持民族传统和地方风貌,体现城市特色的原则。

⑤合理用地,节约用地,提高土地开发经营综合效益的原则。

2) 城市规划的审批管理

为了保持城市规划的严肃性和权威性,我国城市规划实行分级审批制度。下面分别从几种不同的规划进行分析:

(1)城市总体规划

全国城镇体系规划,用于指导省域城镇体系规划、城市总体规划的编制,它由国务院城乡规划主管部门会同国务院有关部门组织编制,并报国务院审批;直辖市、省、自治区人民政府所在地的城市以及国务院确定的城市的总体规划,分别由直辖市、省、自治区人民政府审查同意后,报国务院审批;其他城市的总体规划,由城市人民政府报省、自治区人民政府审批。

(2)控制性详细规划

城市人民政府城乡规划主管部门根据城市总体规划的要求,组织编制城市的控制性详细规划,经本级人民政府批准后,报本级人民代表大会常务委员会和上一级人民政府备案;镇人民政府根据镇总体规划的要求,组织编制镇的控制性详细规划,报上一级人民政府审批;县人民政府所在地镇的控制性详细规划,由县人民政府城乡规划主管部门根据镇总体规划的要求组织编制,经县人民政府批准后,报本级人民代表大会常务委员会和上一级人民政府备案;乡、镇人民政府组织编制乡规划、村庄规划,报上一级人民政府审批。村庄规划在报送审批前,应当经村民会议或者村民代表会议讨论同意。

城市、县人民政府城乡规划主管部门和镇人民政府可以组织编制重要地块的修建性详细规划。修建性详细规划应当符合控制性详细规划。

(3)修建性详细规划

房地产开发项目首先要持政府主管部门批准的计划立项文件,进行项目规划申报,经城市规划主管部门审查同意后,获取规划设计条件通知书。房地产开发投资者委托编制的修建性详细规划以及建筑设计、市政工程设计等必须符合规划设计条件。城市规划主管部门要根据规划设计条件对规划设计方案进行审查和审批管理;当建设工程竣工验收时,还要根据原批准文件,核对有关竣工文件和图纸,并现场查看,经审查无误后,方核发合格证。因此,房地产开发项目要特别注意在符合规划设计条件和日照、通风、防灾等各项设计规范要求的基础上优化设计。如遇有重大问题需要调整规划设计条件时,必须向城市规划主管部门申请,经城市规划主管部门批复获准后,方可按新的规划设计条件调整规划设计。

组织编制机关应当充分考虑专家和公众的意见,并在报送审批的材料中附具意见采纳情况及理由。城乡规划报送审批前,组织编制机关应当依法将城乡规划草案予以公告,并采取论证会、听证会或者其他方式征求专家和公众的意见。公告的时间不得少于三十日。

10.3 房地产开发用地及建设

根据我国《宪法》和《土地管理法》的规定,我国实行土地的社会主义公有制,即全民所有制和劳动群众集体所有制,我国的土地分为2个部分:属于全民所有的国有土地和属于劳动群众所有的集体土地。国有土地包括:城市市区的土地;农村和城市郊区中依法没收、征用、征收、征购、收归国有的土地;矿藏、水流和国家确定为非集体所有的林地、山岭、荒地、滩涂、河滩地以及其他土地。集体土地包括:农村和城镇郊区除法律规定属于国有土地以外的土地;由法律规定属于集体所有的森林和山岭、草原、荒地、滩涂等土地;农民的宅基地、自留地、自留山和坟地等土地。集体土地所有权一般确认给村和乡镇农民集体经济组织。农民或农村的经济组织对集体土地只有使用权,没有所有权。

按照国家有关规定,取得土地使用权的途径有4种方式:行政划拨、出让、转让、租赁。因为转让和租赁属于房地产交易的范畴,在这里只介绍行政划拨和出让2种方式。

10.3.1 国有土地使用权划拨

1)国有土地使用权划拨的含义

土地使用权划拨,是指县级以上人民政府依法批准,在土地使用者缴纳补偿、安置等费用后将该幅土地交付其使用,或者将土地使用权无偿交付给土地使用者使用的行为。

划拨土地使用权有以下含义:

①划拨土地使用权包括土地使用者缴纳补偿、安置等费用和无偿取得2种形式。

②以划拨方式取得土地使用权的,除法律、行政法规另有规定外,划拨土地使用权是没有期限的。没有使用期限意味着可以无限期使用,也意味着政府有可能根据

公用事业的需要而随时要求收回。

③取得划拨土地使用权,必须经县以上人民政府核准并按法定的工作程序办理手续。

④划拨土地使用权,未经许可不得进行转让、出租、抵押等经营活动。

⑤取得划拨土地使用权的使用者依法应当缴纳土地使用税。

2)国有土地划拨的法律规定

《城市房地产管理法》和《城镇国有土地使用权出让和转让暂行条例》对划拨土地的管理有以下规定:

①划拨土地使用权的建设用地有国家机关用地和军事用地,城市基础设施和公用事业用地,国家重点扶持的能源、交通、水利等项目用地以及法律、行政法规规定的其他用地。

②划拨土地的转让有两种规定:一是报有批准权的人民政府审批准予转让的,应当由受让方办理土地使用权转让手续,并依照国家有关规定缴纳土地使用权出让金;二是可不办理出让手续,但转让方应将所获得的收益中的土地收益上缴国家。

③划拨土地使用权抵押时其抵押的金额不应包括土地价格。因抵押划拨土地使用权造成土地使用权转移的,应办理土地出让手续并向国家缴纳地价款才能变更土地权属。

④房地产所有权人以营利为目的将划拨土地使用权的地上建筑物出租的,应当将租金中所含土地收益上缴国家。

⑤对未经批准擅自转让、出租、抵押划拨土地使用权的单位和个人,县级以上人民政府土地管理部门应当没收其非法收入,并根据情节处以罚款,情节严重者可依法追究其刑事责任。

⑥凡上缴土地收益的土地,仍按划拨土地进行管理。

⑦国家基于以下原因可以无偿收回划拨土地使用权:一是土地使用者停止使用土地的;二是国家根据城市建设发展的需要和城市规划的要求收回土地使用权;三是各级司法部门没收其所有财产而收回土地使用权;四是土地使用者自动放弃土地使用权;五是未经原批准机关同意,连续两年未使用;六是不按批准用途使用土地;七是铁路、公路、机场、矿场等核准报废的土地。国家无偿收回划拨土地使用权时,对其地上建筑物、附着物,应根据实际情况给原土地使用者适当补偿。

10.3.2　土地使用权出让

土地使用权出让是指国家将国有土地使用权在一定年限内出让给土地使用者,由土地使用者向国家支付土地使用权出让金的行为。土地使用权出让金是指通过有偿、有期限出让方式取得土地使用权的受让者,按照合同规定的期限,一次或分次提前支付的整个使用期间的地租。出让的含义包括以下内容:

①土地使用权出让,也称批租或土地的一级市场,由国家垄断,任何单位和个人不得出让土地使用权。

②经出让取得土地使用权的单位和个人,在土地使用期内没有所有权,只有使用权,在使用土地期限内对土地拥有使用、占有、收益、处分权;土地使用权可以进入市场,可进行转让、出租、抵押等经营活动,但地下埋藏物归国家所有。

③土地使用者只有向国家支付了全部土地使用权出让金后才能领取土地使用权证书。

④集体土地不经征用不得出让。

⑤土地使用权出让关系是国家以土地所有者的身份与土地使用单位之间关于权利义务的经济关系,具有平等、自愿、有偿、有限期的特点。

土地使用权出让必须符合土地利用总体规划、城市规划和年度建设用地计划,根据省市人民政府下达的控制指标,拟订年度出让国有土地总面积方案,并且有计划、有步骤地进行。国有土地使用权出让可以采取拍卖、招标或者协议的方式。现在我国采取协议出让方式的主要是工业用地,因为工业用地项目大,利润较低。而根据《行政许可法》国土资源部第 11 号令《招标拍卖挂牌出让国有土地使用权规定》,我国的商业、旅游、娱乐和商品住宅等各类经营性用地,必须以招标、拍卖、挂牌方式出让土地使用权。

土地使用权出让是有期限的,相关法律法规规定了最高出让年限:居住用地 70 年,工业用地 50 年,教育、科技、文化卫生、体育用地 50 年,商业、旅游、娱乐用地 40 年,综合用地 50 年。

基于以下原因国家可以收回土地使用权:一是土地使用权出让合同约定的使用年限届满,土地使用者未申请续期或申请未获批准;二是国家为了公共利益的需要提前收回;三是土地使用者不履行出让合同;四是司法机关决定没收。

10.3.3 土地征用

1) 征用土地的特点

国家为了公共利益的需要,可以依照法律规定对集体所有的土地实行征用。征用土地具有 3 个明显的特点:

①具有强制性。

②要妥善安置被征地单位人员的生产和生活。

③被征用后的土地所有权发生转移,即集体所有变为国家所有。

2) 征用土地的工作程序

征用土地是一项涉及面广、影响力大的复杂工作,为了提高工作效率,防止工作失误,保证工作质量,必须有严密、可行的工作程序。《土地管理法实施条例》对征用

土地的工作程序做了明确规定,可以归纳为以下几个步骤:

①建设单位持相关文件材料向被征用土地所在地的土地管理部门提出用地申请。

②土地管理部门对提交的文件材料进行审核。

③土地管理部门组织建设单位和被征地单位以及有关部门依法商定征用土地的补偿、补助标准和拆迁安置方案。

④土地管理部门对申请用地审查的结果,如用地指标、数量、征地协议等提出审查报告,按审批权限核批。

⑤建设单位的申请经审核批准后由土地管理部门签发建设用地批准书。

⑥颁发土地使用证。

⑦建立征用土地档案。

10.4　房地产交易

房地产交易是指以房地产为商品而进行的转让、租赁、抵押等各种经营活动的总称。房地产交易的主要形式有房地产买卖、租赁、抵押、交换、典当、信托等。房地产管理法规定了 5 项基本制度:国有土地有偿有期限使用制度、房地产价格申报制度、房地产价格评估制度、房地产估价人员资格认证制度和房地产权属登记发证制度。

房地产交易的标的物是不动产,具有不可移动性,而且交易金额大,专业性强,因此在交易过程中必须遵守下列原则:

①房地产转让与抵押必须依法办理法定登记手续,房屋的租赁必须向房地产管理部门登记备案。

②房地产转让、抵押时,房屋所有权和土地使用权必须同时转让、抵押。

③房地产交易价格由国家实施管理,具体内容包括:国家定期公布基准地价、标定地价和房屋重置价格作为房地产基准价格,国家实行房地产价格评估制度,实行房地产成交价格申报制度。

④土地出让合同设定的权利、义务随土地使用权同时转移原则。

⑤效益不可损原则。房地产的分割转让必须经人民政府房地产管理部门批准。如果房地产转让价格低于国家规定的最低标准时,政府享有优先购买权。

10.4.1　房地产转让

1)房地产转让概述

房地产转让是指房地产权利人通过买卖、赠与或者其他合法方式将其房地产转移给他人的行为。房地产买卖是指房地产所有权人将其合法拥有的房地产以一定的价格转移给他人的行为。房地产赠与是指房地产权利人将其房地产无偿赠送他人，不要求受赠人支付任何费用或为此承担任何义务的行为。

房地产买卖属于双务行为，即买卖双方均享有一定的权利，并需要承担一定的义务；房地产赠与属于单务行为一般情况下在赠与和继承中受让人不需要承担任何义务。房地产转让的实质是房地产权属发生转移变更。房地产管理法规定，房地产转让时，房屋所有权和该房屋所占用范围内的土地使用权同时转让。同时规定下列房地产不得转让：一是以出让方式取得土地使用权用于投资开发，属于房屋建设工程的，未完成开发投资总额的 25% 以上；属于成片土地开发，依照规划未完成供排水、供电、供热、道路交通、通信等市政基础设施、共用设施的建设，未达到场地平整，形成工业用地或者其他建设用地条件的；或未支付全部土地使用权出让金，未取得土地使用权证书的。二是司法机关和行政机关依法裁定、决定查封或者以其他形式限制房地产权利的。三是被依法收回土地使用权的。四是共有房地产未经其他共有人书面同意的。五是权属有争议的。六是未依法领取权属证书的。

2)房地产转让的程序

房地产转让应当按照一定的程序，经房地产管理部门办理有关手续后，才算成交。根据相关规定，房地产转让的程序如下：

①房地产转让当事人签订书面转让合同。

②房地产转让当事人在房地产转让合同签订后 30 日内持房地产权属证书、当事人的合法证明、转让合同等有关文件向房地产所在地的房地产管理部门提出申请，并申报成交价格。

③房地产管理部门对提供的有关文件进行审查，并在 15 日内做出是否受理申请的书面答复。

④房地产管理部门核实申报的成交价格，并根据需要对转让的房地产进行现场查勘和评估。

⑤房地产转让当事人按照规定缴纳有关税费。

⑥房地产管理部门核发过户单。

10.4.2　房地产抵押

1)房地产抵押概述

房地产抵押是指抵押人以其合法的房地产以不转移占有的方式向抵押权人提供债务履行担保的行为。债务人不履行债务时，抵押权人有权依法以抵押的房地产拍卖所得的价款优先受偿。抵押人是指以房地产作为本人或第三人履行债务担保的企业法人、个人和其他经济组织。抵押权人是指接受房地产抵押作为履行债务担保的法人、个人和其他经济组织。

2) 禁止设定抵押权的房地产

①权属不明或有争议的房地产。

②通过行政划拨方式获得土地使用权,在地上尚未建成建筑物或其他附着物的。

③学校、幼儿园、医院等以公益为目的的事业单位、社会团体的教育设施、医疗卫生设施和其他社会公益设施。

④列入文物保护的建筑物和有重要纪念意义的其他建筑物。

⑤依法列入拆迁范围的房屋。

⑥未设定租赁期限的出租住宅房屋或者设立居住权的房屋。。

⑦司法机关和行政机关依法查封、扣押、监管或以其他形式限制房地产权利的。

⑧依法不得抵押的其他房地产。

3) 房地产抵押管理规定

①随意组合性。即抵押人可以将几宗房地产一并抵押,也可以将一宗房地产分割抵押。以两宗以上房地产设定同一抵押权的,视为同一抵押物,在抵押关系存续期间,其承担的共同担保义务不可分割,但抵押当事人另有约定的,从其约定。以一宗房地产分割抵押的,首次抵押后,该财产的价值大于所担保债权的余额部分,可以再次抵押,但不得超出其余额部分。首次抵押后,再次抵押时,抵押人应将抵押事实明示接受抵押者。

②不可分割性。以依法取得的国有土地上的房屋抵押的,该房屋占用范围内的国有土地使用权同时抵押,以出让方式取得的国有土地使用权抵押的,应当将抵押时该国有土地上的房屋同时抵押,即房、地不可分割。

③以出让方式取得的土地使用权抵押的,不得违背国家有关土地使用权有偿出让、转让的规定和土地使用权出让合同的约定,抵押期限不得超过土地使用年限。

④有经营期限的企业以其所有的房地产抵押的,其设定的抵押期限不应超过该企业的经营期限。

⑤以共有房地产抵押的,必须取得其他共有人的书面同意。

⑥以已出租的房地产抵押的,抵押人应当将已出租的事实告知拟接受抵押者。抵押合同签订后原租赁合同继续有效。抵押期间租赁期满继续出租的,应征得抵押权人的同意。

⑦企事业单位法人分立或合并后,原抵押合同继续有效,其权利和义务由变更后的法人享有或承担,或者在分立和合并时明确。

⑧订立抵押合同时,抵押权人和抵押人在合同中不得约定在债务履行期届满,抵押权人尚未受清偿时,抵押物的所有权转移为债权人所有的内容。

10.4.3　房屋租赁

房屋租赁是指房屋所有权人作为出租人将其房屋出租给承租人使用,由承租人向出租人支付租金的行为。

1)禁止租赁的房地产

自2011年2月1日起施行的《商品房屋租赁管理办法》的规定,下列房屋不得出租:

①属于违法建筑的。

②不符合安全、防灾等工程建设强制性标准的。

③违反规定改变房屋使用性质的。

④法律、法规规定禁止出租的其他情形。

2)出租人的权利和义务

(1)出租人享有的权利

①依照合同约定向承租人收取租金。

②对承租人用房情况进行监督。

③法定解约权。

④期满后收回原房屋的权利。

(2)出租人承担的义务

①按合同约定交付房屋,并使之达到合同约定的使用状况。

②修缮房屋的义务。

③权利瑕疵担保义务,即承租人所承租的房屋被第三人主张权利,影响了承租权的,承租人有权要求解约并要求赔偿损失。

④纳税的义务。

3)承租人的权利和义务

(1)承租人享有的权利

①在合同约定租期内占有、使用房屋,并取得合法收益。

②优先购买权,即租期未满时,出租人出卖房屋,承租人有权在同等条件下优先购买。

③优先承租权,即租期届满时,出租人继续租房的,承租人在同等条件下有权优先承租。

④告知、催促出租人修缮房屋的权利。

(2)承租人承担的义务

①依照合同约定交纳租金。

②依照合同约定使用房屋。

③合理利用房屋。

④租赁终止后返还原房。

10.4.4　房屋典当

1)房屋典当概述

房屋典当又称典卖,是指房屋承典人支付一定的典金,占有出典人的房屋并进行使用和收益,在典期届满时由出典人偿还典金赎回出典房屋。房屋所有权人取得典金,是出典人;支付典金,在典期内占有、使用房屋的当事人是典权人即承典人。

房屋典当以转移房屋的占有为要件,房屋出典后,出典人即应将房屋转移给典权人占有,典权人有使用、收益的权利。

房屋典当的双方当事人都享有一定的权利并承担一定的义务。

2)典权人的权利和义务

(1)典权人享有的权利

①对典当房屋在典期内享有占有、使用、收益、转典、转让、出租、抵押的权利,但不得侵犯出典人对房屋的所有权。

②典期届满而出典人不赎回房屋时,享有取得房屋所有权的权利。

(2)典权人承担的义务

①应合理占有、使用房屋,不得侵犯出典人的房屋所有权。

②支付典金。

③典期届满时返还房屋。

④典期届满取得房屋所有权时,补足典金与房屋价值的差价。

3)出典人的权利和义务

(1)出典人享有的权利

①对房屋的所有权。

②收取典金。

③典期届满时赎回房屋。

④典期届满而无力赎回房屋时,要求典权人支付典金与房屋价值的差价。

(2)出典人承担的义务

①将房屋交付承典人,保证承典人的占有、使用和收益。

②在典期内不得要求赎回出典房屋。

10.5　房地产中介服务

房地产中介服务是房地产市场发展到一定程度而出现的一种特殊行业,是指在房地产投资、建设、交易、消费等各个环节中为当事人提供居间服务,即房地产咨询、房地产价格评估、房地产经纪等活动的总称。房地产咨询是指为从事房地产活动的当事人提供法律、法规、政策、信息、技术等方面服务的经营活动,如房地产信息、资信调查、房地产开发项目的技术论证、市场预测、可行性研究、工程预算咨询等。房地产价格评估是指对房地产进行测算,评定其经济价值和价格的经营活动。房地产经纪是指为委托人提供房地产信息和居间代理业务的经营活动,如房地产买卖代理、租赁代理、广告代理、过户纳税代理、合作代理等。

10.5.1　中介服务人员资格管理

《劳动法》六十九条规定:"国家确定职业分类,对规定的职业制定职业技能标准,实行职业资格证书制度,由经备案的考核鉴定机构负责对劳动者实施职业技能考核鉴定。"《职业教育法》第十一条规定:"实施职业教育应当根据经济社会发展需要,结合职业分类、职业标准、职业发展需求,制定教育标准或者培训方案,实行学历证书及其他学业证书、培训证书、职业资格证书和职业技能等级证书制度。国家实行劳动者在就业前或者上岗前接受必要的职业教育的制度。"

准入类职业资格是对涉及公共安全、人身健康、人民生命财产安全等特殊职业,依据有关法律、行政法规或国务院决定设置,具有行政许可性质。水平评价类:水平评价类职业资格是对社会通用性强、专业性强、技能要求高的职业,根据经济社会发展的需要而设置的非行政许可类职业资格制度。

根据人力资源和社会保障部公布的《国家职业资格目录(2021年版)》,房地产估价师资格为准入类资格,工程咨询(投资)专业资格、房地产经纪专业资格为水平类资格。

1)房地产咨询人员

从事房地产咨询业务的人员,必须是具有房地产及相关专业中等以上学历,有与房地产咨询业务相关的初级以上专业技术职称并取得考试合格证书的专业技术人员。《人力资源和社会保障部 国家发展和改革委员会关于印发〈工程咨询(投资)专业技术人员职业资格制度暂行规定〉和《咨询工程师(投资)职业资格考试实施办法》的通知》(人社部发〔2015〕64号)从2016年起在全国范围内组织实施咨询工程师(投资)职业资格考试。

2）房地产价格评估人员

《资产评估法》由中华人民共和国第十二届全国人民代表大会常务委员会第二十一次会议于 2016 年 7 月 2 日通过，自 2016 年 12 月 1 日起施行。国家实行房地产价格评估人员资格考试制度。房地产价格评估人员分为房地产估价师和房地产估价员。房地产估价师必须是经国家统一考试，取得"房地产估价师执业资格证书"，并经注册登记取得"房地产估价师注册证"的人员。未取得"房地产估价师注册证"的人员，不得以房地产估价师的名义从事房地产估价业务。房地产估价师的考试办法由国务院建设行政主管部门和人事主管部门共同制定。

房地产估价员必须是经过考试并取得"房地产估价员岗位合格证"的人员，未取得"房地产估价员岗位合格证"的人员，不得从事房地产估价业务。房地产估价员的考试办法由省、自治区人民政府建设行政主管部门和直辖市房地产管理部门制定。

3）房地产经纪人

房地产经纪人是经过考试、注册并取得"房地产经纪人资格证"的人员。2015 年 6 月 25 日，人力资源社会保障部、住房城乡建设部以人社部发〔2015〕47 号印发《房地产经纪专业人员职业资格考试实施办法》。

10.5.2　中介服务机构管理

从事房地产中介业务，应当设立相应的房地产中介服务机构。房地产中介服务机构包括房地产咨询机构、房地产价格评估机构、房地产经纪机构等。房地产中介服务机构，应是具有独立法人资格的经济组织。

2005 年 3 月 4 日，中华人民共和国国家发展和改革委员会令第 29 号公布《工程咨询单位资格认定办法》。该《办法》分总则，工程咨询单位资格等级标准，工程咨询专业和服务范围的划分，工程咨询单位资格认定和管理权限，工程咨询单位资格认定程序，资格认定时限，工程咨询资格升级、降级、变更和终止，监督检查和法律责任，附则 9 章。

2015 年 5 月 30 日，中华人民共和国国家发展和改革委员会发布第 26 号中华人民共和国国家发展和改革委员会令，对《工程咨询单位资格认定办法》的部分条款予以修改。2017 年 9 月 22 日，国务院发布《国务院关于取消一批行政许可事项的决定》（国发〔2017〕46 号），取消工程咨询单位资格认定。《房地产估价机构管理办法》于 2005 年 10 月 12 日以建设部令第 142 号发布，根据 2013 年 10 月 16 日中华人民共和国住房和城乡建设部令第 14 号修正。

《房地产估价机构管理办法》于 2005 年 10 月 12 日以建设部令第 142 号发布，根据 2013 年 10 月 16 日中华人民共和国住房和城乡建设部令第 14 号修正。该《办法》分总则、估价机构资质核准、分支机构的设立、估价管理、法律责任、附则 6 章 56 条，自 2005 年 12 月 1 日起施行。

　　住房和城乡建设部、国家发展和改革委员会、人力资源和社会保障部联合颁布的《房地产经纪管理办法》是我国第一个专门规范房地产经纪行为的部门规章。2010 年 10 月 27 日住房和城乡建设部第 65 次部常务会议审议通过，并经国家发展和改革委员会、人力资源和社会保障部同意，自 2011 年 4 月 1 日起施行。

　　2016 年 3 月 1 日，《住房城乡建设部 国家发展改革委 人力资源社会保障部关于修改〈房地产经纪管理办法〉的决定》已经住房城乡建设部常务会议、国家发展改革委主任办公会议审议通过，经商人力资源社会保障部同意，决定修改。

　　房地产中介服务机构应当具备下列条件：

　　①有自己的名称和组织机构；

　　②有固定的服务场所；

　　③有必要的财产和经费；

　　④有足够数量的专业人员；

　　⑤法律、行政法规规定的其他条件。

　　设立房地产中介服务机构，应当向工商行政管理部门申请设立。领取营业执照后，方可开业。

　　房地产管理部门应当每年对房地产中介服务机构的专业人员条件进行一次检查，并于每年年初公布检查合格的房地产中介服务机构名单，检查不合格的，不得从事房地产中介业务。

10.5.3　中介服务管理

　　中介服务机构应与委托人签订书面中介服务合同。经委托人同意，房地产中介机构可以将委托的房地产中介业务再委托给具有相应资格的其他中介服务机构代理，但不得增加佣金。房地产中介服务人员不得利用工作之便牟取不正当利益，不得允许他人以自己的名义从事房地产中介业务，不得同时在 2 个或 2 个以上中介服务机构执行业务，不得与一方当事人串通损害另一方当事人的利益。中介服务人员不得以个人名义承揽业务，也不得个人与委托人签订委托合同。在承接业务时，中介服务人员若与委托人有利害关系，中介服务人员应当实行回避制度并主动告知委托人及所在的中介服务机构。委托人有权要求其回避。

　　物业中介服务人员执行业务可以根据需要查阅委托人的有关资料和文件，查看业务现场和设施，要求委托人提供必要的帮助。由于物业中介服务人员失误给当事人造成经济损失的，由所在中介服务机构承担赔偿责任，所在机构可以对有关人员追偿。对因违反职业道德和有关规定，在中介服务活动中或中介服务管理中造成失误的中介服务人员或中介服务机构，视其情节与性质由市、县人民政府房地产管理部门会同有关部门对责任者给予处罚。处罚包括警告、没收非法所得，暂停执行业务，吊销资格证书或营业执照，并可处以罚款。情节严重构成犯罪的，要依法追究责任人的刑事责任。

中介服务收费应实行明码标价,开具发票,依法纳税。中介服务机构应当在其经营场所或交缴费用的地点的醒目位置公布其收费项目、服务内容、计费方法、收费方法等事项。

（1）房地产咨询收费

国家制定咨询服务的指导性参考价格。实际成交收费标准,由委托方和中介机构协商议定。按服务形式,房地产咨询收费分口头咨询费和书面咨询费两种。口头咨询费按照咨询服务所需时间结合咨询人员专业技术等级由双方协商议定收费标准。书面咨询费按照咨询报告的技术难度、工作繁简,结合标的额的大小收费。国家指导性参考价格为普通咨询报告,每份收费 300~1 000 元。技术难度大,情况复杂,耗用人员和时间较多的咨询报告,可适当提高收费标准,但一般不超过咨询标的额的0.5%。

（2）房地产评估收费

房地产评估采取差额定率累进计费,即按房地产价格总额大小划分费率档次,分档计算各档次的收费,各档次收费额累计之和为收费总额。收费标准见表10.1。

表 10.1　收费标准

	档次	评估价格总额/万元	累进计费率/%
以房地产为主的房地产评估	1	100 以下（含 100）	0.5
	2	101 以上至 1 000	0.25
	3	1 001 以上至 2 000	0.15
	4	2 001 以上至 5 000	0.08
	5	5 001 以上至 8 000	0.04
	6	8 001 以上至 10 000	0.02
	7	10 000 以上	0.01
宗地地价的评估	1	100 以下（含 100）	0.4
	2	101 以上至 200	0.3
	3	201 以上至 1 000	0.2
	4	1 001 以上至 2 000	0.15
	5	2 001 以上至 5 000	0.08
	6	5 001 以上至 10 000	0.04
	7	10 000 以上	0.01

（3）物业交易经纪收费

物业交易经纪收费是物业交易经纪人接受委托,进行居间代理所收取的佣金。物业交易收取的经纪费根据代理项目的不同实行不同的收费标准。

10.6 房地产税收

我国现行房地产税有如下几类：

1) 房产税

房产税是以房屋为征税对象,按房屋的计税余值或租金收入为计税依据,向产权所有人征收的一种财产税。房产税由产权所有人缴纳,在城市、县城、建制镇和工矿区征收。产权属于全民所有的,由经营管理的单位缴纳。产权出典的,由承典人缴纳。产权所有人、承典人不在房产所在地的,或者产权未确定及租典纠纷未解决的,由房产代管人或者使用人缴纳。产权所有人、经营管理单位、承典人、房产代管人或者使用人,统称为纳税义务人。

房产税依照房产原值一次减除 10% ~ 30% 后的余值计算缴纳,具体减除幅度,由省、自治区、直辖市人民政府制定。没有房产原值作为依据的,由房产所在地税务机关参考同类房产核定。房屋出租的,以房屋租金收入为房产税计税依据。房产税的税率,依照房产余值计算缴纳的,税率为1.2%;依照房产租金收入计算缴纳的,税率为12%。

2) 城镇土地使用税

城镇土地使用税是指国家在城市、县城、建制镇、工矿区范围内,对使用土地的单位和个人,以其实际占用的土地面积为计税依据,按照规定的税额计算征收的一种税。开征城镇土地使用税,有利于通过经济手段,加强对土地的管理,变土地的无偿使用为有偿使用,促进合理、节约使用土地,提高土地使用效益;有利于适当调节不同地区、不同地段之间的土地级整收入,促进企业加强经济核算,理顺国家与土地使用者之间的分配关系。

城镇土地使用税的纳税人是在城市、县城、建制镇、工矿区范围内使用土地的单位和个人,以纳税人实际占用的土地面积为计税依据,具体标准是:以土地使用税每平方米年税额,大城市 1.5 至 30 元;中等城市 1.2 至 24 元;小城市 0.9 至 18 元;县城、建制镇、工矿区 0.6 至 12 元。

3) 耕地占用税

耕地占用税是对占用耕地建房或从事其他非农业建设的单位和个人征收的税。征收耕地占用税的主要目的在于合理利用土地资源,加强土地管理,保护农用耕地。采用定额税率,其标准取决于人均占有耕地的数量和经济发展程度。耕地占用税的征税范围包括纳税人为建房或从事其他非农业建设而占用的国家所有和集体所有的耕地。纳税人是占用耕地建房或者从事其他非农业建设的单位和个人。

耕地占用税的税额规定如下：以县级行政区域为单位，人均耕地不超过 1 亩的地区，每平方米为 10 至 50 元；人均耕地超过 1 亩但不超过 2 亩的地区，每平方米为 8 至 40 元；人均耕地超过 2 亩但不超过 3 亩的地区，每平方米为 6 至 30 元；人均耕地超过 3 亩的地区，每平方米为 5 至 25 元。

4）土地增值税

土地增值税是对在我国境内转让国有土地使用权、地上建筑物及其附着物的单位和个人，以其转让房地产所取得的增值额为课税对象而征收的一种税。转让国有土地使用权、地上的建筑物及其附着物并取得收入的单位和个人，为土地增值税的纳税义务人，凡在我国境内转让房地产的，均属土地增值税的征收范围。纳税人转让房地产所取得的收入减去法定扣除项目金额后的余额为增值额，也就是土地增值税的纳税依据。

5）契税

契税是指不动产（土地、房屋）产权发生转移变动时，就当事人所订契约按产价的一定比例向新业主（产权承受人）征收的一次性税收。权属转移包括下列行为：土地使用权出让、土地使用权转让（包括出售、赠与、互换）、房屋买卖、房屋赠与和互换。在中华人民共和国境内转移土地、房屋权属，承受的单位和个人为契税的纳税人，即为受让人、购买人、受赠人。

契税除与其他税收有相同的性质和作用外，还具有其自身的特征：

①征收契税的宗旨是为了保障不动产所有人的合法权益。通过征税，契税征收机关便以政府名义发给契证，作为合法的产权凭证，政府即承担保证产权的责任。因此，契税又带有规费性质，这是契税不同于其他税收的主要特点；

②纳税人是产权承受人。当发生房屋买卖、典当、赠与或交换行为时，按转移变动的价值，对产权承受人可征一次性契税；

③契税采用比例税率，即在房屋产权发生转移变动行为时，对纳税人依一定比例的税率可征。

10.7　违反物业管理相关法律法规的法律责任

违反物业管理相关法律法规要承担相应的法律责任，归纳起来主要有以下几种：行政处分（政务处分）（政务处分）、责令停止违规行为、没收违法所得、赔偿损失、处以罚款，构成犯罪的，依法追究刑事责任。下面列举重要的几条（其他请查阅相关的法律条文）：

①擅自批准出让或者擅自出让土地使用权用于房地产开发的，由上级机关或者所在单位给予有关责任人员行政处分（政务处分）。

②未取得营业执照擅自从事房地产开发业务的,由县级以上人民政府工商行政管理部门责令停止房地产开发业务活动,没收违法所得,可以并处罚款。

③违反规定转让土地使用权的,由县级以上人民政府土地管理部门没收违法所得,可以并处罚款。

违反规定转让房地产的,由县级以上人民政府土地管理部门责令缴纳土地使用权出让金,没收违法所得,可以并处罚款。

④未取得营业执照擅自从事房地产中介服务业务的,由县级以上人民政府工商行政管理部门责令停止房地产中介服务业务活动,没收违法所得,可以并处罚款。

⑤没有法律、法规的依据,向房地产开发企业收费的,上级机关应当责令退回所收取的钱款;情节严重的,由上级机关或者所在单位给予直接责任人员行政处分(政务处分)。

⑥房产管理部门、土地管理部门的工作人员玩忽职守、滥用职权,构成犯罪的,依法追究刑事责任;不构成犯罪的,给予行政处分(政务处分)。

⑦抵押人隐瞒抵押的房地产存在共有、产权争议或者被查封、扣押等情况的,抵押人应当承担由此产生的法律责任。抵押人擅自以出售、出租、交换、赠与或者以其他方式处理或者处分抵押房地产的,其行为无效;造成第三人损失的,由抵押人予以赔偿。

⑧登记机关工作人员玩忽职守、滥用职权,或者利用职务上的便利,索取他人财物,或者非法收受他人财物为他人谋取利益的,由其所在单位或者上级主管部门给予行政处分(政务处分);构成犯罪的,依法追究刑事责任。

案例分析

案例 10.1　　　　　　　　　国有土地使用权交易

【案情介绍】

原告:A 公司;被告:B 市土地管理局

2018 年 11 月 23 日,原告 A 公司与被告 B 市土地管理局(以下简称"B 市土地局")依据《中华人民共和国城镇国有土地使用权出让和转让暂行条例》的有关规定,经协商一致签订了《国有土地使用权出让合同》,B 市土地局将位于该市城区西北角面积为 810 310.77 平方米的国有土地使用权有偿出让给 A 公司,使用期 40 年,土地出让金额为 80 457 103 元。合同约定:合同签订后 30 日内,A 公司向 B 市土地局缴付土地使用权出让金总额的 15%,计 12 068 565.45 元人民币作为合同的定金;A 公司应在签订合同后 60 日内,支付完全部土地使用权出让金;逾期 30 日仍未全部支付的,B 市土地局有权解除合同,并可请求 A 公司赔偿;A 公司在向 B 市土地局支付全部土地使用权出让金后 5 日内,依照规定办理土地使用权登记手续,领取《中华人民共和国国有土地使用证》,取得土地使用权。合同签订后,原告 A 公司于 2018 年 12

月 27 日给付被告 B 市土地局定金 12 068 565.45 元及土地出让金 27 931 434.55 元，两项合计 4 000 万元。2018 年 12 月 28 日，B 市土地局给 A 公司核发了 810 310.77 平方米土地的土地使用权证书。后 A 公司向 B 市土地局提出书面申请，称因资金周转困难和冬季无法施工，请求将余款 40 457 103 元的付款日期延长至 2019 年 4 月 1 日，B 市土地局研究后表示同意。到 2019 年 4 月 1 日，A 公司未将余款交付 B 市土地局，B 市土地局多次催促 A 公司履行合同，A 公司均未履行。2019 年 9 月 22 日，B 市土地局书面通知 A 公司，限其于 9 月 30 日前全部履行合同，否则将按有关规定处理。A 公司接到通知后，至 9 月 30 日仍未履行合同。2019 年 9 月 30 日，B 市土地局依照《中华人民共和国城镇国有土地使用权出让和转让暂行条例》第 14 条和《B 省城镇国有土地使用权出让和转让实施办法》第 11 条的规定，决定解除合同，收回土地使用权，所发土地使用证注销登记，对 A 公司已支付的定金 12 068 565.45 元和土地出让金 27 931 434.55 元不予退还。B 市土地局将该决定通知书于 2019 年 10 月 24 日送达 A 公司。A 公司在接到通知书后，曾于 2021 年 3—4 月在向 B 市人民政府的有关请求报告中主张过权利，但均无结果。为此，A 公司以 B 市土地局单方撕毁合同为理由，于 2022 年 1 月 20 日向 B 市中级人民法院提起诉讼，要求被告 B 市土地局退还土地使用权出让金 27 931 434.55 元，并赔偿因此造成的一切经济损失；或者继续履行已签订的《国有土地使用权出让合同》，将约定出让的土地确定由其使用。被告 B 市土地局答辩称：从 2019 年 4 月 1 日至 9 月 30 日，原告 A 公司应当支付违约金 70 万元，再加上剩余款，原告已经无能力履行合同。在这种情况下，我局依据有关规定决定解除合同，已交付的定金及出让金不予退还。另外，原告 A 公司起诉已经超过诉讼时效，人民法院依法应当裁定驳回其起诉。

案例评析10.1

【模拟判案 15】能否同意房地产公司的禁令申请？

原告：某房地产开发有限公司；被告：杨某

【案情介绍】

杨某系某楼盘业主，因不满房屋质量，通过个人自媒体账号发布了 10 篇涉及该房地产公司的文章。该房地产公司以杨某侵害其名誉权为由，向法院提起诉讼。诉讼中，上述 10 篇文章被自媒体平台删除。此后，杨某又通过自媒体账号发布多篇文章，内容主要是对其购房遭遇的描述和房产质量的主观感受。房地产公司向法院申请人格权侵害禁令，请求法院禁止杨某在自媒体平台发布侵害该公司名誉权的文章。

杨某辩称：文章反映出是自己对楼盘质量的客观评价，对房地产公司的不满情绪也是因为房屋质量瑕疵的正常反映，没有捏造事实、恶意诽谤，房地产公司对此应当接受和容忍。

法院调查：案涉文章是购房者对购房体验和感受的主观描述，是通过杨某的自媒体账号发布，从文章阅读量来看，杨某发布的文章影响范围有限。

请问模拟法官，该案该如何判决？

扫一扫，了解案件结果。

模拟判案15
结果

律师说法（扫下方二维码观看，内容动态更新）

本章小结

城市规划是建设城市和管理城市的依据，它分为总体规划和详细规划。城市规划管理伴随着城市规划的编制、审批、实施的全过程，它通过一定的手段，把经审批确定的城市规划转为现实。国家对城市规划的管理主要是对城市规划的编制管理、审批管理和实施管理3个部分。

我国实行土地的社会主义公有制，即全民所有制和劳动群众集体所有制。获得土地使用权的方式主要有：划拨、出让、转让、租赁。

房地产交易的主要形式有房地产买卖、租赁、抵押、交换、典当、信托等。本章对房地产转让、抵押、租赁、典当的法规进行了介绍。

房地产中介服务是指房地产咨询、房地产价格评估、房地产经纪等活动的总称。我国对房地产中介服务的从业人员资格、中介服务机构和中介服务等方面进行管理。

我国现行房地产税有房产税、城镇土地使用税、耕地占用税、土地增值税、契税，以及违反物业管理相关法律法规的法律责任。

通过本章的学习，形成全局观，大局意识，强化系统思维，法治思维。

习　题

一、单项选择题

1.城市总体规划的期限一般为（　　）年。

　　A.10　　　　　　B.20　　　　　　C.50　　　　　　D.100

2.全国城镇体系规划,用于指导省域城镇体系规划、城市总体规划的编制,它由国务院城乡规划主管部门会同国务院有关部门组织编制,并报(　　)审批。

A.国务院　　　　　　　　B.省人民政府

C.自治区人民政府　　　　D.直辖市人民政府

3.县人民政府所在地镇的控制性详细规划,由县人民政府城乡规划主管部门根据镇总体规划的要求组织编制,经县人民政府批准后,需要(　　)。

A.报本级人民代表大会常务委员会备案

B.报上一级人民代表大会常务委员会备案

C.报本级人民代表大会常务委员会和上一级人民政府备案

D.报上一级人民代表大会常务委员会和上一级人民政府备案

4.城乡规划报送审批前,组织编制机关应当依法将城乡规划草案予以公告,公告的时间不得少于(　　)日。

A.7　　　　　　B.14　　　　　　C.28　　　　　　D.30

5.土地使用权出让是有限期的,相关法律法规规定了最高出让年限:居住用地为(　　)年。

A.40　　　　　　B. 50　　　　　　C.70　　　　　　D.100

6.(　　)行为属于单务行为?

A.转让　　　　　B.赠与　　　　　C.抵押　　　　　D.租赁

7.房屋典当以转移房屋的(　　)为要件。

A.占有　　　　　B.收益　　　　　C.处置　　　　　D.抵押

8.房地产的书面咨询报告,技术难度大,情况复杂,耗用人员和时间较多的咨询报告,可按照国家指导性参考价格适当提高收费标准,但一般不超过咨询标的额的(　　)。

A.1.5%　　　　　B. 1%　　　　　C. 0.5%　　　　　D. 0.1%

二、多项选择题

1.下列选项中,属于城市控制性规划内容的是(　　)。

A.规定各地块建筑高度、建筑间距、建筑密度、容积率、绿地率、建筑后退红线距离等控制性指标

B.提出各地块的建筑体量、体形、色彩等要求

C.根据规划容量,确定工程管线的走向、管径和工程设施的用地界限

D.做出建筑、道路和绿地等的空间布局和景观规划设计,布置总平面图

E.进行道路交通规划设计、绿地系统规划设计、工程管线规划设计

2.下列选项中,属于城市修建性规划内容的是(　　)。

A.规定各地块建筑高度、建筑间距、建筑密度、容积率、绿地率、建筑后退红线距离等控制性指标

B.提出各地块的建筑体量、体形、色彩等要求

C.根据规划容量,确定工程管线的走向、管径和工程设施的用地界限

D.做出建筑、道路和绿地等的空间布局和景观规划设计,布置总平面图

E.进行道路交通规划设计、绿地系统规划设计、工程管线规划设计

3.取得土地使用权的方式有(   )。

A.出让   B.划拨   C.转让   D.租赁   E.抵押

4.下列说法正确的是(   )。

A.土地使用权出让合同约定的使用年限届满

B.国家基于公共利益的可以提前收回土地使用权

C.土地使用者不履行土地使用权出让合同,可以收回土地使用权

D.司法机关依法决定收回土地使用权

E.土地使用权出让合同约定的使用年限届满,土地使用者未申请续期或申请未获批准

5.下列选项中属于禁止设定抵押权的房地产是(   )。

A.学校、幼儿园、医院等以公益为目的的事业单位、社会团体的教育设施、医疗卫生设施和其他社会公益设施

B.列入文物保护的建筑物和有重要纪念意义的其他建筑物

C.依法列入拆迁范围的房屋

D.不符合安全标准的

E.司法机关和行政机关依法裁定、决定查封或者以其他形式限制房地产权利的

6.下列选项中属于出租人的权利是(   )。

A.对承租人用房情况进行监督

B.依照合同约定向承租人收取租金

C.期满后收回原房屋

D.修缮房屋

E.纳税

7.下列选项中属于出典人的义务是(   )。

A.将房屋交付承典人,保证承典人的占有、使用和收益

B.在典期内不得要求赎回出典房屋

C.典期届满时赎回房屋

D.典期届满而无力赎回房屋时,要求典权人支付典金与房屋价值的差价

E.享有房屋的所有权

三、判断题

1.城市、县人民政府城乡规划主管部门和镇人民政府可以组织编制重要地块的修建性详细规划。   (   )

2.国家依法无偿收回划拨土地使用权时,对其地上建筑物、附着物,无须补偿原土地使用者。   (   )

3.房地产赠与属于双务行为。   (   )

4.共有房地产经过其他共有人同意的房地产可以进行转让。　　　　（　　）

5.房地产典当时,所有权不发生变化。　　　　　　　　　　　　（　　）

四、简答题

1.简述城市详细规划中控制性规划的内容。

2.我国对城市规划是如何管理的?

3.简述在哪些情况下,国家可以无偿收回划拨土地使用权呢?

4.简述房地产交易过程应遵守的原则。

5.简述开办房地产中介服务机构应当具备哪些条件?

五、案例分析题

1.一年前,刘女士从某开发商手中买下了一套商品房。当时,房屋交接完毕后,刘女士欣然领取了新房钥匙。然而,此后的一年里,她却被这套新房折腾得心烦意乱。

原来,自从交房至今,刘女士一直没有拿到所购房屋的产权证。这可给她造成了不小的损失:今年年初,刘女士本想趁房价飞涨时把房屋出售套现,小赚一把。但由于自己尚未拿到房屋产权证,售房无疑成了一句空话。时隔半年,楼市形势变化,刘女士转而打算将房子挂牌出租,希望一段时间内能够实现"以租养贷",减轻自己和家人的房贷负担。然而,面对好几个已经"相中"房子的租客,刘女士却拿不出房产证来证明自己的业主身份。刘女士出租房屋的努力,又一次次无奈地告吹了。

忍无可忍,刘女士多次找开发商交涉。她认为,开发商迟迟办不出房产证是一种违约行为。而且,这种违约之举已给自己和家人造成了很大的财产收益损失。这个损失,理应由开发商来"埋单"。面对怒气冲冲的刘女士,开发商却态度强硬:房子的钥匙你都拿到手了,难道房子还不算交付? 而如果房子已经算交付完毕了,那么根据双方在房屋买卖合同中的约定,我开发商就不存在所谓的违约问题,也没有义务承担任何赔偿责任。

开发商的一番话,把刘女士给弄糊涂了:按照当时双方的约定,开发商只要依约交房就不属于违约。而一年前,开发商已在合同规定的时间内把新房钥匙交到了自己手中。至于开发商必须在多少天之内办出房产证,合同中确实未作具体约定。

请问:交钥匙到底算不算已依约交房? 刘女士因拿不到房产证而受到的损失,究竟该由谁"埋单"?

2.2022 年 5 月底,张先生夫妇在中介公司的牵线下,看中了西湖大道附近一套建于 2019 年的二手房。房屋总价为 180 万元,房东要求的是净价。双方在 5 月 28 日签订了正式的转让合同,同时也分别与中介签订了居间协议,张先生还缴纳了 5 000 元的购房意向金。6 月 1 日,房产新政实施后,税费上调。张先生看中的这套房子平白多出了 4 万多元的税费。因为之前并没有协商,张先生和卖家都不肯承担这笔费用。经过协商,他们决定解除转让合同。既然房子没买成功,张先生理所当然地认为中介应该退回自己的 5 000 元意向金,但中介却认为,张先生他们应该支付中介居间费用,如果不支付,则拒绝退还意向金。

请问:中介公司是否应该收取中介费用? 是否可以将意向金扣留为中介费用?

附录:相关法律法规

教材除在正文中直接引用相关法律法规条文外,在此集中提供物业管理相关的法律法规全文,并按法律效力进行排序,以便帮助读者更好地学习和运用法律法规解决物业管理中的各种问题,提升综合能力和职业素养。

1.《中华人民共和国立法法》(2000 年 7 月 1 日施行,2015 年 3 月 15 日修订施行)

2.《中华人民共和国民法典》(2020 年 5 月 28 日公布,2021 年 1 月 1 日施行)

3.《中华人民共和国消防法》(1998 年 9 月 1 日起实施,2021 年 4 月 29 日第二次修正)

4.《中华人民共和国物业管理条例》(2003 年 9 月 1 日施行,2018 年 3 月 19 日第三次修订施行)

5. 中华人民共和国建设工程质量管理条例(2000 年 1 月 30 日施行,2019 年 4 月 23 日第二次修订施行)

6. 中华人民共和国保安服务管理条例(2010 年 1 月 1 日施行,2022 年 5 月 1 日修订施行)

7.《业主大会和业主委员会指导规则》(2009 年 12 月 1 日公布,2010 年 1 月 1 日施行)

8.《前期物业管理招标投标管理暂行办法》(2003 年 9 月 1 日施行)

9.《物业服务收费管理办法》(2004 年 1 月 1 日施行)

10.《物业服务收费明码标价规定》(2004 年 10 月 1 日施行)

11.《物业服务定价成本监审办法(试行)》(2007 年 10 月 1 日施行)

12.《城市居民住宅安全防范设施建设管理规定》(1996 年 2 月 1 日施行)

13.《住宅室内装饰装修管理办法》(2002 年 5 月 1 日施行,2011 年 1 月 26 日修订施行)

14.《住宅专项维修资金管理办法》(2008 年 2 月 1 日施行)

15.《城市生活垃圾管理办法》(2002 年 5 月 1 日施行,2015 年 5 月 4 日修订施行)

16.《物业承接查验办法》(2010 年 10 月 14 日公布,2011 年 1 月 1 日施行)

17.《四川省物业管理条例》(2012 年 3 月 29 日通过,2022 年 5 月 1 日修订施行)

参考文献

［1］张雪玉,裴艳慧,李娜. 物业管理概论［M］. 4 版.大连:东北财经大学出版社,2020.

［2］季如进. 物业管理理论与实务［M］. 北京：中国建筑工业出版社, 2022.

［3］王锡耀，林霞. 物业管理法规［M］. 3 版. 北京：中国人民大学出版社, 2020.

［4］王怡红. 物业管理法律法规［M］. 2 版. 北京:清华大学出版社,2021.

［5］北京物业管理行业协会. 中国物业管理常用法律法规文件汇编［M］. 北京：中国计划出版社, 2022.